本书系安徽高校人文社会科学研究重点项目
『中国优秀传统文化融入大学生思想政治教育研究』阶段性成果

安徽师范大学文学院『青春丝语』文丛

风景这边独好

安徽师范大学文学院学生社会实践活动作品集

戴和圣　主编

安徽师范大学出版社
·芜湖·

图书在版编目(CIP)数据

风景这边独好:安徽师范大学文学院学生社会实践活动优秀作品集/戴和圣主编.—芜湖:安徽师范大学出版社,2018.1
(安徽师范大学文学院"青春丝语"文丛)
ISBN 978-7-5676-3290-5

Ⅰ.①风… Ⅱ.①戴… Ⅲ.①师范大学—大学生—社会实践—汇编—安徽
Ⅳ.①G652.429

中国版本图书馆CIP数据核字(2017)第271318号

风景这边独好

安徽师范大学文学院学生社会实践优秀作品集

FENGJING ZHE BIAN DU HAO
ANHUI SHIFAN DAXUE WENXUEYUAN XUESHENG SHEHUI SHIJIAN
YOUXIU ZUOPIN JI

戴和圣　主编

责任编辑:房国贵
装帧设计:王　彤
出版发行:安徽师范大学出版社
　　　　　芜湖市九华南路189号安徽师范大学花津校区
网　　址:http://www.ahnupress.com/
发 行 部:0553-3883578　5910327　5910310(传真)
印　　刷:虎彩印艺股份有限公司
版　　次:2018年1月第1版
印　　次:2018年1月第1次印刷
规　　格:700 mm × 1000 mm　　1/16
印　　张:18.125
字　　数:312千字
书　　号:ISBN 978-7-5676-3290-5
定　　价:68.00元

总　　序

青春有很多底色，奋斗的青春最美丽；青春有很多条路，追梦之路风景这边独好；青春有很多迷茫，亦有诗和远方；青春有很多故事，故事里的你我是最美的风景；青春有很多味道，但无论酸甜苦辣，品味起来，都是我们的青春。

习近平总书记指出："历史只会眷顾坚定者、奋进者、搏击者，而不会等待犹豫者、懈怠者、畏难者。"作为中国力量重要贡献者的青年大学生更要认清时代之变和使命担当，以不屈的斗志、昂扬的姿态、奋进的脚步去追逐梦想和光芒。为了全面提升学生综合素养，文学院秉承"文以载道、学以化人"的育人理念，搭建发展型学生成长平台——青春丝语，以青春的名义讲好中国故事，唱响中国旋律，彰显青春正能量。

我们致力于将"青春丝语"打造成大学生思想政治工作的综合平台和抓手，主要包括：研究层面，开设"学生工作沙龙"，结合大学生成长实际加强校本课题研究、工作案例研究、专项课题研究，催生新项目、新课题和新文章，强化日常积累。辅导层面，建成大学生发展辅导站（学院心理咨询室），对接学院课程群辅导室，搭建师生沟通交流平台，构建教师对大学生发展辅导"进教室、进宿舍、进辅导站"的"三进"良性循环体系；讲座层面，精心打造大学生成长辅导讲座，基于大学生成长需求，举办青春励志、心理健康、人际交往、创新创业类讲座，助力大学生学知识、攒经验、长才干；活动层面，根据大学生思想政治工作要求，结合大学生身心特点和专业实际，举办心理健康教育月、精神文明月、戏剧戏曲节、体育文化节、传统文化进校园等活动，寓教于乐，潜移默化，润物无声；文字层面，既要固化活动成果，汇集成型成熟的作品，又要发挥作品在育人中的标杆作用、影响作用和引领作用。

我们致力于打造诗文朗诵、话剧汇演、双迎晚会、社会实践等文化校园活动品牌，联动"四个课堂"：第一课堂长知识，强化课程思政，促进教书育人和谐统一；第二课堂长技能，强化素质拓展，促进文化育人和谐统一；第三课堂长经验，强化社会实践，促进实践育人和谐统一；第四课堂长素养，强化网络意识，促进网络育人和谐统一。凝聚青春力量，助力大学生成长。

我们致力于培育和支持大学生自我教育、自我管理、自我服务、自我监督能力的提升，营造健康、积极、宽松、和谐的校园文化环境，大力支持赭麓书画社、江南诗社、太阳话剧社、汉语桥协会、五四爱心学校、江淮秘书社、德雅书苑等大学生社团的建设，形成百花争艳满园春的局面，促进大学生身心健康快乐发展。

我们致力于打造大学生专业拓展活动品牌，大力培育和发展汉语言文学（师范）专业“师范生技能培养工程”、汉语言文学（应用）专业“玩转汉语言”、汉语国际教育专业“带你读懂中国”、秘书学专业“秘书实务调研（国际秘书节）”、戏剧影视文学专业“传统戏剧进校园”等素拓平台，实现“专业—社团—平台—学生”互联互动，共同发展的育人局面。

我们致力于鼓励和支持学生会、社团联合会、班级独立自主开展工作，大力扶持中国大学生在线校园网络通讯站、中国青年网校园通讯社通讯站提升运行能力，努力实现学生人人有成长梦想、人人有展示舞台、人人有发展机会的育人格局。

安徽师范大学文学院“青春丝语”丛书包括大学生原创校园诗歌、校园话剧和社会实践作品，同时选录部分优秀校友访谈录，等等，这既是大学人才培养改革创新的最新成果，又是大学生思想政治工作的有益探索。育人的工作，一直在路上。我们学着优雅地转身，时时不忘专注地回头，微笑着向前……

所有的选择都因为爱。当青春遇见新时代，我们用读书厚积青春，用青春激扬文字，用文字拥抱梦想。

谨以此献礼安徽师范大学九十周年校庆、安徽师范大学文学院（中文系）九十周年院庆。

戴和圣

二〇一七年十一月二十四日

前 言

时代是思想之母，实践是理论之源。长期以来，安徽师范大学文学院积极响应党和国家的号召，高度重视实践育人工作，系统谋划，统筹部署学生实践活动，推进志愿服务向制度化、规范化、科学化发展，牢固树立“实践主题反映时代特征、方案实施结合地方特色、团队品位体现高校特质、活动形式彰显学生特点”的“四特”育人理念，坚持聚焦“会做一些事，增长才干；有一些思考，受到教育；能帮一些人，做出贡献”的三重育人目标，着力打造实践育人“第三课堂”，将社会实践融入人才培养课程化体系，遵循活动课程规律，有效衔接“第一课堂”课程教学，延伸“第二课堂”素质拓展，借力“第四课堂”网络育人，形成“四个课堂”联动育人局面。

让青春与时代同呼吸。引导青年学生做一次有所谓的事，在实践中受教育、长才干、做贡献、展形象，追求、传播、弘扬真善美；做一次能给予的事，在实践中不断强化创新精神，提高实践能力，增强社会责任感，做时代的奋进者、开拓者、奉献者；做一次精神富有的事，在实践中走进群众、亲近群众、学习群众、服务群众，汇聚青春正能量，将火热“青春梦”融入伟大“中国梦”。

用实践丈量青春与理想的距离。在奋进新时代的征途中，社会实践之于青年大学生，已渐趋潮流和风尚。每年盛夏，文学院大学生志愿者背起行囊，奔赴祖国大地，在实践中创造美、展现美、传递美。社会调研，同学们走街串巷，从羞于开口到与陌生人侃侃而谈，只为找寻故事背后的力量。专业实践，从弘扬国学经典到创新阅读、创意写作，同学们走上讲台，努力站稳讲台。留守儿童情感陪护，每次不少于30天的入户式亲情陪伴，同学们接力传承，只为那一句“明年我还会再来”的承诺。彝汉同袍情，每次47小时的跋山涉水，横跨东西近三千千米路程，同学们从不言苦累，只为朗朗书声回荡在哀牢山里……历练下的青春，有汗水，有泪水，但更多的是满足，是欢笑。

汇聚志愿力量，共筑中国梦想。2012—2015年，文学院共组建实践团队182

支，其中，国家级重点团队3支、校级重点团队16支，实践主题涵盖优秀传统文化学习传承、民族贫困地区教育帮扶、留守儿童情感陪护、社会热点调查研究等多个方面；先后荣获国家级优秀实践团队1支、省级优秀实践团队1支、校级优秀实践团队8支；收到群众感谢信80余封、锦旗20余面；学生创作实践征文、札记、心得5000余篇；实践活动被人民网、新华网、安徽电视台、云南日报等省级及以上主流媒体关注报道800余篇次。

让青春之花绽放在实践大地。为固化、展示实践育人成果，充分挖掘文学院学子在实践中的感人故事，我们紧扣"实践育人"这个主题，以暑期社会实践和五四爱心学校等典型、特色的志愿服务工作为主体，遴选真实、有温度、代表性强的优秀学生作品汇编成书，以期让读者读懂大学生社会实践，感受青春风采，体悟奉献力量。书名"风景这边独好"语出毛泽东《清平乐·会昌》中的诗句"踏遍青山人未老，风景这边独好"。我们希望借"风景这边独好"这一经典名句，表达对青春和实践的理解：其一，每一块实践地都是鲜活的课堂，都因为志愿者的存在而形成独一无二的美丽风景；其二，当青春遇见新时代，大学生蓬勃的生机焕发动人的光彩，因为实践而留下的所有记忆将成为生命中最美的风景；其三，提醒我们在实践的征程中，学会放慢脚步，注重实践过程，欣赏别样风景，在认真对待中体味未知的美好，在被需要中读懂自身的价值，在且行且思中感悟心灵的洗礼。

用奋斗的青春向青春的你致敬！2018年，盛逢安徽师范大学建校90周年、文学院(中文系)建院90周年。在这个特殊时刻，我们再版《风景这边独好——安徽师范大学文学院学生社会实践活动优秀作品集》，并纳入"安徽师范大学文学院青春丝语文丛"，献礼校、院九十华诞！

奋斗的青春最美丽。那些年的时光里，风景这边独好。

戴和圣

二〇一八年一月七日

目　　录

真情进行时

红心向党，薪火传承

——安徽师范大学文学院赴滁州暑期社会实践纪实

2010级秘书学　徐雅萍

位于安徽省东部的滁州市是皖江城市带承接产业转移示范区的重要一翼，也是“南京都市圈”的主要成员。从小岗村村民首创“大包干”推动农村改革，到现今滁州市市民热情参与“大滁城”建设推动城市发展，滁州城乡发生了翻天覆地的变化，正是党领导人民进行社会主义建设的一个缩影。

“红心向党，薪火传承”，在共青团中央“永远跟党走，青春献祖国”主题的指引下，安徽师范大学文学院的11名大学生志愿者在暑假刚开始便赶往滁州市。在为期10天的暑期社会实践中，他们深入城市、乡村，用双耳倾听群众心声，用双眼观察建设发展，用爱心播撒知识种子，用热情收获成长感动……

唱响红色主旋律

红色是这支团队队服的颜色，也是这支团队活动的颜色。大学生志愿者们在滁州城乡连续多日宣讲党史国情知识，发放“党史知多少”调查问卷和“永远跟党走”宣传手册，参与“红歌大家唱”活动……他们以自己的实际行动向建党九十周年献礼。

“我们党谱写的中国特色社会主义崭新篇章让我感到自豪，党旗永远飘扬在我们这些老党员心中”，志愿者们在滁州市区进行党史知识宣讲时，一位武警老战士向这些来自安徽师范大学的学生激动地说。他还特意取来了自己的书法作品《七律·人民解放军占领南京》送给大学生们。看见他脸上满是汗水，队员们十分感动。

“你们讲得好，做得踏实，我来当你们的新闻发言人！”志愿者们在南谯区腰铺镇进行宣讲时，一位老奶奶带着小孙子连着3天来到他们的“阵地”，和志愿者们一起发放调查问卷和宣传手册，并主动向当地群众介绍这群从芜湖来的大学生。

群众的热情参与给了志愿者莫大的鼓舞，他们一连数日从清晨一直坚持到正午，轮流为当地群众解说。“我真没有想到活动会受到群众如此广泛的关注，我们一定秉承前辈的传统，勇担使命，努力做中国特色社会主义事业的合格建设者和可靠接班人！”队长杨东说。

关注城乡大发展

在点燃红色激情的同时，队员们还深入滁州城乡，关注当地的建设与发展。他们走上街头开展食品安全调研，下基层与大学生村干部面对面，走访企业、高校参观“大滁城”建设重点工程，走进社区农村帮扶建设爱心学堂、农家书屋、“亲情网吧”……

在共青团滁州市委的组织下，大学生深入“大滁城”建设重点项目工程进行参观学习。在某啤酒公司，大学生们参观生产线，了解企业规范化、规模化的生产过程。在京沪高铁滁州站，他们亲身感受到高铁对城市交通发展的推动。他们还参观了清流河综合治理工程、菱溪湖公园、滁州职业技术学院新校区等“大滁城”建设的重点项目。“虽然家住滁州，但如果不是参加了这次暑期社会实践，我可能无法真正了解家乡发生的巨大变化。”队员汪旭有感而发。

他们还走进琅琊区龙池社区的爱心学堂、南谯区腰铺镇朱岗村的农家书屋与“亲情网吧”。在爱心学堂，他们给贫困家庭的孩子们送去知识和温暖。在挂有“知识点亮新农村”标语的农家书屋，大学生们将精心挑选的《少年百科大全》《电脑上网一本通》等书送到村民的手中。虽然“亲情网吧”里只有一台电脑，但就是它成了当地留守儿童与外出务工的父母进行联系、沟通感情的唯一桥梁。志愿者们积极与村委会联系，召集当地群众开展电脑知识普及活动，进行手把手辅导。一位初二的小女孩在志愿者们的指导下，与远在北京打工的父亲进行了视频连线。当看到屏幕上浮现出爸爸的笑容时，她激动极了，直呼：“姐姐，你们看，这是我爸爸!”几天下来，同学们的热情服务给当地很多群众带来了温暖与快乐。他们还在腰铺镇建立了社会实践基地，约定明年继续来此送知识、送温暖。

“在基层工作需要学会与不同的人群进行沟通，这与在学校中是不一样的。在腰铺镇的这两年，我学到了很多书本上学不到的东西。”2009 年从安徽农业大学毕业后，张将就来到了南谯区腰铺镇，成为一名大学生村干部。面对这群来自安徽师范大学的大学生，他有感而发。“如果未来有更好的发展机会，你会离开这里吗？”听到大学生们的这个问题，他的表情严肃了起来：“谁都想越飞越高，但就像我们滁州凤阳小岗村的沈浩书记一样，当对这片土地有了感情时，我绝对不会离开。”这位年轻村干部脸上的那份执著和坚定让队员们难忘。

随着食品安全事件的不断发生，怎样鉴别食品质量，食品安全问题的症结到底在哪里，成了老百姓们热议的话题。志愿者们走上城乡街头，分发食品安全状况调查问卷，并向当地居民介绍日常需要注意的食品安全小常识，如购买食品时一定要问清生产日期、保质期以及注意食品包装的材质等，帮助他们提高鉴别能力。

辛苦与快乐同在，感动与成长并存

大学生们的爱心和热情感动了滁州市民。他们渐渐记住了“红心向党，薪火传承”这嘹亮的口号，熟悉了11名安徽师范大学学生朝气蓬勃的身影。同样，大学生们也在实践中感悟、收获、成长。他们带着服务群众的宗旨、带着吃苦锻炼的决心、带着了解社会的目的，在社会实践中不断进步，他们的表现也得到了当地政府和学校老师的肯定。

志愿者郭冰清是团队中年龄最小的队员。她背着行李到达宿舍时，只见地上全是灰尘，屋里只有两张床板，没有电风扇。对这个除了旅游和上大学就没有在外住过的女生来说，这无疑是一种挑战。看上去有点娇气的她没有失望、没有抱怨，换上拖鞋，借来扫帚，召集大家一起打扫卫生。生活必需品大家一起用，解决吃饭问题时精打细算，就算人多天热也尽量步行……“几天的社会实践让我真正离开父母，离开象牙塔，独立地生活。在爱心学堂，我告诉那些家庭贫困的学生要学会坚强；在‘亲情网吧’，我对孩子们说要学会独立。其实，我也在和他们共同成长。”郭冰清这样说道。

安徽师范大学文学院的老师也来到滁州市，慰问在这里参加社会实践的同学们。大家围拢在自己的老师周围，谈经历、谈感受。文学院党委副书记顾凌听了大家的话后很感动，他充分肯定了队员们的表现并对大家的所感所悟感到欣慰。他希望同学们继续虚心学习，尽心服务，承载人民的希望，肩负起历史的使命。

近10天的暑期社会实践虽然结束了，但与孩子们一起看书，与老党员一起回顾历史，与大学生村干部一起面对面谈心，与队员们一起高唱红歌，与指导老师一起解决难题……这一切情景都留在了这群大学生的心中。在这个骄阳似火的7月,他们满怀希望而来,满载收获而归。大学生们约定下一次的到来,他们将铭记“红心向党,薪火传承”的口号,用阳光和自信迎接新的生活、新的挑战。

队员们真人版“爱的奉献”

灯与星空

2010级对外汉语　胡　静

2012年以前，我不知道有个地方叫王家坝。

2012年盛夏，一行人，一群孩子，在一个地方，打开灯，看见最美的星空。这里，正是王家坝。

简朴的衣着掩盖不了他们脸上灿烂的笑容，孩子们的质朴与纯真是我在这个夏天获得的最珍惜的感动。我不曾想到因为吃豆角吃到反胃决心再也不来的地方会在我心里生根，就像我没想到一个夏天八分之一的时间会将我们十余人联系得如此紧密。我爱，我来过王家坝。

点亮一盏灯

我对王家坝最初的印象，停留在王家坝闸以及王家坝精神上。千里淮河第一闸，就坐落在王家坝。

王家坝，并没有给我留下太多的记忆。然而，我记得我们第一天走进王家坝小学时孩子们的眼神。

我们去的那天刚好是小学生们拿成绩单的日子，在教室里、走廊上、校门边，有很多孩子。透过手里的相机，我清楚地注意到二楼走廊上两个男孩子透过缺了一块的玻璃窗向楼下的我们投来惊奇的眼神。他们就蹲在缺口下面，下雨时顶上那个会"滴滴答答"滴水的地方。

之前，我一直在想：我们要给孩子们带去什么？

我想过很多。我们要教孩子们说普通话，这里的孩子平翘舌音不分；我们要教孩子们英语，这里的孩子英语基础应该很不扎实；我们要给孩子们带些书和文具；我们要给孩子们带些球类器材……然而，这些想法又不断地被自己否定，短短一周时间，我们能教的知识实在是太少，我们给他们灌输了概念，等我们走了怎么办？根深蒂固的习惯并不是短短几天就能改变的。

我有些找不到方向，于是定了一个宽泛又具体的原则：尽己所能。

我们教了孩子们普通话，我们给孩子们带了书和文具，我们带着孩子们开运动会、看电影……孩子们很开心，我们很感动。

这里的孩子单纯质朴得让人心疼。小小的人儿每天早早地就来到学校等着我们："老师你又迟到了，我们都等你好久了，不过没关系，明天我们去接你吧。"这让我差点掉下眼泪。我还记得三年级的小女孩为难地跟我们请假的样子。她说："老师，我要跟你请个假，明天我不能来上课了，我要去地里干活。"我想我不会忘了那个抱着弟弟来上课的四年级女孩，即使我不知道她的名字。

这些可爱的孩子，等到我们离开，彼此留下的可能只有回忆。

"我们班的孩子都那么小，有的没有凳子坐，只能站着。天那么热，教室里没有电风扇，连窗户都打不开。早上下雨，光线又那么暗，连个灯都没有。我好难过，好心疼他们。"我们一个志愿者边哭边说。我也很难过，既伤心又无奈。我不想等我们走后给他们留下的除了回忆只有回忆，现实的客观条件我改变不了，可我总要做点什么，直到刘运好教授的一句话点醒了我。

"你们在这里时间很短，怎样在这么短的时间里给这里的孩子一定的影响是你们需要思考的问题。客观条件你们没有能力改变，可是你们能给他们打开认识世界的窗，让他们知道外面的世界很精彩。"

刘运好教授的话让我豁然开朗。我们所追求的，是我们无力改变的；我们所忽略的，是看似平常而我们力所能及的。就好像我们在阴天思索着怎样将它变成晴天，却忘了顺手打开灯。七天的时间，我终于明白了一个道理。社会实践的真正意义并不是要改变什么，而是在孩子们心里打开一扇渴望世界的窗，给他们点亮一盏希望的灯。

我曾想什么样的人最幸福。后来我告诉自己，追梦的人最幸福。现在，我仍然这么认为。上了大学后，很多人以各种各样的方式怀念着自己的高中，或搞笑或深情，或调侃或追忆，我们想找寻的是十七八岁的自己吗？我更愿意理解为我们在重温曾经努力追求梦想的那段时光。因而，有梦的人是幸福的人，有梦想并为之奋斗着的人是最幸福的人。我们的社会实践，正是在给孩子们编织一个属于他们的梦，并牵引着他们去拥抱去追寻。

我们无意地点亮一盏灯，或许哪天，就成了水晶。

拥抱最美的星空

我想我一生中可能再也不会看见那么美的星空了。

去王家坝之前，我怎么也想不到，面对停水的事实，一群人竟然还会有心情看星星。可是，这就是真的。而且，我还是那一群人中的一个。可能，是那晚的星空特别美。可能，是我们只有星星。可能，我们是星空下的我们。

我经常羡慕人家战友之间的友谊，觉得那是可以为彼此两肋插刀坚不可摧的感情。因为有了患难与共的磨砺，所以一切都可以释然。

现在的我经常感到庆幸，庆幸自己暑假去了王家坝，更庆幸结识了那么多一起欢笑一起悲伤的朋友们。我难以想象，如果没有他们，这七天的时间我将怎样熬过，白天我可以和孩子们一起度过，那晚上呢？我不敢想，也不愿想。

幸好，大家一直都在。

虽然每天晚上我们只是露天浴，可谁也没忘了给后来的同学留下热水。也许就是这样，我们更珍惜彼此。如果说王家坝的孩子带给我无尽的感动让我最为珍惜，那我们的友谊就是我最温暖最宝贝的护身符。

一直遗憾没能拍下那晚的星空，后来想想这样也好，就让它留在记忆里。如果可以，我奢望用再一次的露天浴换一次猛然抬头发现北斗星的惊喜，不能少的，还有星空下的你们。那夜的《宁夏》飘到了我的耳边，侧目，我看见了躺在横椅上拥抱星空的自己。

2012年夏天，我打开灯，看见了最美的星空。

“笼中少年”董高青

——“寻找我的未来”爱心支教后记

2009级汉语言文学　王兆娟

不知道为什么，一出生我就和别人不同。

为什么他们可以自由地奔跑，而我只能遥望……

为什么他们可以流利地交谈，我的话却很难让人听懂……

终于有一天，我钻进笼子，把它锁起来，将钥匙抛向远方，这样，就不会再有伤害……

——前言

2011年7月3日，安徽师范大学文学院“寻找你的未来”暑期社会实践团队来到安庆市潜山县水吼镇雾下小学开展爱心支教活动。我有幸成为其中一员，开始了为期十一天的支教体验。

支教期间，我接收了一名“特殊学生”，我把他称为“笼中少年”。

初次见面——心如小小贝壳，怕被触碰

支教第四天才知道有这么一个孩子。那时我正在给学生修改演讲稿，他一直站在身后。我看了看他，十六七岁的样子，黝黑、干瘦。

向他微笑，他立刻红了脸，僵硬地将头转向一边。

和他打招呼，他没有说话，颤巍巍地向后退，看上去十分紧张。

“这个孩子，真奇怪……”

也许是我眼中的困惑刺激到了他，他低着头走了。如果是正常人的离开，或许我的印象还不会这么深刻：双手剧烈地颤抖，手指扭曲；两只脚黑瘦得像干柴，左脚歪到里面，僵硬地向前挪动……

他就是我将接收的“特殊学生”——董高青。

正式认识是从讲解英语作业开始。懂的地方点头,不懂的摇头,讲了四十多道选择题,他一直金口不开。一个人的"交谈"不免有些尴尬。

为了打破这种沉闷的气氛,我提出两个建议,可以找其他同学做游戏,也可以和我聊天。他权衡了很久,最后竟然怯生生地问我能否独自休息……

顾左右而言他!这个少年心上了锁,而那把钥匙恐怕早已被他丢弃或是粉碎了……

吐字不清,先天的缺陷让他感到自卑,性格内向、自闭。在同情心与好奇心的压力下,我决定:我要打开他的心扉,去探寻他心底的秘密。

找到问题所在,才能对症下药。我首先找到了董高青的同学、家人,向他们了解这个孩子的情况。

大家眼中的董高青十分不合群,内向而孤独。他从不参加集体活动,也不在人多的地方说话;只喜欢下象棋,但玩伴总是那一两个人;上学放学都是独来独往;常被人欺负却从不还手;有一次返校时胳膊竟青一块紫一块……

这个孩子在我心里已经成为一个谜,疑惑时时困扰着我,这更坚定了我对他进行开解的信念。

深入交谈——一把钥匙开一把锁,敞开心扉

再次见到他的时候,我没有问他问题,而是聊起了小时候我挨揍的事情。也许是产生了"共鸣",还没讲完他就打断我,回忆起被人打、被人叫作"××儿童"的经历。

起初他说得很平淡,后来竟越来越激动,声音断断续续,全身颤抖,连黝黑的脖子都鼓起了好几根筋。突然他什么也不说了,深深埋下头去,地上出现了几点水印……

许久他才抬起头,很僵硬地对我笑了笑。看到他情绪好一些,我又试探性地问道:

"他们那么对你的时候,你怎么办呢?"

他低下头,像是自言自语:"背对着他们……我本来就是……只是他们说出来了而已……"语气中饱含着无奈。看着他颓唐的神情我已不忍心再问什么,再说什么。

但话匣子是打开了,他不再像前几次那样防着我,而是谈到了他的好朋友、好朋友的父亲,最后才说起自己和家人。

他告诉我，他知道自己在别人眼里十分孤僻，但他就是不敢和别人交往，虽然他很想。每当遇到一个不熟悉的人主动和他说话，他就会结结巴巴，尤其是女同学，他更会紧张得喘不过气来；他说话最多的时候就是和好朋友在一起的时候，且只是为数不多的几个好友。

在学校，他最害怕的是体育课。男同学去操场打篮球、打乒乓球，他很想参加，可想到自己的手脚，他还是选择回到教室。但是，刚到门口他又会缩回来，因为教室里都是女同学……他不知道该去哪，不知道该做什么，也不知道该找谁倾诉……

他爱看电视。他说，在电视面前大家都一样，不用走路，不用说话，那别人就不会看到他的腿，也不会因为听不懂他说什么而皱眉头。

或许，他一直都在以这种方式麻痹自己，以这种方式忘记身体的缺陷，将孤独感与自卑心暂时抹去……但他毕竟还是个孩子，在现实面前，他选择了逃避。

家人中他提到最多的是奶奶。董高青五岁才能站起来扶着墙慢慢挪动，在这之前他都是在奶奶的背上度过的，这幼年时期的依赖成了祖孙之间的纽带，记事以后，他一直和奶奶关系最好。

“他们太忙……”在董高青眼里，爸妈从来没有时间陪自己。说起爸爸，他似乎很害怕。在他的记忆中，爸爸总是骂他，还用棍子揍过他。他与父母的交流仅仅限于晚饭时间。通常都是妹妹说，一家人听着。他不喜欢和父母聊天，大人问一句他才答一句。

2007年，一场车祸使一家人受伤。也许是上天可怜这个孩子，车祸竟让他因祸得福，痊愈后他的腿好转了，走路比以前平稳很多。说到这的时候他一直阴郁的脸终于有了一丝笑容：“我真幸运，真的，我真幸运……”

的确，上帝在为你关闭一道门的时候又在别处为你打开一扇窗。

不健全的身体，自卑、自闭、孤独、敏感的心，十六岁的少年，不应该承受这些。

“有句话不知道你听过没有？‘我钻进笼子，锁起来，将钥匙抛向远方……’”

他摇摇头，眼神迷茫，似乎在问我为什么说这些，但我没有解释，终有一天他会明白，或许那时他就能从笼子里走出来。

家访——母亲的心事

为了更加深入了解董高青，我们特地来到他家进行了一次家访。

一栋有些破旧的楼房隐藏在山脚绿树中。一个老人弓着腰从屋里出来，这就是董高青的奶奶。老人的眼睛似乎不大好，但始终面带笑容。董高青的妈妈在园里劳作，听说我们过来她立刻赶回来。这是一个普通的农家妇人，典型庄稼人，黝黑的皮肤，破旧的衣服，赤着脚。

知道我们的来意后，她感激地点点头，看了看屋外玩耍的儿子，压低声音说起了一个母亲的痛。

原来，董高青是先天大脑发育不全，加上出生时难产，半身肌肉骨骼受到严重损伤，以致五岁时他还只能咿咿呀呀、模糊不清地说几个字，走路也比别的孩子晚得多。

最令她伤心的是儿子对家人的态度。董高青八岁那年的春节发生了一件事，从那以后他就再也没喊过爸爸、妈妈和爷爷、奶奶。三年前爷爷病重，临走前想听他再喊一声爷爷，但最后还是带着遗憾去了。看得出来，爷爷走后，董高青非常伤心，也非常后悔。家人都以为他会叫爸爸、妈妈，谁知他还是和之前一样……

“那您对他往后的路有没有什么打算呢？”

谈起儿子的前程，她眼里转了很久的眼泪终于控制不住，“滴答滴答”地往下掉，良久才平静下来：

“我和他爸也考虑了很久。之前出车祸，他休学一年，我们本想让他就在那时退学，但又觉得那么小，不给他上学，怎么对得住他……”

“可是让他上学吧，他的手不方便，写字慢，考试怎么办，学校老师认识他，当然可以多给些时间，但是再过两年就中考了，哪里还会有什么特殊……”

“索性让他和别的孩子一样去打工，但他连平常的生活都难以自理，哪里会用他啊……”“我和他爸不能陪他一辈子，万一有一天我们走了，他又没有一技之长，该怎么办呢……”说到这里她的眼泪又落了下来。可怜天下父母心！

十月怀胎，一朝分娩，再加上十几年的辛勤养育，一般的母亲在这以后就会轻松一些了吧，但董高青的母亲经历了这些，却不得不继续考虑儿子的一生，哪怕是自己百年之后……

离别前的希望——喊一声妈妈

为期十一天的支教活动以一场演讲比赛画上句号。

是时候和董高青告别了，这也许是离开之前最后一次开导他的机会。

幸运的是，董高青的妈妈为了给女儿董佳乐加油也来到现场。比赛结束以后，队友黄世俊留住了董高青母子。

“为什么你们不早点过来，那样我就能早点认识你们了……”知道我们要走，他显得十分沮丧，“我喜欢听哥哥讲小时候的故事，喜欢和姐姐聊天，你们能不能晚点再走？”

听到他这样说，真很欣慰，还有什么评价比“相见恨晚”更高呢？

“哥哥、姐姐马上就要走了，但是在走之前还有一个心愿，不知道你能不能帮我们实现……”

他的目光游移不定，但最终还是点了点头。黄世俊不失时机地问道：“当着哥哥、姐姐的面喊一声妈妈，可以吗？”

这个要求对董高青来说近乎晴天霹雳，就连他的妈妈都吃了一惊，但她很快就明白了我们的用意，将目光转向儿子。

这时的董高青反应特别强烈，他全身发抖，不住地摇头，眼睛盯着地面，连手心都沁出了汗。看到他这个样子，我们心中难免有些不忍，但为了帮他打开心锁，跨过心中的那道坎，我们决定继续引导。

“那么先不喊，先抱一下妈妈，行吗？”我们俯下身子，给他另一个建议。他犹豫不决，一会儿看看我们，一会儿看看他的妈妈。我们将他的手放在妈妈的肩上，但他仍然不大情愿，胳膊僵硬。

“放松些，她是妈妈，不是陌生人……妈妈的肩膀很温暖是不是？……车子就在外面，我们马上就要出发了，别让哥哥、姐姐带着遗憾离开这里，好吗？……爷爷走了，你说你很后悔，妈妈也等了八年……”

不知过了多久，他突然爆发了歇斯底里的声音：“妈妈！”

我们都震惊了！

“哎！”他妈妈的眼泪夺眶而出！她紧紧搂住儿子。黄世俊突然蹲下来，号啕大哭起来。我待在那里，大脑一片空白，但分明地听到接下来的声音：“妈妈！妈妈！”

母子俩相互搀扶着走出校门，这恐怕是过去八年从未出现过的风景。

深思——何去何从

这样的孩子有没有未来？有人说，活着就有未来，活着就有路。但是，对董高青来说，路在哪里？他该以怎样的方式走下去？值得我们深思。

正如董高青的妈妈所说，上学，难以通过中考、高考，外出打工甚至难以养活自己！

且不论未来，就说当下，也是困难重重。

强烈的自卑感令董高青对他人既向往又恐惧，为了使自己免受伤害，他自然地走向自闭。因此，让他接受外界并不是一件容易的事。

反过来，如果外界能够理解他、接受他，让他感到人人平等，或许能够在一定程度上缓解他的排他情绪。

孟子说，人人都有恻隐之心。然而，恻隐之心常有，而理解接受之心并不常有。

让董高青接触到的所有人都去理解接受他是不可能的。我们的力量毕竟有限，拿什么改变他们的态度？

一切皆不可行的时候，我们自然地想到了心理医生，但是，自闭的他会向心理医生敞开心扉吗？能够真正地解开心结吗？这都是未知数。

教育体制、社会心理、家庭关系，还有他内心的那把锁……桎梏太多，困境太多，他该何去何从？

“寻找我的未来”，我们一直在努力。但怎样才能帮这个孤独的少年找到自己的未来？我们将继续探索。

身和心，至少一个在路上

——记赴陕支教之行

2010级秘书学　张玉林

当火车在秦岭山脉里呼啸时，我遇见了生命里最多的高山，最长的隧道。地图上两三厘米的距离，我们用了18个小时来跨越。从白天到黑夜再到白天，我们从四面八方赶来，面带倦容，赴一场青春里不容缺席的相约。

大通铺上的友情

我们辗转而行，见识了真正的山路九曲十八弯，最终在邓黎家放下行囊。在这个四壁斑驳却是特意给我们腾出来的空荡荡的房间里，我们稍显束手无策，最终大家采取“黎娃子”的主意，搬起屋外散落堆放的砖头，抬起闲置的木板，这样供我们10个女孩子睡觉的两个通铺便搭起来了。这是我们这些来自不同地方的女孩不曾设想过的境况，不过“既来之，则安之”，大家都很乐意体验这种新鲜生活。

现在回想起来，也许我们的友情便是从这两张大通铺上开始的。我们在没有灯的黑漆漆的小屋子里洗澡；我们端着盆、卷着裤腿、赤着脚到水流汹涌的河边洗衣服；我们顶着烈日将孩子送回村里，然后回来时在七弯八拐的山道里迷路；我们搬着小凳子坐在夜幕下和数不清的厉害蚊子相伴，聊着今天的收获和明天的安排，最后我们带着满胳膊满腿的红点一起挤上我们的大通铺。这里是要真正相拥而眠的，因为每个人都只能侧睡才能全部躺得下，也许正是因为彼此紧挨，所以大家很容易打开心扉，彼此交谈。尽管我们中有大一、大二乃至大三的，有文学院的，也有其他学院的，还有新校区和老校区之分，但是我们只是叫着彼此的名字，说着自己的以前和现在，偶尔某个人冷不丁地冒出一句挺像那么一回事儿的点睛之语，便是满屋哄笑。聊到夜深，大家自然而然地睡去，然后便是第二天醒来时彼此吐槽他人睡觉时的恶习，劳累却充实的一天便在这样的欢乐中开始了。

大山里的孩子

其实这个团队在活动准备阶段经历了很多波折，安排好了职责之后有队员突然退出，原定的支教地点突然不能依约合作，原本的校重点变成院重点……在出发之前，虽然我们都下定决心赴陕支教，但是终归有一些担忧：住宿没有完全敲定，学生能不能招到也是未知。或许大家都是凭着一颗年轻的心，一股子冲劲，只是很幸运，这里的孩子没有让我们无功而返。

我们来的这个地方是陕西安康的石泉县池河镇，开门便是满眼巍峨的高山，清晨和傍晚依稀可见山顶云雾缭绕。也许正是因为处于大山脚下，所以这里的人有着大山一样的率直、淳朴和安然。在这里，孩子们用很崇拜的眼神看着我们，他们尊敬我们，相信我们。记得招生那天，短短两三个小时我们的名额就从最初定的40名扩招到60名再到80名，最后不得已，只能硬着头皮去拒绝那些领着孩子前来报名的家长。

记得因为满额而没能报上名的小文博哭红了眼睛，要妈妈来跟我们说情。我们问他喜不喜欢这里，稚嫩的声音说“喜欢”，问他想不想来这里，响亮的回答是“想”。这样小的孩子，这样清楚而又可爱地表达自己的想法，让我们的女老师都欢喜得不得了，当然难以拒绝。

在这一个多星期的支教日子里，每天上午语数英讲课答疑，下午各个主题的讲座：《弟子规》、长征精神、食品安全、环境保护、雷锋精神……再加一个小时的绘画和游戏。就这样，孩子们和我们跳皮筋、丢手帕、打乒乓球，彼此相处得越来越快乐。很多孩子跟我们说：“老师，你要是我们真正的老师就好了！”我不是在说我们这些自身尚为学生的人教得有多么好，也不是在批评那些在职教师教得有多么不好，我们和那些老师只是存在着需不需要应对各种升学考试的差别。每天中午我们躺在一个个小小的课桌上蜷缩着身体睡上半个小时，每个队员都是蹑手蹑脚地来往、上厕所，不忍心吵醒其他睡得那么沉的队友。可能是因为时差的原因，这里的孩子每天中午十二点一过就来到教室外，可是当他们推开门看见我们睡得那么香，就自觉地把书包靠放在教室外的墙边。然后即使自己游戏玩耍也不忘相互提醒，做着“嘘”的动作，因为“老师在睡觉”。

在这里，我们每个老师都有自己的得意爱徒，雁鸿的卓卓，小颖的钊钊，述恒的“小可爱”，可玉的胡红铠，雪梅姐的小杨，海峰的“暴力女”，韵蕾的谭凝蕊，舒子的浩然，我的文博、可豪……写着这些名字、外号，那群孩子们玩闹的场景、调皮的模样又在我的脑海里像电影片段一样回放，嘴角莫名上扬，那段快乐的时光呵！

犹记得最后一天下午的联欢会，当最后一个节目——老师合唱进行到末尾时，我的眼泪就滚落了下来，明明平时不是爱哭的人，明明常常被调侃是“女强人”。不知道怎样用言语形容那种心情，就是泪水无法抑制，怎么也抹不干，只知道抱着孩子声音哽咽地嘱咐“好好学习，考上大学来找老师”，尽管知道再见很难，可是就是想给孩子一个美好的盼头。而孩子终归是孩子，他们毫无顾忌，放开嗓子大声哭着闹着要我们留下来，要我们答应明年一定回来看他们。院门旁来接孩子的家长们看着这些，也红了眼眶。

那天晚上，我们留下来整理借用的教室，家在附近的孩子不约而同地过来帮忙。后来和我们聊天玩闹，直到十点家长来催也不愿离开，最后我们连哄带劝甚至佯装生气才让他们回了家。第二天中午要乘车离开，可是早上就有孩子三五结伴地找到我们的住处，跟在各自的老师身边寸步不离。中午阿公招待我们吃午饭，这些孩子就在外面自己玩耍，让他们进屋吃饭，一个个都说自己吃过了，有一个孩子回答没吃，其他孩子立刻拥上去要他改口。其实他们从早上就过来了，到现在也没离开过。山里孩子善良淳朴，他们要让老师吃得好好的。我们吃完饭就要离开了，孩子们争着提行李，送我们上车，当汽车缓缓启动时追着车子和我们挥手告别，就像电视里演的那样，而我曾经一度认为那是艺术的夸张。

陕西之行的我

来自农村的我一直以为自己做得已经够好够努力，在这个很多人过得浮华的大学生活里，我坚持学习这个中心不动摇。可是两年的时间，我发现自己陷入了关于社会、关于人际的某种困境，为了得到改变，也为了大一的遗憾，有了陕西之行。

第一次坐接近20个小时的长途车，第一次看见那么多那么高的山，第一次穿越60多个隧道，第一次将自己置身于一个全然陌生的环境，第一次和身份背景、处世为人都彼此迥异的十几个人一起生活，第一次强迫自己适应每天顿顿面条水饺等各种面食。还有活动结束后，第一次一个人坐长途车，担惊受怕，不敢睡觉，手机没电，无法联系任何人，却还是安全抵家，这害得韵蕾、述恒、雪梅、乐乐等人担心了很长时间,我很内疚也很感动。

在要离开的那天清晨,我醒得很早,搬了个小凳子坐在门前看着陪伴我们一个多星期的风景,那个时候的安然心情到现在也能回味出来。记得自己当时发了一条信息:"最后一天的清晨,雨声淅沥,门前的玉米地格外青翠,远处高山层层叠叠,雾气缭绕。空气清新,心情安然。所谓有得有失,大二发生了很多足以用来成长的事,而大二的夏天我得到许多美好的回忆……"现在想来,我依然觉得选择陕西之行,很值得;遇到这些队友,很幸运!

我不知道怎样才算成长,怎样才能成长,只是觉得我们的人生终归需离开父母独自前行,所以出去看看吧,出去走走吧,或许你会发现很多困扰你的事就那样随风而去了。要知道身和心,至少要有一个在路上!

相约青春，许党徽闪亮

——党建辉煌，业启海西

2009级汉语言文学　安　雪

人生天地之间，如白驹过隙，忽然而已。对于我们来说，青春，这段时光太短；青春，这段时光又是那样灿烂。转眼之间，我已经走过了大学的两个春夏秋冬。现在忆起那个朝气蓬勃、无忧无虑的大一时代，忆起那个充满幻想却稍有迷茫的大二时光，我不禁更加感叹时光的飞速流逝。

还记得大一的时候很荣幸地参加了两项实践活动。一项是学校文学院汉语言文学专业“水之泽”团队的社会实践活动，另一项是宣城市济川街道社区卫生服务中心的实践学习活动。从社会服务到自我学习，那些笑容那份关爱，那份感动那份收获，我久久不能忘却。今年暑假，我积极参加文学院的“海帆”团队，赴福建进行调研。

虽然这些都是以学生身份参加的暑期社会实践，但是对于初接触真正社会的我来说，却是一种经验积累。现在仔细想想，发现这些经验会在潜移默化中慢慢改变自己，例如对一些社会现象的看法和认识，可以体会得更深。这些收获，让我懂得不能纸上谈兵，加深了我对人生的认识。

一

犹记得，在调研时，我收获的那份震撼与感动。这次实践活动开展期间适逢中国共产党成立90周年的纪念日。我们在活动中抓住这一热点，深入挖掘党组织在企业文化建设乃至企业经营发展中的作用。福建的天气很热，我觉得空气中的水分都被太阳晒干了，我们一行人出门后，身上的衣服很快就被汗水打湿。

记得那天，我们顶着大太阳，怀着激动的心情，来到了福建省三明市三钢集团(后简称“三钢”)。实话说，初见“三钢”，它给我的印象和脑海里的构想是完全不同的。简朴的办公楼，统一着装的工作人员，让人感觉这是个纪律严明的企业，它有一种神圣的庄严感和厚重感。在队长杨运达的带领下，我们与领导见面了。坐进会议室，我第一眼就看见了他们蓝色的工作服上都佩戴着徽章；再抬头看墙上高挂的党旗，那种敬佩感无法言说，这种严肃的气氛让我们有点紧张。之后的谈话中，领导们悉心地回答我们提出的每一个问题，并用笑容感动我们，用真挚的话语鼓舞我们，最后还对我们本次的调研计划提出宝贵的建议……

在与企业领导的交流和座谈中，我们了解到“三钢”企业文化的一个核心就是“发挥党组织在企业文化建设中的核心作用，建设红色炼钢文化”。为了更好地了解这个企业，在领导的安排下，我们参观了生产线。在生产线上，我们看见工人穿着工作服工作着，看见技术人员在电脑前计算着，看见了一团红红的钢铁在烈火中生成，深深地体会到了“钢铁是怎样炼成的”。

这一天的收获是颇多的。

我从未想过，一个领导，可以这么真挚地接待我们。

我从未想过，一名学生，可以这么被重视被关怀。

我从未想过，钢铁的炼成，要历经如此复杂的程序……

在“三钢”企业，每一位党员干部胸前都佩戴着红色的徽章，各个分厂大门前都高挂党旗，企业生产线最累、最热、最艰苦的地方都有鲜红的党员示范岗标识牌。

这些让我想起了创先争优活动。创先争优活动，它不仅仅是一个口号，更是一次落实在行动上的实践活动；它是中国共产党人勇往直前的具体表现，是永不懈怠的精神。这些领导和工人们，充分发挥着“一个党员就是一面旗帜”的先锋模范作用。“衣带渐宽终不悔，为伊消得人憔悴”，是他们，以最佳的精神风貌积极投身于工作中，为我们的生活做出了巨大的贡献；是他们，用自己美丽的微笑和认真的态度，来感动我们。

大潮汹涌，自当扬帆破浪；任重道远，更需策马扬鞭！作为一名预备党员，这些鲜艳的红色，是激励我奋勇向前的动力，是促使我拼搏进取的手段。

二

参加社会实践活动的时间是短暂的，这样短暂的社会实践活动并不能将我们的生活或者价值观完全改变，但它对我们的影响是潜移默化的。

跨越千里，我们“海帆”团队开展了2012年暑期社会实践活动。这次活动使我受益匪浅。

我懂得了“读万卷书，不如行千里路”。

我懂得了，团队的合作精神是完成一项工作必不可少的前提条件。在“海帆”团队，我们发挥互相学习、互相帮助的精神，各司其职，各尽其能，全身心投入自己的工作中。在这种和谐的氛围中，我们顺利完成了此次社会实践活动。

我懂得了，团队的力量及团队的重要性。集体合作不仅让我们的工作能够更好地开展，而且更重要的是加强了彼此之间的了解，沟通了感情，使此次社会实践活动圆满完成。

我学会了“学而不思则罔”。

一个人在工作了一天之后，要努力思考今天学到了什么，学会了什么，明天还要继续学习什么，这样才会有所进步。

我学会了总结。工作总结是做好各项工作的重要环节。通过它，可以全面系统地了解工作情况，正确认识以往工作中的优缺点；可以明确下一步工作的方向，找出那些好的思想、好的做法。

我认识到社会毕竟不同于学校。学校的生活是纯真无忧的，而社会给我们营造的气氛是紧张复杂的。在社会上，接触的人是不同的，接触的事是琐碎的。没有人会像老师和同学们那样告诉你该做什么，该怎样做。所以我们要改变自己的态度，积极地去做事情，哪怕最简单的事情也要用最认真的态度去做，即使做得很好并得到了很多人的好评，也不要骄傲。这样，才会有良好的人际关系，才能细细体会到一些事情内在的联系，才能有一份别人得不到的收获。多一份笑容，用心服务他人；多一份关爱，为社会贡献自己的绵薄之力。

我不会忘记那抹鲜艳的红。

通过这次暑期社会实践活动，我们了解了新时期党在企业文化中的作用，体会到社会的丰富多彩，懂得了什么是真正的生活，感受到党的震撼人心的力量；同时，锻炼了自己，提高了自己的人际交往能力，拉近了自己与社会的距离，让自己在社会实践活动中开阔视野，增长才干。我们的人生价值得到了体现，这为我们将来走向社会打下了基础。

我不会忘记那抹鲜艳的红。那一滴辛苦的汗水，那一个暖人的微笑，那一份勇敢的坚持，那一份火红的热情以及那一份敢为人先、积极向上的激情。

在十四天的社会实践活动中，同学们晒黑了，累瘦了，但是大家都很开心，因为我们顺利完成了任务，达到了预期目标。在往返奔波中，大家由刚开始羞涩胆怯逐步变得成熟稳重，在和企业领导的交流中，由一开始词不达意到后来切中肯綮，我们在成长，在成熟。

让我们带着那抹鲜艳的红，挥洒青春风采，为谱写党的乐章增加活跃的音符。让我们相约青春，许党徽闪亮。

情动盛夏，爱心起航

2011级汉语言文学　王珊珊

“我会牢牢记住你的脸，我会珍惜你给的思念，这些日子在我心中永远都不会抹去。我不能答应你，我是否会再回来……”

每当张震岳的这首《再见》响起，丝丝缕缕的牵挂，便会延伸至那座美丽的白鹅之乡——固镇，脑海中便会浮现出一张张天使的面庞，那里的孩子们，我的学生。嘴角的微笑，眼中的泪水，胸中的热血，心中的悸动，都化为一段美好的回忆，一份难忘的深情。

那微笑，不再是亲友相聚的开心，不再是比赛领奖的喜悦，而是记忆的收藏与温馨的回想荡漾开的幸福。

那泪水，不再是儿时跌倒的疼痛，不再是考试失利的伤心，而是离别的不舍与遥远的牵挂融化成的思念。

那热血，不再是观看奇景的兴奋，不再是高唱国歌的激情，而是自己的血脉，仍与那片美丽的土地相连。

那悸动，不再是收到礼物的惊喜，不再是纯然邂逅的美丽，而是自己的心，仍与那里的孩子一起紧紧相依。

一切的一切，只因有你们——固镇的孩子们。你们的纯真可爱，让这个夏天，温暖如斯，纯净似海，驶动了我们爱心的航船，撑起了我们成长的风帆。

七月，或许你们刚刚享受着暑假的放松与快乐，未曾想过一群素不相识的大哥哥、大姐姐，会背着厚厚的行囊，来到你们美丽的家乡。从刚开始招生报名时，看到你们羞涩忸怩胆怯，到几天上课后你们一个个勇敢举起小手回答问题；从刚开始你们沉默防备的眼神，到后来游戏时你们围着我们无所顾忌地疯跑与打闹，再到最后离别时，你们堵在门口，光着脚追着汽车一直哭喊与招手……知道吗，你们对我们每一次小小的信任与亲近，都使我们心头涌起莫大感动，都是对我们心灵的洗礼。

九月，此刻的我，又翻开了那些珍藏的照片——你们一百二十个孩子那一百二十张天真烂漫的小脸，或搞怪，或大笑，或眉头紧锁，或哭鼻子。一张又一张，我端详着，任思念流淌……

“小魔头”曲畅畅，你还记得我吗？还记得我这个不断被你刁难的老师吗？有没有收好我足足帮你抄了一下午的英语单词呢？也许在旁人看来，你顽劣、暴躁、叛逆、任性，可是我知道，你是一个真正的好孩子。你总称自己是“魔鬼”，可是在我心中，你和其他孩子一样，都是天使。只是缺少父母陪伴的你，太渴望别人的爱与关心，太需要有人可以像父母一样去包容你，陪伴你。上课大声说话，扮鬼脸，是因为你总想引起老师的关注；不停地追问各种稀奇古怪的问题，是因为你太想了解外面的世界；经常和那些成绩好的孩子起冲突，只因为你强硬外表下掩盖的是自卑与脆弱的心。

临走时你送给我一张纸条，上面写着：“王老师，从来没有一个人像你这么有耐心陪我说话，教我学英语。我不是坏孩子，我会好好学习，天天向上。感谢你，我从心灵！”我看到你歪扭的字，看到你最后加上的四个字“我从心灵”，你知道吗，我偷偷转过身，眼泪就掉下来。那一刻，我知道自己对你的所有付出都值得了。早上六点多起来去陪你早读，晚上给你备课到凌晨两点。当你的任性伤害了同学，我教你化解；当你的刁难激怒了其他哥哥姐姐，我帮你解释。做这一切，并不只为提高你的学习，而是想让你知道，总有人会关心你包容你，而你要学会的，是用正确的心态去主动关心你身边的人，你要明白，爱是相互包容与关怀……此刻的你，又在做什么呢？

坚强的张新雨，你还好吗？心里对你的丝丝愧疚依然在姐姐的心头隐隐作痛。忘不了那天的汇报会，我正对着你，站在台前做汇报提及你的不幸经历时，我看到你终于忍不住放声痛哭，而我只能面对着你，忍着泪水，哽咽地继续汇报。那一天，所有的人都哭了。可你知道吗？大家的眼泪不是为你的不幸流的，而是为你的坚强与勇敢流的！我们，只想让更多的人帮助你，为你的成长与梦想提供一份有力的支撑。只想让你明白，还有那么多的人在发自内心地爱你，关心你，共同呵护你的成长。谢谢你小新雨，临走前对你的一句“对不起”，终于换来你理解的拥抱与微笑……现在的你，还在认真看书吗？

还有和奶奶一起生活的留守儿童邹彤彤，还会在下雨的夜晚想爸爸、妈妈吗？有没有听奶奶的话呢？背着弟弟上学的涂俊杰，还是那么乐观爱笑，爱给别人讲笑话吗？爱哭的徐国奥，有没有男子汉一些呢，还会为丢一支铅笔而哭一下午吗？……

难忘怀。

难忘我们整个团队凌晨三点出发，几个小时火车，几个小时颠簸，还有平均每人四个大包行李，装满了给孩子们买的礼物。难忘我们每天六点钟的早起，只因担心早去孩子的安全，每天直到凌晨的备课，只为在最短的时间里教给他们最有用的知识。难忘我们挥汗如雨的讲课，烈日暴晒下的活动。难忘我们拿出自己的积蓄，给孩子买他们匮乏的学习用具，还有他们那渴望已久却从未碰过的篮球。难忘那些日子里挨家挨户地宣传，不知疲倦地家访，不厌其烦地和家长们沟通，忍着病痛给孩子们讲课。

难割舍。

难舍孩子们上课时第一次勇敢举起的小手，难舍孩子们从家中采摘下来送给我们的花朵，难舍孩子们献给我们的歌声，难舍孩子们亲手为我们制作的礼物，难舍他们伤心时抱着我们大哭的样子，难舍他们开心时拥抱我们的亲吻。难舍离别时孩子们追着车奔跑的身影，拼命招手，拼命奔跑，拼命呼喊："老师再见！老师再见！老师，再见了……"

不知不觉，照片已翻到了最后一张。抽离思绪，久久凝望那最后一张大合照，离别时的最后一曲歌声缓缓响起："因为我们是一家人，相亲相爱的一家人。有缘才能相聚，有心才会珍惜，何必让满天乌云遮住眼睛。因为我们是一家人，相亲相爱的一家人。有福就该同享，有难必然同当，用相知相守换地久天长……"歌声未绝，伤感顿起。眼中的泪水，嘴角的微笑，胸中的热血，心中的悸动，再度汹涌。只是这一刻，五味杂陈的情绪中似乎又注入了新的感念。

这微笑，不再仅仅是回味的幸福，还有面对明天的坚定与勇敢。

这泪水，不再仅仅是离别的感伤，还有收藏真情的铭记与珍重。

这热血，不再仅仅是对固镇的眷恋，还有延续爱心的志愿与豪情。

这悸动，不再仅仅是对孩子的牵挂，还有自我成长的骄傲与自豪。

并肩携手固镇行，青春奉献三载情。这是文学院暑期社会实践团队来固镇的第三年了。很庆幸，作为一名师范生的我，能够在这个夏天跟随学院的团队一起，深入基层，奉献爱心，心系祖国，锻炼自我，用自己最切实真诚的行动，迎接党的十八大。而在这连续的三个夏天里，团队秉持着同样的信念，队员传承着同样的精神。情系留守儿童，不离不弃；携手贫困学子，奔向未来。我们用真心的付出，为孩子们打开一扇寻梦的窗户；用真诚的爱心，为孩子们撑开一片成长的蓝天。

情动这个夏天,收获欢笑与泪水,热血与感动。放飞梦想与关爱,理想与热忱。开启责任与未来,明天与希望。爱心起航,成长扬帆,我们在路上!

望江小调

2010级对外汉语　王　辰

那是飘着浓浓夏日气息的七月，我们11人怀着春天般的欣悦，带着春天般的好奇和春天般的幻想，踏上了远赴望江的路途。第一个音符开始跳跃。

没有走过的路

于我，芜湖到安庆的路是那样陌生，没有过测量地图中两点一线距离的冲动，也没有过大胆买张去安庆车票的决心。每逢假期，我只有一个念头——回家，回到那如痴如醉的水墨画中，回到那嘘寒问暖的父母身旁。而2011年的夏天我竟不得不跨出学校的门，去往心中那满是空白的目的地。我尊重罗伯特·弗罗斯特的选择，他也曾像我这么怀疑过，胆怯过，迷茫而无所措。“金色的树林路分两条，遗憾不能两条都到”，于是他“选择了行人较少的那条，就这样一切便发生了改变”。我的生活是因赴望江的暑期社会实践而改变了。那确实是一条没人走过的路，但不是条孤独的路。结伴而行的11人汇成的光刺破禁锢的迷蒙，照亮了属于我们11人的路。一湾江水相围，起伏的稻田荡起青春第二乐章。

青春万岁

几番辗转我们到达最后一站——渡口，那渡口散发着古朴的气息，伴着流水的清新味道，慢慢由斜坡而下至渡口边沿，仿佛与对面越发亲近。顺着对面的斜坡往上看，高大茂密的树丛掩映着几座瓦盖的平房，安详而宁静，似乎从未被打扰，自顾自享受一方天地。

我们安顿下来。我们自力更生了。三十分钟的买菜路，一碗稀饭两个包子的早餐，七八里的自行车行程，三十六七度的室外高温，七十多个不同年龄的孩子，两间课桌不一的教室，两米宽的游戏平台，七点半动身，八点上课，五点下课，五点半回家，烧柴的大口锅，不明的黑虫，群攻性的蚊子，洗不完的碗盘锅筷，没有光亮的洗衣场所。一块儿打地铺，一块儿乘凉，一块儿吃冰棍，一块儿抢肉丁，一块儿写日记，一块儿起床、刷牙……“所有的日子，所有的日子都来吧，让我编织你们，用青春的金线，和幸福的璎珞，编织你们。”王蒙如是说。“所有幸福的日子，所有辛劳的日子都来吧，让我编织你们，永世难忘的十天和充满激情的实践，编织你们。”我如是说。没有磨难则不会有惊喜，不尝过辛苦怎能接受甘甜。这些片段便是永续不绝的旋律中的特色音符，点缀其间，如系千颗万盏星火于一条缎带，从第一天开始照亮起十日的生活，点拨起“青春万岁”之续章。

青春万岁续

我们安顿不久，便开始招生。两个多小时，或是成绩不理想，或是没有学生，信息登记表上还是空白，首炮未打响，这是不是挫折？我们的承诺、汗水，还有我们所做的一切在村中口耳相传，孩子们相邀而至，这渐渐燃起我们11人心中的希望，我们被了解、被熟知了，我们被接受、被承认了，我们被肯定、被赞扬了。我们应该做得更多更好以回报知遇之情，我们拆开礼物的盒子，揭晓行囊中的秘密——知识。义务支教相伴着拓展性的活动有序开展。我们是画师，将灰暗的暑期风景涂抹上了鲜丽的色彩；我们是乐师，将冗长的夏季长调截成欢乐的舞曲。

“拓展思维，发挥想象”绘画比赛，“沟通你我，成长快乐”师生交流会，“传递知识，传递希望”爱心支教，“激情夏日，青春无限”歌唱比赛，“礼义忠信，中国发展”海报展，“活力迸发，魅力四射”舞蹈课，盛夏趣味运动会，声乐素养技能培训课……王蒙曾赞美青春：“有那小船上的歌笑，月下校园的欢舞，细雨蒙蒙里踏青，初雪的早晨行军，还有热烈的争论，跃动的、温暖的心……”而我们的青春是进行时，若心不老，则要尽己所有之力将其进行到底。呐喊出“青春万岁”的诗队便又多了11个人加盟，不拒绝扑面而至的青春，要彰显，要放射，要带领这七十几个孩子一路撒下种子，奏响希望之曲。

希　望

某一天醒来，洗净的衣沾了泥和雨水，想要填饱肚子，缸中没了米；要生火，没了柴；决定炒些菜，没了油；要洗碗，没了洗洁精；要联系领导和家长，没了手机费；上课口渴，没有可食用的水；要……没了……裴多菲·山陀尔在《旅行书简》中说道:“绝望之为虚妄,正与希望相同。”绝望即希望。当我们11个人并肩迈进丰乐村时,当房屋的女主人走后,我们就已经做好了共同应对以后十天中可能发生的一切的准备,我们将团队精神辐射至远。望江的人亲人,丰乐的人爱人,他们给我们提供自行车,为我们送来蔬菜、鸡蛋、饮料、水……

就这样,渐近望江小调之末章。

再 见

“我怕我没有机会,跟你说一声再见……明天我要离开,熟悉的地方的你……我不能够答应你,我是否会再回来……我会牢牢记住你的脸,我会珍惜你给的思念……”闭幕典礼是此次社会实践活动的高潮,或许还是明年的预演。无论哪种定位,我们是要离开的。致上感谢,用一首《再见》留下肺腑心声,看着孩子集体的合影,看着布满泪痕的面庞,我们11人心有触动,但总是要走的。再见望江——再见丰乐——再见孩子们——再见各位“老师”——再见小天使幼儿园——再见地铺——再见灶台——再见大黑虫——再见自行车——再见——再——见——

带着行李,渡了河,各自回家。没了归心似箭,只有一份不舍灌入心底。想回头,却,头也不回地走下去……

温　　度

2011级汉语言文学　陈　丹

最好的温度计，便是暴露在社会里的肌肤。实践，便是用最直接的方式去感知社会温度。

——题记

冰凉，因未知　0~6.9℃

七月的芜湖，感受起来是另一番滋味。

二日清晨，我和同行的另外18位同学一起乘坐公交车赶赴芜湖市高新技术产业开发区（简称“高新区”）。

窗外骄阳似火。脑海里突然回忆起那个星光璀璨的文学院话剧会演暨欢送毕业生晚会。那些背着梦想离开象牙塔的学长学姐，有没有找到一份满意的工作？我们即将参观访问的高新区，是否有他们忙碌的身影？破旧、繁华，拼命、享受，句子短短，实际过渡起来却真真切切存在极大的落差。如今的我，20岁的我，除了一些微薄的稿费，只出不进。而在高新区里我看到很多同样20多岁的年轻人，他们在自己的工作领域里“指点江山，激扬文字”……

天才音乐家肖邦不满20岁便有了代表作之一《第二钢琴协奏曲》；高雅聪慧的海上花张爱玲，在创作第一部爱情小说《倾城之恋》时还不到23岁；威廉·劳伦斯·布拉格由于对X射线晶体结构的研究，在1915年获得诺贝尔物理学奖，获奖时他只有25岁。这一切都令20岁的我深深自卑。我的惭愧之心在和各大公司的接待人员交流后，更是跌落谷底。我得知，中文系大学生在高新区里是很难找到一份工作的，因为技术型产业更偏向于吸纳理科类人才！

我不知道四个春夏秋冬的轮回能为我的生命年轮增加多少厚度，不知道四年的日月交替能为我的生命轨迹带来什么美好的奇迹，不知道四年的学习生活能让我获得多少成功。不知道……不知道得太多太多！热风扑面而来，我却莫名觉得冰凉，内心陡然升起一股对于未来无法掌握的恐惧感。

温和，因真情　18~20.9℃

奇妙的是，在揭开芜湖“数字化城管”面纱的过程中我的心渐渐回温。

“指挥长，一起出店经营的事件相关单位已赶赴现场进行了解决，这是他们发来的事后照片，您看看。”这是7月3日，我们团队走进弋江区数字化城管指挥中心听到的第一句话。

一辆车，几位执法人员，来回巡街，这是大众对于城管执法人员的普遍印象。与此同时，无情轰赶小贩、暴力血腥执法等将城管妖魔化的声音也越来越多。带着对城管真实面目的疑问和对数字化城管的好奇，我们团队来到了弋江区数字化城管的指挥大厅。

“数字化设备让城市管理如虎添翼。”郑指挥长笑着说。从当兵到退伍后自谋职业，参加事业单位考试进入市容局基层工作，两年后指挥长郑燕完成了从一名女性狙击手到数字化城管中心指挥长的华丽变身。她陪同弋江区数字化城管从2009年一起成长到现在，她见证了区内城管的逐步发展与完善。你知道如同每一个人都有自己独特的身份证号码，城市里的每一根电线杆甚至每一个井盖都有自己唯一的编号吗？你知道在弋江区的各个路口、角落都有可以360度旋转、实时监控的电子探头吗？你知道城管人员的工作业绩并不是自己说了算，而是专门从杭州聘请监督公司，进行第三方监督，用事实说话，凭借问题处理前后的真实照片来进行量化考评吗？

新的领域、新的知识让我的心开始慢慢回温。世界上还有很多东西值得我们去摸索、探讨。在与《芜湖日报》编辑程茜的交流中，在与队友们的讨论中，我重拾信心。

年纪轻轻、气质高雅、幽默大方的编辑程茜已拥有五年从事编辑工作的经历。3日下午她带着她的实习生与我们在会议室进行新闻稿件的写作指导与交流。她善于聆听，强于表达。“原来的我经常害羞，手足无措，不知道该如何应付突发状况，对未来充满无奈。但是，自从下定决心扎实做好每一天的工作，我发现，融入社会其实并不难，只要学会各个行业的讲话习惯，就能了解他们，走进他们。”因为主要负责基层医疗卫生方面的报道，所以不仅她的普通话听起来叮咚悦耳，连芜湖话也是信“口”拈来，讲得大方而地道。

在交流学习中，她会不时地和她的实习生以及我们三位师大学子进行“亲密互动”。她总是投给我们鼓励的眼神，讲起话来也只有春风细雨或秋风飒爽，绝没有夏雷滚滚和严寒冬雪。她爱笑、爱聊，给陌生人以熟悉感，给陌生人以温暖。关爱与问候，解说与交流，触动了我心底那根最柔软、最敏感的神经。

人间真情如香茗，来，让我们细细品味，让它们成为回味无穷的齿香！

炙热，因奉献　32℃~36.9℃

戴上小红帽，披上红绶带，我们走上交通协管的岗位。十字街头的我们，像一团团点燃的火，发光发亮，彻底燃烧着热情的青春、火红的心房。

我和队友在一个没有红绿灯的交叉路口协助交警指挥行人和车辆。一位牵着孩子过马路的年轻妈妈从马路对面走来。她打量我的时间太久，若将她的目光停留慢放，我清晰看见那个过程是这样的：好奇的目光从上至下，白色衬衫上“安徽师范大学·暑期社会实践”的字样让她了然，红色绶带上“高新区志愿服务团队”的标语让她毫不吝啬地露出赞赏之情。最终，在看到我暴露在烈日下的小腿时，她的眼里露出了丝丝心疼。

热情的太阳让我的耳膜一阵阵疼痛，连带着太阳穴也痛起来。炽烈的阳光当头照射着，我只觉得双颊滚烫，不论是裹在衣服里的还是裸露在外的皮肤都有被高温烘烤的感觉，身上的肉开始扯着疼，眼泪却滚不下来。因为，我是心甘情愿的！因为，我证明了自己可以无私奉献！因为，我在用实际行动向党的代表大会献礼！

这个夏天，我们在固镇相遇

2009级汉语言文学　张雅男

那个倚在我怀里微笑的你，你，还有你，我不会忘记；那些写在黑板上歪歪扭扭充满稚气却让我红了眼眶的字，我不会忘记；那个热情洋溢、山清水秀的被人们唤作固镇的地方，我不会忘记；那个充满着或感动或甜蜜或酸涩或快乐的回忆的短暂十天，我更不会忘记。

骄阳似火，蝉喘雷干。就在这样一个火热的季节里，我怀着一颗同样火热的心，和12名队员一起踏上了去往六安市固镇进行社会实践的路。

我是一个土生土长的六安人，可是固镇这个名字对我而言除了陌生，还是陌生。因为这是我人生中的第一次社会实践，所以我的内心既紧张又期待。到达固镇已是中午，我们简单地放了行李吃了午饭之后便明确分了工，下午就开始了招生工作。我们不仅设置了咨询台和招生台，还挨家挨户拜访询问，以便家长和学生更了解我们。因为去年团队已经来过固镇了，所以当地很多居民对我们非常熟悉而且十分欢迎。忙碌有序的招生工作结束后，我们便正式开始了教学工作。

虽然我是一名师范生，但从来没有站在讲台上给学生上课的经验。因而我第一节课面对那些稚气的脸庞做自我介绍的时候特别紧张，但小朋友没有一个笑话我，下课的时候已经有脆生生的声音亲切地唤我男男姐姐了。慢慢地我就和他们熟起来，胆子变大了。一个多星期的教学工作虽然短，但是让我和孩子结下了深厚的感情，有很多孩子令我印象颇深。

记忆深刻的便是第一天上课时一位骑着一辆高大又破旧的自行车的小女孩。她是一年级的小学生，衣服脏兮兮的，眼神很胆怯，也不跟其他小朋友说话，奇怪的是我走到哪她跟到哪，有什么事也只跟我说，其他志愿者询问的时候她就不开口了。上午的时候她很多的请求我都尽力满足了，下午因为很多事要忙我就忽略了她，她叫了我好几次，但因为其他事情我耽搁了。晚上回来的时候听到其他队员在讨论她，一个去年在固镇实践过的队员告诉我们她家庭状况特别不好。她妈妈去世了，爸爸再娶之后就去北方打工了，那个后妈经常虐待她，所以她对周围的人可能有一种畏惧感。我听到之后很难受，决定从第二天开始一定要多给她一点关爱。第二天我很早就去了教室，可是左等右等她都没有出现，第三天她还是没有来。第四天，第五天……她一直都没有出现。我感到特别愧疚，觉得一定是我前一天冷落了她，她心里对我也有畏惧感了。小孩子其实很脆弱，她不过是想得到更多的关爱而已，我在面对这样一个缺爱的孩子时，没有做到对她多了解，多倾听，多关怀。

那个叫窦玉凤的小女孩，你还记得男男姐姐吧。我相信你一定记得，因为你曾经那么信任和依赖她，而她让你失望了。如果下次姐姐还能来固镇的话，如果你还在那里，姐姐一定要抱抱你，告诉你其实世界还是有温暖的。多么想给你带去一束灿烂的光，让它照亮你整个世界，让你小小的身躯有大大的能量，足以在这个世界找到属于你的天地。

7月7日下午我们回访了去年受助的学生们。我在马老师的带领下回访张新雨、周其功和胡成莲三家。当胡成莲的叔叔到路口迎接我们时我的内心被深深地触动了：一双破旧的雨鞋，走了一路就哗哗响了一路。最初我以为是幻听，后来偷偷问了同行的同学，他们也都听到了。这是怎样的家庭啊！一双新的雨鞋都买不起，一双脚只要下地劳作就会泡在水里。成莲是个懂事的姑娘，不仅今年考上了新安中学，而且平时还打工为家里减轻负担，家里的东西很少，可是收拾得干干净净。带着还未平复的心情我们来到张新雨家。一到门口，她的奶奶就紧紧抓住我的手不断道谢，我的鼻子当时就酸了但忍住没有哭。她奶奶向我们介绍家里情况时说着说着就流下眼泪，看得我心里十分难受，感慨万千。周其功家由于没有钱交电费而去城里投奔亲戚了，我们没能拜访到他。但是看到他家周围的环境，听到邻居的话，我也能想象到这是一个怎样的家庭。回程的时候，我的眼泪止不住往下流，不是同情，而是心酸。没有亲身经历过，真不知道还会有家庭在经历这些。愿我们的微薄之力可以为他们减轻负担，愿有更多的爱心可以传递到他们的家，为他们带去温暖。

临走的前夜，我把头闷在枕头里狠狠哭了一场。我舍不得那些如花般灿烂的孩子，舍不得那个充满欢声笑语的讲堂，舍不得充满爱和热情的固镇。第二天和孩子们告别的时候，我没有哭，我暗暗告诉自己要让每个孩子记得我的笑脸，记得我的乐观，记得我的鼓励和安慰。这个夏天，我们在固镇相遇，待到下一次来的时候，你们一定要记得这个平时一笑眼睛就眯成一条缝的姐姐。

那时我依然会面带你们熟悉的微笑,向你们敞开怀抱,笑着说再见到你们真好。再见,固镇!说了再见就一定会再见,我等待着下一个夏天,我们再次相遇。

我的爱，不可说

2010级汉语言文学　吴云云

嘘……不要说话，我知道你们有很多话想说，也知道你们有很多话不敢说，那么现在，安静地坐好，听我对你们说。

我们到这里的时候，天已经全黑了，外面下着瓢泼大雨，积水已经到了我的小腿，如果是你们的话，应该已经没过膝盖了吧。我们每个志愿者一边扛着一大箱行李以及支教需要的物品在雨中艰难地行走，一边还担心未来几天我们计划的志愿活动是否要被大雨冲刷得一塌糊涂。晚上躺在床上，心里有些忐忑，不知道能否招到学生，但又对明天的支教无比期待。

第一次踏进学校的时候，我还记得教学楼三楼有几个孩子从缺了挡风玻璃的窗户中伸出头来，一边闹一边笑地看向我们，后来才知道原来这群猴孩子就是你们。你们不知道，其实我们之前准备的是初中教学，没想到临时换成了小学，我们赶鸭子上架似的一点准备也没有就被推了进来，然后就看到你们一个个乖乖地坐在那里，仰着头等我们说些什么。我知道你们当时很紧张，其实我们更紧张，因为从你们的眼里我们看到了认真。

我还记得教室里那个发霉掉漆的天花板，你们笑着告诉我教室里一直都没有灯，如果天太黑了，老师就提前下课……我转身看到一个队友偷偷地抹眼泪，不仅是同情，更多的是无奈。你们的板凳似乎没有一个是完好的，不是这里腿短了，就是那里椅面只剩一半。凳子不够，你们有的人甚至要两个人合坐一个小凳子，你们从来没有抱怨过，却会偷偷地将桌子往窗户旁挪一挪。有时候，你们会抱着你们的弟弟、妹妹来上课，如果哪一天有人请假了，理由也是因为要帮爸爸、妈妈做农活。我知道，你们上学不容易，接触外面的世界更不容易，所以我们尽全力让你们能更多地感受多彩的课外生活，让这段时光成为你们美丽的记忆。

你们每个人都很听话，可是上课的时候总是调皮，有时候我会忍不住对你们很凶，可是我知道你们从来没有怪过我，否则，你们就不会大清早就跑到我们吃饭的地方等着，只为了迎我们走这一小段路；或者，就不会在大雨中两个人撑一把伞等在学校外的小路上，看到我们过来就冲我们喊："老师，下雨天路滑，你走慢一点……"也许你们不知道，我每次都会告诉你们，"下次就坐在教室等，外面天热，老师们很快就来"，可却又忍不住在心里自豪，看，这是我们班的孩子！我想我不会忘记这个夏天的炎热，不会忘记那个没有风扇的闷热教室里我们志愿者和你们共同流下的汗水，更不会忘记下课的时候，我坐在教室后面批改作业，你们一群人围上来一边流汗，一边用外面捡的芭蕉叶给我扇风。其实你们团团包围的人墙有时候会让本来就闷的空气变得更加难以流通，可是一双双手扇出的点点微风却着实给我带来阵阵凉意。你们总是喜欢缠着我们中的一个志愿者教你们画画，然后又将新学会的画送给我们做礼物，即使每个人画的内容都是喜羊羊，但形态各异的小羊在让我们感到啼笑皆非的同时，更多的是无尽的感动。后来的几天，你们画画水平进步了，就把教室后面的黑板报擦了，画了整个黑板，上面写上"送给某某老师的画"，在我心里，这就是最美、最珍贵的画。

还记得最后那天早上的情景吗？你们一大帮人把我和另一位老师推在外面不让我们进门，等我们进到教室，等待我们的是你们在黑板上整整齐齐默写好的这几日我们教你们的所有诗歌，还有那句画了花边的"老师，我们永远不会忘记你们"，这一瞬间带给我们的是铺天盖地的感动，还有无尽的不舍。在举行告别仪式之前，其实我们都说要高高兴兴地分别，结果面对的却是你们泣不成声。你们说你们的愿望是好好学习，将来走出这个小镇，然后来找我们；你们说我们是对你们最亲切的老师；你们说要再和我们玩一次游戏，可是分别总是要来临。我们送你们出校门的时候，你们一步一回头，于是我们只好回到教室，不然这几步路你们不知什么时候才能走到头。

回来的路上，有个孩子打电话过来，电话那头却是沉默，只有我一个人不停地说话，因为我知道，你们不知道说什么才好。其实，人生中充满了相聚和离别，最重要的是相处的那段日子留下的诸多欢乐与感动。总有那么些人是生命中的过客，于你们，于我们，都是这样，但这匆匆留下的剪影总是美好的，于是，不如我们把这份共同的记忆放在匣子里，悉心珍藏。

难忘那些日子，那些人

2010级秘书学　徐德运

在社会竞争日益激烈的今天，综合素质对于当代大学生来说越来越重要。作为创先争优的重要载体和人才培养的第三课堂，暑期社会实践无疑是大学生投身社会建设、锻炼才干、实现理想的大好机会。

2011年7月，在文学院领导的支持下，在谢蔷薇学姐和王亚周学长的组织下，14位来自不同年级不同班级的同学聚到了一起，组建了一支赴宁国中溪镇的爱心支教团队，而我非常荣幸成为其中的一名志愿者。此次为期八天的中溪之行让我难忘。

在此之前，我从没有参加过这样的集体活动，它给了我许多的"第一次"。第一次体验到了十几个人吃在一起睡在一起，一起为同一件事情而忙碌的生活；第一次感受到了团队力量与团结精神的伟大；第一次近距离与这么多孩子们接触，体验当一名老师的喜与忧；第一次收获了在团队中与队友们朝夕相处磨合出的珍贵友谊……

此时翻着那些在中溪的照片，咀嚼着点点滴滴的回忆，回味无穷。难忘那八个日夜，难忘那些人，感谢他们给了我感动、责任、团结与成长。

感动：爱心处处有

其实我是做好了吃苦的心理准备来到中溪的，但到达之后我大吃一惊。我们受到了当地政府和赞助企业亚新科（安徽）有限公司的热情接待，食宿条件相当不错，活动场地也很好。衷心感谢那些帮助过我们的叔叔阿姨们，没有他们的热心支持，就没有我们八天的志愿服务。这其中就有我们较为熟悉，让我非常感动和感激的一位叔叔——亚新科（安徽）有限公司的李书记。李书记总是那么和蔼可亲、平易近人，他热心帮助我们，为我们解决了很多问题。他的笑容让我觉得很温暖，我觉得他对我们的爱心也是支持我们志愿服务的一部分，让爱传递，温暖人心。

让我感动的当然还有那些孩子们，忘不了孩子们从刚开始喊“老师”到后来叫“哥哥”“姐姐”，忘不了孩子们那些单纯天真的话语；忘不了在趣味运动会上大家的忘情呼喊，忘不了文艺汇演舞台上孩子们甜美的歌声，忘不了在我们临行前孩子们不舍的眼神甚至是惜别的眼泪。调皮的学生夏凡，当在我们的车缓缓开动的时候，我看到了他的眼眶中闪烁着泪花。

6日那天在亚新科(安徽)有限公司吃完午饭后，因为天很热，就没回宿舍留在了会议室。我在前排坐下，正准备休息一下，忽然两位小朋友跑了过来，在那“嘿嘿”笑，跟我说了一句让我当时特别感动的话：看老师比较热，送给老师吃的。原来是小朋友吃的零食，我正要拒绝，他们就硬塞给了我。我一个人坐在那里吃起这些小时候吃过的零食，感觉味道大有不同，它充满了感动的味道。后来王刚同学坚持要去买水给我喝，我拗不过，大热天让他跑了一趟，他却十分乐意，说我们辛苦了。孩子们纯真的笑脸，让我感动。

还有金宜祥这位公认的小帅哥，临走的那天大清早他就给我们打来了电话，电话里他出奇地沉默，最后他说他会想我们的，我知道他是真舍不得我们。还有我带的那位“好动儿”兰元昊，平时他最不听话，听说我们要走了，他舍不得，叫我们不要走。

这样的例子还很多，举不胜举，相信每位志愿者都有遇到许许多多感动的瞬间。感动处处有，用心去体会，情动你我他，此行无愧矣。

责任：社会实践做实事

每一天大部分孩子都比我们志愿者早到很长时间。从一开始他们的积极性就让我惊讶。他们那一双双渴盼的眼神让人心疼。

王纯是我带的学生中最乖的一个，好学好问。有一次我发现他在写作业时把题目做得这一个那一个，我就问他怎么不按顺序把题目写完呢，他说简单的回家写，难一点的在这写，可以问老师。很多次我观察到坐在我后排的几位小女生在下课后依然坐在座位上写作业，那天我就问她们怎么不休息一会儿，她们说上午时间不太多了，现在写还可以问哥哥、姐姐，下午回家就没人教了。他们的话让我深思。

八天的志愿活动让我明白了暑期社会实践并不是像外界传言的那样走形式，没有实际意义，我觉得我们是真正负起了责任，做出实事的。

团结：聚是一团火

我们14位大学生本着团队精神，有条不紊地开展了我们的支教服务，成功举办了中溪镇第二届趣味运动会、“党在我心中”演讲比赛、长卷绘画、大运宣讲、文艺汇演和三期素质拓展讲座等一系列活动。正如文学院的那句口号“聚是一团火”，我们14人正是一个个不起眼的火星，聚在一起才燃起了燎原大火。

其实在学校我与大多数队友都不是太熟，但通过这八天来的朝夕相处，我们成了好朋友。能认识这些朋友，我真很荣幸，因为他们个个是我学习的榜样，他们每个人的优点都让我印象深刻。聚是一团火，当大家紧紧团结在一起把所有的优势都发挥出来时，我们的力量就足以抵挡困难。我会记住他们所有人的闪光点，向他们学习。向我们的团队致敬。

成长：教学相长

孔德超是我负责辅导的学生之一，是四年级的帅小子。刚开始我带的学生中没有一位自愿报名参加演讲比赛，我在动员中发现孔德超有意愿参加可是又顾虑重重，有些害羞。于是我就鼓励他，他终于鼓足勇气报了名。在7日比赛，快轮到他上场的时候，他跟我说他好紧张，打起了退堂鼓，我鼓励他自信点，就当下面的观众不存在，不要紧张。演讲完后，他笑着跟我说，就上台那会儿紧张，后来就好了，这下有经验了，谢谢大运哥哥。最后他获得了二等奖。之后他还积极参加了文艺汇演的节目，越来越自信了。

还有一位小朋友冯凯缠着我要我教他唱《猴哥》，想与我一起参加文艺演出，当时我很感动。后来他自己觉得唱得不好，曾一度准备放弃，我鼓励他，只要有勇气站在舞台上，就成功了。那天的节目他表现得非常好。

是的，我们的到来，为中溪的孩子们提供了学习的机会，带来了欢声笑语，使他们在各项活动中获得了快乐，为这个燥热的暑假增添了光彩。

我们以老师的身份开展志愿服务，让孩子们在我们的支教和各种丰富多彩的活动中获得快乐，但不要忘记，受益者不只是他们，还有我们自己。不是吗？正如前面所说的，我们获得了心灵的感动，懂得了承担职责，学会了坚持，学会了包容，学会了感恩，学会了团结，学会了反思，锻炼了能力，增长了才干。这样的经历，同样会影响我们的一生。

八天的时间很短，短到我还没来得及记住所有孩子的名字；八天的时间又很长，长到我要用一生去回忆。不知道这个暑假有多少个八天，但这八天注定是不平凡的八天，因为它承载着我们太多太多的付出、收获、感动与回忆。难忘那些人，蔷薇姐、亚周哥、陈丹姐、王慧姐、朱小静、孙彤、毛晶晶、孝巍、岁荣、吴小瑀、唐婕、李飞、石闯，还有两位我叫不出名字的当地志愿者，可爱的孩子孔德超、王纯、兰元昊、王刚、金宜祥、贾文杰、冯凯、杨俊、徐艾、张梦媛、倪心蕊……还有很多我叫得出和叫不出名字的孩子们。难忘那些日子，2011年7月2日至7月9日，8个日夜。

有形的八天实践活动结束了，但是无形的情感会一直留在中溪孩子们和我们的心田。那些花儿，种在中溪，开在心里。

再见了，难忘的那些日子，那些人。

青葱岁月里的成长

——从企业文化看人生成长

2010级汉语言文学　汪　旭

当岁月的树还透着沁沁绿意，当时间的风还拂着春日的气息，匆忙的我们，在不经意间就步入一片夏的浓荫中。这个季节，烈日炎炎，我们放飞青春的风筝，背上理想，在实践中磨砺意志，在探索中寻找青春的意义。

2012年暑期，我们19名安徽师范大学文学院的同学以"践行雷锋精神 点燃青春激情"为口号，走进芜湖高新区，深入各个企业内部，感受20年来高新技术产业的飞速发展。

本次暑期社会实践活动，我们立足于自身的专业特长，走进企业、深入企业，深层次感受企业的精神文化和内在灵魂，为企业文化建设做宣传。从国内唯一一家拥有自主知识产权的火车模具生产厂家芜湖博万德工艺品有限公司到"天宫一号"重要设备制造单位华东光电技术研究所，从中国首家以塑料型材为主业的上市公司海螺型材科技股份有限公司到国内最大的空调自控连接线生产企业三花集团，我们走访了不同的企业，与企业各阶层的员工交流学习，感受到了高新技术产业的独特魅力。这些企业给我感受最深的就属三花集团和电玩巴士公司了。

"企业是树，人才是根。根有多深，树有多茂。"这是国内最大的空调自控连接线生产企业三花集团的企业文化。而"管理之花，科技之花，人才之花"，就是三花集团三朵永不凋谢之花。当我面对面地与生产这些看似微小却不可缺少的空调零件的员工接触时，我看到的是一个与电视资料中完全不同的公司。现实给我了最好的认识。干净的厂房，高端的科技，井然有序的生产工序，它们固然吸引我，但真正打动我的，是"三花"人的一种不懈奋斗、团结合作的精神，他们让我看到了自己身上的责任与使命。我们不仅仅要学习书本知识，更重要的是在成长过程中将自己的学识和才干运用到实践中，社会责任感是我们新一代大学生必备的品质。

“简单游戏,快乐生活”是全球中文电玩资讯和玩家社区的最大平台——电玩巴士公司一贯秉承的宗旨,也是该企业最核心的价值理念。在生活的重压下,简单的游戏放松必不可少,娱乐也是人生的一大幸事。这家企业的员工70%是“90后”,在他们整洁有序的工作环境中,我看到的不仅仅是新一代年轻人对工作认真努力,还有他们对生活坚定,对现实乐观和积极。坚信,只要努力,一切皆有可能。我们即将走上社会,即将面临工作的选择,面对纷繁复杂的现实和日渐加重的压力,我们新一代年轻人就应该保持一种“简单和快乐”的积极态度,在我们的身上就应该体现出一种精神的力量并用这种精神力量促进自身的成长。

在为期8天的社会实践中,我们还走访了博万德工艺品有限公司,体会到了“小火车,大智慧”的精髓;参观了华东光电技术研究所,感受到了“高尖端”科学技术;参观了海螺川崎型材科技股份有限公司,见到了新科技的高效率运用。除此之外,还参观了迈讯呼叫服务中心、准信科技、槟国动画、数字化城管中心等十余家企业。这些企业各具特色,都拥有自己独特的精神文化,正是这种内在的企业文化的灵魂促进着企业的不断壮大与强盛。在这些企业文化的背后,是人类智慧的结晶,这是我们大学生需要好好体悟的,人,活着需要一种内在灵魂的支撑与促进!

我们需要不断地成长,更需要不断地在借鉴和学习中成长!我们要学会思考,学会学习,更要学会成长!这次暑期社会实践活动让我在企业的成长中看到了人生的成长,感受到一种内在灵魂的支撑与力量!我相信,这样的收获才是实践的根本目的所在,也是我们最好的成长!

古人有云:“万变不离其宗。”今日我们亦可说:“万业不离其宗。”此“宗”就是优秀的企业文化。人生成长过程需要如优秀企业文化一样的强大灵魂来支撑和促进。我想,这样的感悟应当是我此次参与暑期社会实践活动的最大收获。

同样的“爱心之旅”，别样的“夏日之约”
——记再赴中溪镇暑期爱心实践

2009级对外汉语　谢蔷薇

2011年7月，我第二次到中溪镇进行暑期社会实践活动。一年过去了，不说什么岁月如梭、时光荏苒，也不必这样说，因为，一年，并未让这座小镇改变多少，熟悉的站牌，熟悉的公路，熟悉的商店，只是，街尾的舞蹈房好像换地方了，小镇还开了一家“薇薇新娘”婚纱摄影店。一年，也并未让中溪的人改变多少，并未“岁岁年年人不同”，也可能永远都不会出现这样的情景，因为孩子们依旧热情，熟悉的面孔，灿烂的笑容，爱心依旧蔓延，我们的青春热情在这高温的夏日尽情燃烧。我想，先不说实践，先来说两个小故事吧！

7月2日，这是我们到中溪的第一天。骄阳似火，烤着大地，志愿者们不顾脸颊上滑落的汗珠，辛勤地按照计划安排工作着。当我们刚刚搭好招生咨询台的时候，突然，一个叫罗明惠的四年级小姑娘跑来，急切地问：“是安徽师范大学的哥哥、姐姐吗？”当得知我们就是的时候，她先是高兴，却又略带埋怨地说：“你们今年怎么现在才来，我在家都等得急死了。”随后到来的明惠的妈妈也说，小明惠前两年都参与了我们的实践活动，度过了快乐的暑假，一到夏天，她就盼着安徽师范大学的哥哥、姐姐来。在接下来的招生宣传中，小明惠一直在我们的咨询台旁帮忙，甚至跑家串巷，给我们宣传，让更多的小朋友参与进来——这已是小明惠第三年参与我们的实践活动了。

7月10日，这是我们社会实践的最后一天，也是我们必须离开的日子。一位叫夏凡的孩子依依不舍地对我们说：“哥哥姐姐，慢走啊！千万不要忘了我们！明年一定要再来啊！”他坚持送我们到车站，看着我们上车。此时的他，早已没了前几天的调皮样儿，满眼泪水，话音颤抖，那不舍的表情让我们也不忍离去。与他同行的几名小姑娘早已哭成泪人儿了。美丽的女孩子们，脸上挂着晶莹的泪珠，在清晨的阳光中闪着光。终究不能停留太久，轻轻地叮嘱着那些可爱的孩子，我们踏上了回程的车。孩子们在车站看着渐渐远去的车，挥着手，久久不肯离去。车中的我，看着远去的站台，看着越来越远的孩子们，终于，又一次离开中溪了。

说是故事，其实掺杂太多感情，这是一份割舍不掉的情谊。两年，我都和这帮可爱的孩子一起度过假期的一部分；两年，我都在同样的地方收获着满满的感动。第一年，我是团队的一名普通成员，一名普通志愿者，是五个孩子的老师。我每天早起去孩子家，只为了早点见到可爱的孩子们，多教给他们一点外面的知识。每天，我和他们一起映着夕阳，踏在镇子里唯一的大道上，沿途欣赏着乡镇独有的风景，和他们愉快地交谈，送他们回家。每天一个多小时，就这样花在沿途上，但这样的花费与付出是值得的，甚至说是应该的、必需的。

第二年，带着和孩子们的"夏日之约"，我再次来到中溪。一条大道通南北，沿途是中溪镇的"母亲河"，水涨了一些，却依旧青绿，依旧树影斑驳。住宿地附近的桥，依然很旧。只是，今年我扮演的角色不同了，成为实践团队的队长，多了个头衔，也就多了份责任。与去年相比，我需要做的不再只是为我辅导的几个孩子打开对外之窗，而是，为所有信任我们、支持我们的中溪镇的孩子建造通向世界的桥梁，在他们那纯净的脑海中，印上大山之外的模样，印上梦想的形状、永恒的向往。

和第一年一样，我也是那样努力并尽力地做着。在早期做实践策划的时候，我就询问过指导老师以及去年带队的学长，我要在爱心支教的基础上，创造机会，举办富有时代气息、具有文学院专业特色的活动——让我们在有限的时间内，发挥无限的功用；让学生们在有限的时间内获得更多的知识与锻炼；也让志愿者们在有限的时间内增加经验，获得真知，做到教学相长。于是，团队集中开会讨论，最终决定每天早上在固定地点进行义务支教，每天下午则开展各项活动。从素质拓展到大运宣传，从推荐书目到演讲比赛，从长卷绘画到爱心会演，一切的一切，从雏形到成形，从构想到策划，从纸上谈兵到付诸实践，看着成果，看着孩子们的笑脸，看着他们获得新知的喜悦，这一个多月的努力化成了泡泡。也许这个比喻不是很恰当，但是泡泡不是泡沫，不是化为乌有，而是多彩的泡泡，色彩缤纷，迎风飞翔，给孩子们带去五彩斑斓的遐想与希望；它会高飞，在孩子们满满的记忆中留下亮亮的一小笔。

我到现在也不愿意去回想离别的场面。如文章开头的故事那样，7月10日早晨，我最后一次站在等车的站台，是那群可爱的孩子们陪我们一起等的，只是他们等的是离别，于我，这已是第二次离别了。大家开始还笑着、闹着，志愿者们叮嘱着各自的学生，孩子们明媚的笑脸在每个志愿者心底漾着光彩。巴士来了，大家拿着行李要上车了，孩子们突然哭出声，可是，离别终归是离别，是挽留不住的。于是，叮嘱孩子们早点回家，好好加油！这是我们现在唯一能做的了。终于，在声声催促中，我们踏上了离别的车。回头看，孩子们还在原地，挥手，凝望；他们哭红的眼圈，凝成我心底的痛，突然散开，充斥着整个胸腔。想想去年，也是同样的情景啊——离别，是世界上最难受的事儿了吧！明明不想要离别，当看见离别的人难受的时候，还要"假惺惺"安慰，其实，自己已经很难受了……

巴士沿着熟悉的大道慢慢开出中溪镇，孩子们越来越远了，变成小点点，变得看不见；慢慢走到大道尽头，那熟悉的写着"中溪镇"的牌子，是我实践生活开始的地方，而现在，也是我实践生活结束的标志。我依然记得7月2日，车子开进中溪的时候，我作为唯一一位再次来到中溪的志愿者眉飞色舞地给大家介绍中溪的样子，给大家介绍我前一年支教的情景。我想，那时的我，是骄傲的，我心里有种亲切的归属感，我觉得我回到了实现自己梦想的地方。而此刻，慢慢地，"中溪镇"看不见了。慢慢地，我意识到，"中溪镇"越来越远了。也许，这辈子我可能不会再踏上这片美丽的土地，不会再和这个曾经让我拥有那么强烈归属感的小镇有交集了。也许，也没有那么多"也许"，因为，赤裸裸的离别已经是现实，那么真切。感觉好像穿越了，两年的感觉交错掺杂，这些牵扯到心灵的沟通与时空的回忆，让我感觉"失真"。不能再想下去了！

突然想起去年，我在实践征文里这样写道："中溪——2010年夏天感动开始的地方。我来过，我认真过，我付出过，而现在，我在珍惜着，我也在期待着，期待着明年吧——有机会，我会再次踏上这片土地，去见我可爱的孩子们——因为，我记得，我们有个约定，关于明年的'夏日之约'！"今年，我想说，这些已经实现了！

两年的实践，我成长了许多，收获了许多。可能，我以后不会再像之前那么直接、那么真切地参与暑期社会实践了，但我会永远记住这些感觉，与孩子们的，与队友的，因为，这是一份只属于我的，延续两年的别样的"夏日之约"——够我一辈子慢慢回忆，慢慢品尝……

让梦想在远方开花

2010级汉语言文学　黄亚婷

汽车行驶在颠簸的田间路上，我带着一份陌生和好奇来到了六安固镇——一片朴实却美丽的土地。

写下这些文字的时候，我的笔尖总不忍心用华丽的辞藻去打破这份朴实，这份宁静。这9天的支教生活带给我的是一份沉甸甸的责任和一生难以忘怀的记忆。像一朵花开在远方的路上，承载了青春，打包背上梦想，我们就这样起航。

"英语老师，我这一题不会写，你能教教我吗？"这个孩子说着一口家乡话，我费了很大劲儿才弄明白他在向我"求救"。"哪一题？我帮你看看啊！"涂俊杰，这个孩子是我认识的第一个学生，也是第一个喊我"老师"的学生，那一声"老师"至今还回荡在我的耳边。通过几天的观察，我发现他非常聪明，也非常好动和急躁。我知道好动和急躁的习惯会让他的聪明无法发挥作用。每次上数学课的时候，他总是第一个举手回答问题，但答案往往欠缺成熟的思考，我就像一个"专制"的姐姐一样，把他的手按下来，告诫他再想几分钟。当然，我还试着通过各种各样的方式让他明白，一个人的耐心和踏实比聪明要重要一百倍。有一天，他因为选班长的事和班上的同学打起架来，哭哭啼啼地跑过来找我。我一看到他这样，心里很难过，也很急。我问他："涂俊杰，我们是不是朋友？"他点点头。"那你相不相信你的朋友？"他抹抹眼泪，委屈地说："嗯！""那好，那我告诉你，一个男子汉是不轻易掉泪的，一个要当班长的人更不能哭，你应该让他看到你的宽容和大度，去道歉，知道吗？"我本以为他会像同龄人一样不肯向"敌人"投降。但是，我错了，我没想到，他真把我当成了朋友，去向同学道歉，然后挪到我面前用他黑乎乎的小手去把眼泪抹干。于是，那一整天我的心情都是一种难以名状的状态。我突然意识到教育远远比我想的要重要，一个老师可以改变一个人。我感到了沉重的责任，也为社会上众多缺少正规教育的孩子而感到痛心。

李祝群，一个大眼睛姑娘，但是她先天有缺陷的大眼睛让她自卑和沉默。每天中午放学后，为了让孩子们早点回去吃饭休息，我们都要留下来打扫卫生。但是，总会发现一个女孩子躲在角落里，默默地帮我们扫地。她，就是李祝群，差点被我们忽略的一个孩子。“他们笑我的眼睛有毛病……”当我们问她为什么不跟同学说话时，她红着眼睛告诉我们。我一时慌乱了，因为我从来没有站在一个老师的角度去处理这样的事情：是把那些嘲笑她的同学找来批评一通，还是装沉默说几句安慰的话？一时间，我的脑子疯狂地运转着。最后，看到这样一个可爱却自卑的孩子，我实在不忍心去敷衍她。“你很漂亮，跟他们一样，知道吗？美丽有很多种，外表的美丽是一种，但它不能震撼我们的心灵，由内而外的心灵美才是最重要的。”我趁机叫来了班上其他的女生，我想借机告诉她们什么是美。“李祝群很善良，很热心，帮老师打扫卫生，擦黑板……”累了一天，回到宿舍，回想白天发生的事，说的那些话，那未尝不是对自己说的，未尝不是在教育自己。知识重要，但做人的道理更重要。教育是一个双向的过程，赠人玫瑰，手有余香，在告诉孩子们人生哲理时，未尝不是给自己一次心灵洗礼。面对这一张张天真、稚气的面孔，会觉得，天空从来没有这么蓝过，花朵从来没有那么鲜艳过，生活从来没有那么新鲜过。

我的最后一节课，没有什么话了，强忍着不舍的泪水，在黑板上写下三句话，给孩子们在未来慢慢去读懂的话：第一要永存梦想，第二要独立思考，第三要疯狂读书。这也是我在人生的旅途中慢慢过滤出来的三句话，我希望他们能记住，也希望自己能永远记住。我不敢再说下去，怕忍不住会哭。我一直希望，在孩子们面前，留下一个坚强的、理性的老师形象。他们不必记住我叫什么，长什么样，只需记住我发自肺腑的话。

148个孩子的笑脸依然浮现在我的脑海里，到现在，我依然难以选择用什么样的语言去描述他们。他们，和梦想一样，是一个宏大的命题，而我只是以一个十分渺小的存在出现在这个宏大的命题之中。但我的渺小就像海里的一滴水一样，组合之后就会有无穷的力量，呈现出一幅壮丽的景象。固镇的孩子们也将会是一滴滴海水，在这个世界上流动着，生长着。对于他们，对于我们的青春，我只能用自己最大的努力去祝福着：今天会很好，明天会更好！

汽车行驶在颠簸的田间路上，我带着一份熟悉的感动离开了六安固镇——这片朴实却美丽的土地。而我们的梦想正在远方开着花……

我来到你的城市，你却到了我的心里

2011级汉语言文学　程韵蕾

一边是虫蛀的木门和陈年的青石板长街，另一边是轰鸣的采沙机器和夜半商店的霓虹灯，悠远平淡的诗情画意和慢节奏的商业文明在这个叫作池河的小镇并存着，好似本该如此。

在这个城镇里有一群人，他们不属于谁，自成一个世界。他们上山捉鸟下河摸鱼，在青石板上打弹珠，也在混凝土边捏小人，不识外面世界的真实面目，看着电视机里五光十色的世界，他们的眼睛里会偶尔闪出一丝向往的光，转而又熄灭，扭身去追逐刚刚跳过的草绿色蚱蜢。

他们是池河的孩子，在懵懂中拔节生长，甚少接触所谓的外面的世界。

当我们十几个人穿着一样的衣服走下汽车，踩上这片土地，用好奇的眼光打量这里时，那些孩子也用同样的眼神打量着我们。

在他们眼里，我们是一群奇怪的闯入者。

7月12日深夜，我从一个繁华喧嚣的城市离开，奔赴那个叫作安康的地方。半夜从浅眠中醒来，车窗外是龙门石窟，半面山坡灯火通明，里面佛祖尚未入眠。

宁静的心境突然袭来，想到在与我相距千里的陕西，有一群我未曾谋面的孩子。

斑斓的宣传海报贴在学校门口，我们身着统一的衣服来来回回地在长街上搬运东西，报名点前渐渐挤满了家长和孩子。小镇缓慢的生活节奏里我们是陡然插进的音符，惹得他们频频关注。

我想老师之所以被称为“人类灵魂的工程师”，不仅仅是因为他们拥有塑造人们人格的机会，更是因为他们触摸众多人的心灵。

肖肖是我在学校的对头，他有千百种方法打断我的讲话，绞尽脑汁让我耗尽耐心。原因是他根本就不是自愿报名来参加我们的暑期爱心学校的。

“我才不要上学呢，现在是暑假。”那个咬着棒棒糖的男孩子这样说。

终于有一天，在他第四次打断我读书的声音时，我放弃了原来晓之以理的方法，直接让他站在我的桌子边罚站。等下课的时候我告诉他，我自己小时候被老师教训时，心里恨死了我的老师，后来长大懂事了才知道有时候惩罚也是关心。他的脸上是怀疑的表情，我告诉他老师希望他能好好听语文课是因为希望他以后能给老师写信，老师不希望他的信纸上错字连篇。

此后，他极少在上课时打断别人，直到我们结束实践活动的那天他才塞给我一封信，信中他说，他只是想让老师多看看他，多听听他说话，因为他成绩不好又调皮，学校很少有人愿意和他玩……

爱心学校里有许多孩子：有的如肖肖，把犯错当成寻求被关注的途径；有的不会犯错，是因为他只愿意活在自己的世界，小阳就是这样的孩子，自己玩，自己看书，不出声，也不和别人说话。

伙伴们心疼这个孩子，一有时间就来找小阳说话，他不回答也没关系，我们自问自答，他埋头做手工也没关系，我们帮着他一起做，直到他习惯我们的聒噪。有一天我们让孩子们每人做张贺卡送给父母，放学时他的妈妈抱着他准备回家时，他突然从包里拽出贺卡炫耀道："妈妈，看，这是我做的，给你的。"那个为儿子操碎了心的妈妈眼泪突然就流了下来：小阳从没说过那么多字。

经历过这样那样的感动，我终于相信，即便我的开始是迷茫的，那夜的无眠还是给了我一个让人潸然泪下的剧情。

看来我们不是一群鲁莽的打扰者。

青春华章，激情飞扬

2011级汉语言文学　赵彩铃

2012年暑假，我们秉承着“传播知识，奉献爱心”的理念，开展了赴芜湖县、镜湖区等地的“爱心夏日”暑期社会实践活动。我们用双眼发现孩子的真切需要，用真心走进他们的世界，用知识播撒希望的种子，满载激情出征，满载硕果而归。

爱心支教——在实践中收获真知

为了提高活动效率，如期完成这次社会实践活动，在初期筹划阶段我们就开始讨论活动的安排情况，联系相关负责部门，深入群众开展调研，了解学生的学习状态，同时结合我们自身的特点，细化分工，并且安排好突发情况应急措施，一系列的准备工作为此次活动的有序进行打下了坚实的基础。

我们创建“国学启蒙培训班”，诵读国学经典，弘扬传统精粹，以《弟子规》为重点，突出“孝”文化及其深刻的内涵。有志愿者精心设计教学主题，仔细制作PPT，结合自身经历认真撰写演讲稿，以生动活泼的小故事讲述《弟子规》内容。师生互动交流、畅谈感悟，课堂气氛活跃。这不仅增强了学生对国学文化的了解，而且强化了他们对中华传统美德“孝”的传承意识。我们还借此开展“感恩孝文化”主题活动，在视频与音乐的熏染下，学生们深受感动，对“鹁鸽呼雏，乌鸦反哺，仁也……羊羔跪乳，马不欺母，礼也”的感悟更加深刻。在支教过程中，我们与学生及家长进行了充分沟通，了解孩子各方面需要，并根据年龄与受教育程度的不同，对学生进行分组教学，既保障了教学质量和效果，也促进了我们与学生之间的感情交流。

随着“雷锋年”学习雷锋活动的相继展开，我们在支教中举办“雷锋精神代代传”主题系列活动——观看雷锋影片，讲述雷锋故事，学唱雷锋歌曲，践行雷锋精神。“我要向雷锋叔叔学习，把我年轻的生命，投入无限的为人民服务之中，做一名‘活雷锋’。”学生陶欣悦这样说。

全面发展——做合格接班人

在传授知识的同时，为提升学生的综合素质，我们志愿服务队还举办了多项素质拓展活动，围绕社会热点话题，展开宣讲。听志愿者代表讲述“神州九号”发射前后的故事，观看航天视频，学习科普知识，孩子们在轻松活泼的氛围中增长了见识。与此同时，我们成功举办了“相约东门，祝福奥运”的知识讲座，带领孩子们走进奥运，重温奥运点滴，并且围绕“扬圣贤之德，育人文精神”的主题开展了国学知识竞赛，接续文化薪火。为丰富当地学生的课余生活，拓展其课余文化知识，我们还结合学生的兴趣对其开展了手工制作培训课程，指导学生制作爱心贺卡以感激父母的养育之恩。学生们兴趣盎然。

此外，我们还特意邀请了芜湖民俗画作家姚和平老师为学生做芜湖铁画艺术的专题讲座，带领学生参观铁画艺术长廊，让学生深刻体会芜湖铁画的艺术魅力以及芜湖深厚的文化底蕴。姚老师说：“举办这样的活动，我非常支持……”

累并快乐——感动与收获同在

七月，天气炎热。我们个个热情饱满，不畏酷暑，每天车程数个小时；我们不辞辛苦，走进乡镇，到街道开展调研，带着服务学生的宗旨、锻炼自己的决心和了解社会的目的，发挥自身的专业优势和特长。每位志愿者都尽心尽力做好自己的实践工作，大街小巷随处可见志愿者奔走的身影。

时间飞逝，为期七天的暑期社会实践活动虽然结束了，但与孩子们一起学习、与老师一起沟通交流、与队员们一起高唱励志歌曲……这一幕幕情景深深留在我们的心中。在汗水与笑颜中，我们挥手作别，心里有着青春的苦涩与成长。

“纸上得来终觉浅，绝知此事要躬行。”通过实践，我们所学到的内容要比从书本上或者从别人那里直接取过来的要深刻很多，在实践中还可以把自己的知识与实践相联系，细细咀嚼，慢慢消化，将其转化成自己的经验。我们仍需要在不断探索与追求中获得进步，只有亲身体验了方才知道其中的苦与乐。这次活动不仅开阔了当地学生的眼界，丰富了他们的课余生活，也提升了我们自身的专业素养，使我们在社会实践中不断进步，锻炼本领，发挥文学院学生的专业特长。我们的无私奉献赢得了学生的信任与喜爱，博得了当地部门和家长的广泛好评，并在东门社区建立了暑期社会实践基地，约定明年继续来此送知识、传爱心。

一次难忘的活动，一段美好的回忆，我们在锻炼的同时，一步步地向人生理想迈近。这短暂而充实的七天，已深深地刻在心底。

桥

2009级汉语言文学　陈　丹

我是一座桥,此岸是现在,彼岸是未来;
我是一座桥,此岸是山里,彼岸是山外;
我是一座桥,此岸是孤独,彼岸是关爱……
在这场难忘的旅程里,我愿在他们心里做这样的一座桥。

——题记

2011年6月28日20时,在文学院活动室里,我们“走进安徽省宁国市中溪镇”实践团队开了最后一次准备工作会议,总结了所有在校的前期工作。接下来三天,我们开始了紧锣密鼓的筹备活动,大家联系中溪镇相关负责人,撰写并打印调研报告,购买奖状奖品,写各项活动的策划书……7月1日20时,我们整理行装,确认各项准备事宜,领回我们实践的队服,全身心为明天开始的旅程做准备。

2011年7月2日5时30分,我的闹铃把我从那憧憬的梦里叫醒。6时,我穿上队服,提着行李和我的队友们集合。6时30分,我们团队在安徽师范大学花津校区的西大门和团委老师张银丹合影,她对我们进行了嘱咐和鼓励,之后我们分批坐车去火车站。7时30分,我们在芜湖市火车站检票。8时,开往宁国的火车发动,我们的实践活动正式开始……

这些点点滴滴,每一个细节,每一个时间,我都清清楚楚地记着。因为对我来说,它不仅仅是一段经历,更是一场难忘的旅程!

到达宁国我们就着手开展各项活动。我们每天早上进行义务支教,对于这些农村的孩子,学习是他们“走出去”的唯一出路,但是迫于家庭条件和农村有限的教育条件,他们有许多困难。我们在场的人看到这些懂事的孩子们,都希望能出一份力。支教过程中,我很荣幸地担任爱心支教活动的总负责人。我结合自己师范专业的知识,与受助学生及家长进行了充分的沟通,根据年龄段和受教需求的不同，对受助学生进行分组教学。

为提升受助学生的综合素质，我们实践团队举办了三期素质拓展活动，活动分别以“自信成才，快乐成长”“传统文化，薪火相传”“感恩今天，爱心接力”为主题。我们用汗水换来的是他们的希望和笑脸，同时也被他们的智慧和纯真感动着。

此时，我们是一座桥，此岸是现在，彼岸是未来。

我想告诉你：可爱的孩子啊，放眼看看这呈现和谐美好景象的祖国，它属于我们，同样属于你们。

为此，我们还特意邀请了深圳大运会特约记者王梦欣给受助学生介绍大运会知识，并成功举办了“迎大运，展风采”趣味运动会、“携手爱心，同创未来”文艺汇演等特色活动。这为孩子们搭起了通向外面世界的桥梁。

我们积极举办各种活动，鼓励孩子们积极参加这些活动，我们还积极为这些活动做宣传报道，让这些山里的孩子能够被山外的人关注。我们的报道引起了包括人民网安徽视窗(首页滚动)、中国共青团网、中国教育新闻网、爱心中国网、中国教师人才网等国内媒体的关注，产生了极大的社会影响。我自已也参与了本次的报道工作，用自己的相机和笔向“山外人”展现了一个淳朴又文明的农村世界。

此时，我们是一座桥，此岸是山里，彼岸是山外。

沉默和调皮或许只是他们的“保护色”，孤独却是心上久久挥不去的梦魇。这次遇到的参与实践活动的孩子，有很多孩子的父母外出打工，或者工作很忙无暇花太多时间在他们身上，他们有的一个人上学、放学，自已做家务、吃饭。活动中孩子们变得越来越开朗懂事。开始寡言的倪心蕊，在一场“备受关爱的受伤”事件后，变得很乐意和我们说话；顽皮大王小磊，在一次《我是一个任性的孩子》的朗诵表演后，变得乖巧、温顺。

我们相信，不管这些孩子表面的性格是什么样的，他们的内心都是渴望得到关爱的，所以我们尽可能关心他们，和他们交流，倾听他们的心声，并且向他们的家人传达。

有我们在的宁国的每个傍晚，街道上都有几个大孩子带着一群小孩子在落日的余晖中唱着歌，说着笑话，喜滋滋地走回家。队伍里的人由多到少，第二天清晨，人们看着这个队伍由少到多地“壮大”。

我们团队中有很多是独生的，家中没有兄弟姐妹，我们互相关心，每一人都多了几个“弟弟”或者“妹妹”。我们创造了许多美好的回忆,并且继续创造下去。

“老师,你们明年一定要来啊,我们会想你们的。”一个叫夏凡的初二男孩向即将登上大巴离开中溪的志愿者们大声说道。这些追着车奔跑的孩子,让我们车上的每一个人都红了眼。其实,我们都有太多不舍。

此时,我们是一座桥,此岸是孤独,彼岸是关爱。

所有的结局都已写好,所有的泪水都已启程。

我愿意永远做你们的桥,其实你们也是我的桥啊。有了你们,我才能做更多更多人的桥……梦里我们都变成了桥。

还他们寻梦的竹篙

——基于一份关于留守儿童问题的调查

2011级汉语言文学　汪　芸

为了全面了解留守儿童家庭生活、心理成长和教育状况，推进留守儿童家庭教育工作，我们团队借助于肥东县志成双语学校这一平台，通过问卷调查、义务支教等形式，对肥东县地区留守儿童生存现状进行了调查。

我们在志成双语学校抽样调查了50名同学，发现其中有42名是留守儿童，占84%。留守儿童占有相当高的比例。“隔代监护”，即由(外)祖父母监护的有31人，占62%。

根据九年级上学期的期末考试成绩，0分～60分的同学占留守儿童人数的28.95%，60分～75分占留守儿童人数的21.19%，即成绩在中等及以下的留守儿童占其总体的50.14%。由于学校教育设施简陋，师资力量不足，以及师生沟通缺乏，教师教育方式不适应，留守儿童中有28.14%的学生在遇到问题时自己无法解决或根本不理会。

当我们问“愿意和老师说心里话吗?”这类问题时，回答“否”的留守儿童占38.45%。被问及为什么不想当科学家、老师之类问题时，都回答家境不好不现实，相当一部分是对自己没有信心，觉得自己一事无成，没有值得称道的地方，在被调查问到“被人欺负时怎么办?”时，少数同学回答“忍气吞声”。有65.23%的同学在为生活现状苦恼。

调查数据显示，外出务工的父母中，有31.3%的一个星期左右与孩子通话一次，有36.5%的半个月或一个月与孩子通话一次，和孩子见面多为半年以上一次，有的甚至几年不回家。通过对其监护人和邻居的访谈，我们了解到很多留守儿童在家里不听监护人教导，在学校经常违纪违规，打架斗殴，甚至还出现了盗窃等一系列严重问题。

儿童时期是人生中受教育、长身体、培养健康心理的关键时期，在这一时期，孩子们不但要接受学校的教育，还要接受社会的关爱，更要沐浴在父母亲情的家庭教育之中。儿童远离父母，由他人代为监护，其受教育状况、健康成长都受到了较大的影响。我们团队通过实地调查研究，对于一些留守儿童成为“问题少年”的原因进行了深刻的思考和详尽的分析。

首先，学校对留守儿童的教育措施落实不到位。一是因为大多留守儿童的监护人，尤其是祖辈监护人，很少甚至从不主动与孩子的老师联系或参加家长会，缺乏与学校沟通，也不过问孩子在学校的行为及学习情况，加之学校老师缺少家访，有的孩子抓住这个空当，在学校欺骗老师，在家里蒙骗监护人，双方无法了解学生的真实情况，使留守儿童的思想品德和学习得不到发展而走向消极的一面。二是外出打工的父母对孩子的教育过于依赖学校，但学校教育由于学生多，教学任务重，教师没有精力，心有余而力不足，对留守儿童的心理关爱难以顾及。三是学校对留守儿童的教育和管理缺乏有效的措施，很难在学习上、生活上给留守儿童更多的关心和爱护，不能针对性地给留守儿童提供良好的学习环境和教育环境。

其次，家庭教育工作不到位。一是父母与留守子女沟通少，缺乏亲情上的交流，对孩子的成长漠不关心，放任自流，任其自由发展。二是监护人和代养人大多数是老年人，文化程度不高，有的是文盲或半文盲，家庭教育意识模糊，对孩子偏于溺爱，以生活照顾为主，且知识、能力上难以承担对孩子的道德培养和学习辅导的任务。三是父母对留守儿童只是给予物质上的满足，孩子吃得饱、穿得暖就行了，缺乏对留守儿童精神上的鼓励、鞭策与开导。四是留守儿童生活的社会环境存在“雷区”，对于环境适应能力较差、自制力较弱的孩子来说，加强安全防护工作至关重要。

最后，留守儿童长期缺乏亲情的抚慰和关怀，往往会感到焦虑、紧张，缺乏安全感，人际交往能力较差。长期与父母分离，他们的性格往往变得内向、自卑、悲观、孤僻。留守儿童遇到问题时情绪往往无法及时得到排解。

通过这次对于留守儿童问题的实地调查研究，我们意识到解决留守儿童问题迫在眉睫。希望社会能够关注他们，重视他们，对他们进行学习、生活、心理上的扶持。

一路与感动同行

——记我在王家坝的日子

2009级汉语言文学　薛　倩

有人说，冥冥中一切自有定数。在学期末仍不知暑期社会实践该何去何从的我意外来到了王家坝，又意外遇见了那里的那群孩子。如果说这种种意外真是命中注定的话，那么我爱这样的定数。

——题记

关于王家坝的一切，在我以往的印象中，不外乎是乡村、洪水与艰苦。当我得知自己将要去那个陌生小镇的时候，我心里是悲喜交加的。但不管是怎样的心情，7月5日那天，我还是准时到达了那儿。然而，我所不知道的是，这趟暑期社会实践竟然会给我们带来这么多感动，这么多震撼。

到达王家坝的时候，太阳刚刚升起，空气中夹杂着大雨过后的湿润与清新，当然，还充满了乡村浓郁的自然气息。我们即将前往支教的中学，是王家坝镇最好的学校。然而，离我们住宿的地方却相隔着大约2.5千米的路程，也就是说每趟要走40分钟，一天就是10千米路。

学校比我们想象中美丽。可是进了教室，我们大吃一惊。教室并不宽敞，桌椅已经塞得满满当当了。墙角的空闲地堆积着东西。因为空气潮湿，后墙黑板上的粉笔画若隐若现。墙上挂有一盏停止了的时钟。刚一进教室，闷热的气息扑面而来。我们在疑惑为什么孩子们不开电风扇的时候，天花板上的景象刺激了我们的神经。屋顶上没有电风扇，有几盏老式垂吊着的电灯，其中有的正常发光，有的发出微弱的光，还有的干脆就是摆设。难以想象，在如此炎热的夏天，没有空调了，没有电风扇，这四十多个孩子要坚持在这一间小教室里上整整一个暑期的课。

孩子们习以为常的神情让我羞愧。他们对于这样的条件并没有抱怨，反而因为我们的到来而高兴。有些孩子似乎看出我们的“不习惯”，在下课的时候，悄悄地拿起水壶在教室里洒水降温。之后的每一天，孩子们都会早早来到教室，自觉地洒水，等我们到来。

放学的时候，总是能看到这一群可爱的孩子推出比自己还要高的自行车，熟练地骑出校门，有的还回头跟我们打招呼，这样“惊险”的动作，我是万万不敢做的。当得知我们住在大坝上天天要走四十分钟时，这些孩子还抢着说要骑车送我们回去。当我们询问他们住在哪里时，他们笑着说，不远，骑车半个小时就到了。这样的路程，在孩子们中间并不少见，有的孩子甚至要走一个小时，有的还要坐船，面对我们的诧异，孩子们只是淡然地说，这所学校是附近最近的学校了。我们依旧在学校与宿舍之间行走，我会想起孩子那些朴实的话语，其实，这样的路程，走习惯了，也就不远了，这里的孩子们每天都走，我们这几天，又算得了什么呢，况且，在路的尽头，有那些孩子纯真的笑脸。

也许真不习惯乡村的生活，我们的惰性在两天后增长，每每到学校的时候，快上课了，孩子们都到齐了。有一次，我们差点迟到，一进校园，远远地看到教室外的走廊上黑压压挤满了小人头，走近发现，是班上的那群孩子们。看见我们进来了，冲我们直挥手，待我们走近了，还能听见他们清晰地喊着：“老师，今天怎么来得这么迟啊？”“老师，我们等你们很久了！”“老师，我们都怕你们不来了！”……不知道为什么，在这群孩子们叽叽喳喳簇拥下，我突然有种想哭的感觉。以后，我们不约而同地早早去学校。

班里的孩子们很可爱，很淳朴，我们会在下课的时候一起做游戏。我一直很好奇，这里的孩子为什么看起来那么幸福。不久之后的几次家访，深深触动了我。那些孩子给予我们的，不仅仅是震撼，更是让我们充满了敬意。我原来以为，贫穷是这群孩子最大的不幸，后来才发现自己大错特错了。严重的重男轻女使这个镇上的女孩子越来越多，因为男孩子被父母送进城里享受更好的条件去了。单亲家庭的孩子在这里占着不少分量。许多孩子回家后要下田，要照顾更小的弟弟、妹妹，洗衣做饭不在话下。有一个孩子，家里只有一间房，被隔成了几小间，全家四口居住，房里没有太阳，霉味冲得人头晕，看到我们来了，眼睛几乎看不见的奶奶还从邻居那儿借了凳子，让我们坐在院子里。说到自己的孙女，老太太高兴地指着房中一墙的奖状，说一定让娃把书念完……

每一次家访，我们都是红了眼眶回来。有一个孩子哭着对我们说：“姐姐，我不哭了，你也不要哭了，我们都不哭了好不好。”当她用瘦小的手掌一点点擦着我们的眼泪的时候,我们的心都是紧紧揪着的。我们知道,这些与爷爷、奶奶生活在一起的孩子,太少有人走近他们的内心,太少有人愿意与他们交流。而我们的到来,给了他们久违的关怀,他们渴望被关爱。再怎么坚强的孩子终究只是孩子。也不知道是从什么时候起,我们都开始珍惜这段与孩子们相处的时光,早早到来,迟迟离去,尽可能把快乐带给他们。

随着时间一点点过去,分别就在眼前。关于离开的事情,我们不说,孩子们也不问。只是气氛压抑了许多,上课的时候异常安静,也许,大家都知道这可能就是我们在这里的“最后一课”。在课间,孩子们陆陆续续地给我们塞了很多小纸条,我们都不敢打开,怕一打开,自己就会忍不住哭出来,就再也离不开这里了。分别仪式在下午举行,我们最终还是说出了再见,头也不回地离开这些让我们感动的孩子,这所让我们刻骨铭心的学校。在回程里,我们一行人强忍着泪水,看着孩子们哭泣的脸庞渐渐模糊,十天以来的点滴回忆却越发清晰:第一天,我们生疏地自我介绍;第二天我们死板地上课;第三天,我们唱歌跳舞;第四天,被孩子们等待;第五天……

“哥哥、姐姐,你们明年还来吗?”“一定要再回来啊!”“我们等你们!”“哥哥、姐姐不可以骗人!”……孩子们的话语至今回荡在耳边。我们留下电话号码,手机偶尔会意外响起。

是的,我亲爱的孩子们,你们是我此生最美的风景。不管是回忆过去,还是走向未来,在这儿的一切都是我一生最宝贵的财富。感谢你们,感谢你们的祝福,感谢你们在艰苦的条件下让快乐与我们同在,让感动与我们同行。

选择爱心　青春无悔　服务社会　奉献如歌

——安徽师范大学“五四爱心学校”荆山街道环保爱心行活动纪实

2010级汉语言文学　潘丹桂　董素敏

“吾尝终日不食，终夜不寝，以思，无益，不如学也。”这是《论语·卫灵公》给我们的教诲。终日思考是无益的，必须踏上实践学习的征程，思学相长，方可明智。秉着古人的教诲、青春的使命，我们在这个夏天踏上了暑期社会实践的旅途，在路上，我们跌跌撞撞，且歌且行。

两岁支教年华短　楚客荆山情谊长

安徽师范大学文学院“五四爱心学校”荆山街道分校成立于2009年3月，迄今已有两个年头。在两年多的时间里，我们爱心学校的志愿者在荆山街道不断开拓，致力于爱心奉献，志愿者们已经与这片土地结下深厚的情谊，与此同时，志愿者们也得到荆山街道当地居民的认可。在支教的两年里，我们了解到荆山街道目前的发展有喜有忧：喜的是荆山作为历史文化积淀的一块土地有自我发展的优势，忧的是荆山街道基础设施落后，工业招商引资难上加难，居民生态环境保护意识欠佳，已不复以前“三年楚客江东寓，每见荆山忆故乡”的赞誉。作为新时代的大学生，我们不仅仅局限于为街道的孩子送去无偿义务家教，我们还想通过团队的合作为荆山街道新农村建设贡献绵薄之力。我们始终坚持“选择爱心，青春皆无悔；服务社会，奉献亦如歌”的坚定信仰，用我们的青春与汗水践行志愿服务的精神，谱写爱的华章。

值此2012年暑期来临之际，“五四爱心学校”的志愿者与2010级中文3班的同学商定最终选择了这里——芜湖市荆山街道作为我们暑期社会实践的活动地点。针对上述现状，我们志愿为荆山街道的新农村建设与生态环境保护做宣传，志愿为街道的孩子和孤寡老人送去爱心，志愿为我们深爱的这块土地的发展伸出双手，传承“奉献、友爱、团结、互助”志愿者精神，用我们的青春为荆山的明天贡献力量！

善其事先必器利　全其备后定功成

古语云：“工欲善其事，必先利其器。”在夏天来临之前，我们的旅程已经开始了。五月我们的团队名称出现在招募平台上，经过半个月的招募，最终组成了一支拥有二十名各具特长的队员的强大队伍。活动策划、团队分工、活动道具准备以及前期的宣传工作接踵而来，我们各司其职，各正其位，挖掘着自我的团队价值。我们曾在紧张的备考期间拨出时间，讨论活动细节，集思广益，进行一场又一场头脑风暴。我们也曾自己动手制作活动所需的展板，利用可改造的废物，践行环保精神。我们也曾为了组织一场生动的趣味运动会，把策划案改了又改。我们还为了能让孩子们感受到文字的魅力，努力学习《诗经》的吟诵，精心挑选讲解篇目……

暑期社会实践活动并不是单方面的，于是，我们于六月初夏在荆山街道举办了一场暑期社会实践活动协调会，把活动策划给荆山街道领导查阅。意料之中也是意料之外的，我们获得了荆山街道领导的支持，他们决定为活动提供场所，并承诺：“有什么困难尽管说，我们一定会大力配合。”

仲夏，我们来了！

传环保理念　播文化薪火

2012年6月29日，我们踏上了梦寐已久的旅途。经过两次公交车的辗转，走过泥泞的小路，终于来到了荆山小学。在“五四爱心学校”赴荆山街道暑期社会实践活动启动仪式暨开学典礼上，孙科长对我们提出了几点希望：第一，希望全体志愿者能够践行志愿服务精神；第二，希望全体志愿者能够脚踏实地服务社会；第三，希望全体志愿者能够在实践中展现新时代大学生风采。这些殷切的话语给了我们前进的动力。

6月30日，在经典导读课堂上，我们带领孩子们诵读了《诗经》和《弟子规》中的经典篇目，并讲解了大意，以经典引导他们做一个孝悌、谨信、好学的人。在讲解之后，还表演了《诗经·周南·桃夭》的吟诵，让他们领悟中华文化精髓，体会汉语之美。另外，我们讲解了对对子的基础知识，让孩子们尝试完成一些简单有趣的对子。最后，我们向孩子们传授一些标点符号的知识，并请孩子们在黑板上完成相应的题目。在教学中，为了活跃气氛，我们安排了“抢七”和“你画我猜”两个小游戏。尤其是“抢七”游戏，大大地调动了孩子们的积极性，他们个个都投入其中，时不时响起一阵阵欢呼。

7月1日，我们为了克服体育器材缺少的困难，和孩子们一起制作道具，一起吹气球，教室里欢声笑语，偶尔还能听到一两声气球爆炸的声音。在“万里长城永不倒”“小马过河”“滚雪球”“两人三足”四项比赛中，孩子们学会了竞争，学会了合作，学会了永不言弃。因为年少，所以他们无忧无虑放声欢笑；因为年轻，所以我们无所畏惧勇往直前。

7月2日，凌晨五点半，天气很闷热，在宿舍楼前的小路上，我们已经整装待发了，顾不上吃饭喝水，赶上了早班公交车开始今天的环保之行。背着沉甸甸的电脑包只为给孩子们上一堂有意义的课，拿着各式各样的小制作只为启发孩子们要学会变废为宝，一路上唱着“我们是五月的花海”，只为更好地和孩子们一起歌唱。还有一路上我们手上握着展板，只为号召所有荆山街道的居民和我们一起关注环境、保护环境。在环保宣讲课上，孩子们似乎很少见到幻灯片，个个都很认真地看着幻灯片上生动的图片。下午，我们在荆山广场上举行了环保图片展，向荆山的居民们介绍了世界环境十大问题和低碳生活方式。另外，为了号召大家关注环境，还发起了“环保大家签”活动，让荆山的居民们在展板上签下名字支持环保。虽然骄阳似火，但仍不减居民们参与活动的热情。

7月3日至7月5日，在这短短的3天里，除了正常的支教，我们利用课外时间走访群众并发问卷，就居民的环境意识展开深入调查。整条街闪耀着星星红点，那是我们的身影。虽然天气热，但是当地人仍然耐心地听我们说话：阳光下，有美丽的环卫阿姨和慈祥的奶奶；树荫下，有好心的叔叔和热情的爷爷；超市里，有善良的姐姐给我们买了两箱矿泉水。因为他们，我们的调查顺利地完成了，并就此次调查召开座谈会，进行了详细的总结反馈。活动到此已经快接近尾声了，那一天，我们聚集一堂，我们唱歌，为孩子们送上最真挚的祝福，送上我们精心挑选的礼物，孩子们都在我们的记录本上留下自己的话语。虽然，那些话语很朴素，没有过多的华美的辞藻，但是他们的一句“已学到知识”已经让我们的心无法平复激动。在那一刻，我们真正意识到：我们是教师，在从事阳光下最光辉的职业。

韶华如月圆缺常　遥憾亦美俱全难

2012年的这个夏天，带着梦想，20名志愿者来到了荆山街道，经历了7天的爱心环保之旅。虽然现在暑期社会实践结束了，但我们的志愿之路还很长。在实践中，我们学会了成长；在奉献中，我们收获了希望。

一个人贫穷并不可怕，可怕的是没有回忆。在这次暑期社会实践中，我们用微博记录了实践进程，用相机定格我们的记忆，用日记记录我们的感受。七天里，我们收获了人生中一笔宝贵的财富。我们奉献在芜湖偏远的一个街道，实践成果没能很好地在各大网站上展示，虽然我们很努力地投稿，尽管粉丝不多，可我们有最忠实的粉丝——荆山街道网站。作为"五四爱心学校"品牌下的一支小分队，我们看到"五四爱心学校"的志愿者在祖国的大江南北奉献着自己的青春，媒体以及社会对他们的关注就是对我们的肯定，所以这次暑期社会实践对我们团队来说："韶华如月圆缺常，遥憾亦美俱全难。"

怒放的生命

2010级汉语言文学 王嫣然

勇敢地承受生活的困苦，这是一份人性的淳朴，更是一种生命的张力。

——题记

社会中有这样一群人，每当飞燕衔泥的早春，他们便背上重重的行囊，远离乡村的尘土，匆匆踏上南下或北上的列车，把朴素的乡村渐渐淹没在身后。布满老茧的双手，黝黑发亮的额头，古铜色的面颊，在城里人眼中，他们被叫作农民工。

今年暑假，我参加了班级组织的一项暑期社会实践活动——以调查农民工为主的"水滴爱心"团队。短短一周的调查，农民工工作的劳苦与艰辛令我深深地震撼，更让我感动的是他们对于苦难的坦然以及对于生命的热情。

太阳的炙烤，城市的闷热，我们团队的所有成员在金灿灿的阳光下感到炙热的眩晕，即使坐在一旁也大汗淋漓，而农民工还要在这种眩晕下消耗一天的体力，不焦不躁，任劳任怨。搬砖头，打地基，拌水泥，运杂物……在这片土地上辛劳奔波的人们，其实在别人沉浸在睡梦中时便开始了一天的工作。生活对于他们或许简单得只剩下这起早贪黑的忙碌，然后在血与汗的挥洒下兑换年复一年的简单心愿。

就算他们如此艰辛，可仍会见到一些老板无情地拖欠农民工工资以及农民工子女上学难、看病难的报道。还有他们在城市这个原本不属于他们的地方所受的委屈、嘲讽与冷漠，是我们无法理解与感受的。他们就像蚯蚓一样蛰伏着所有的梦想，耕耘着所有的荒芜；又像啄食的麻雀，行走在城市的谷底，为的是老家年年都缺的柴米油盐。他们的一生就像一只永不断线的风筝，无论飞得多远也飞不出命运的手心，他们的生命一头连着家乡，一头连着梦想。

在工地小憩时，我与他们交谈。叔叔们用一种带着乡音的淳朴话语和善地回答我的问题。当我问那些来自外省的叔叔是否会经常想家时，他们竟一起沉默了，不约而同地用泛黄的手指燃起一根劣质的香烟，有的仰望天空，有的凝视远方。大概是怕我尴尬，一位上了年纪的叔叔笑着回答我："还好，忙起来没有时间想家了。"他虽是笑着，我却看到了他眼中一闪而过的波动与眷恋。我不好意思再打扰他们休息，便到一边拿了几瓶矿泉水递给他们。他们礼貌地对我道了谢，继续抽着烟，仿佛这蚕丝般的烟卷倾吐着他们所有的心事，不知他们是否依稀看到年迈的母亲在昏黄的灯光下纳着鞋底，是否看到朴素的妻子在家中里里外外忙个不停，是否看到懂事的子女在简陋的书桌上认真写着作业……这些画面是他们心灵深处最大的温暖与眷恋，体内绵亘不断的依恋和潮涌是他们前行的动力。

我不禁惭愧，我们这些大学生天天在明亮的教室中真是用心在学习吗？我们从事的脑力劳动真比他们体力劳动有价值吗？所谓的城市人与乡下人应该作为评判不同地域人的标准吗？答案都是否定的。梁启超先生在他的《少年中国说》中说：故今日之责任，不在他人，而全在我少年。少年智则国智，少年富则国富；少年强则国强，少年独立则国独立；少年自由则国自由，少年进步则国进步；少年胜于欧洲则国胜于欧洲，少年雄于地球则国雄于地球。可是，这些少年如果没有善良体恤的心，又如何能振兴中华？我很少去想关于生命的话题，对于我来说，那太虚无缥缈，因为我们永远无法去窥测生命的全貌。当我们年轻的时候，我们纵情肆意，即使虚度了光阴，那也是青春在迷茫和徘徊之中步入另一个胜景。当我们年老的时候，我不知道我是否还有这样的闲心，做着自己喜欢的事情，享受每一个日出和日落带给我的灵感。这一切都是不可知的。但这些农民工，似乎比我们更深刻地体会到生命的价值。执著，奋斗，坚持，乐观与包容……

这次的暑期社会实践，我从农民工身上感受到了生命的张力，对梦想的执著和对生活的忠诚，我也会在以后的人生道路上执著地耕耘梦想，让生命之花怒放！

那一年，我的黄山支教行

2011级汉语言文学　蔡晓蕊

一片叶子属于一个季节。莘莘学子拥有绚丽的青春年华，谁说意气风发的我们年少轻狂，经不住暴风雨的洗礼？谁说象牙塔里的我们两耳不闻窗外事，一心只读圣贤书？

日子像流水一样，明亮而透明，凉丝丝地滑过我的静脉。带着暗蓝色的时光一去不复返，2012年的暑假就这样悄无声息地来到了。在这火红的季节，我们暂别了象牙塔中舒适的生活，带着年轻人特有的蓬勃朝气，带着我们最初的梦想，深入乡村，进行我们的支教活动。 7月，酷热难耐。正是这样的盛夏时节，安徽师范大学的暑期社会实践正在火热进行中。我想自己不是因为一时的好奇和冲动而参加这次义务支教的。听过很多大学生下乡支教的故事，我常常被他们感动。他们为了帮助贫困的孩子，从城市来到了农村，远离了舒适的生活，为了心中那份美好的信念——帮助他人。同时在我心里，始终有一个梦想，那就是长大后能成为一个好老师。

路上，我想了很多，如：面对那些孩子们，我该以一个怎样的身份立足？怎样尽可能地教授我所学的知识……进入山区后，道路变得蜿蜒崎岖，大家晕的晕，吐的吐，一个个有气无力的。我们把行李拖到住的地方，望着破旧的宿舍，心里不禁有些犯堵，因为这里就是我们即将生活的地方：远离了家的温暖，没有电风扇，床只是木头做的，用水、上厕所都很麻烦。虽然条件艰苦，但是当地人的热情弥补了一切。

5天的支教生活从第一天晚上到的那顿饭开始，我们就和那里的村民打上了交道。他们的淳朴、热情使我们很快融入他们的集体中，虽然语言有时存在一定的障碍，但我们的心是彼此相通的，那就是让他们的孩子学到更多的知识，对外面的世界有更多、更广的了解。虽然时间有限，但是我们会尽全力去教给他们我们所知道的。

一路的疲劳经过第二天的休整早就烟消云散了。第三天早上我们开了动员大会，学生们都很踊跃地报名，接着我们几个班主任就到自己负责的班级开班会，选班委，打扫班级卫生，做自我介绍等。下午我们的支教生活便正式开始。那天走进教室给我们印象深刻的是那群孩子渴望知识的眼睛，还有村里孩子的那份质朴与纯真。看着这样一群孩子，我们怎能不尽心尽力。在教学过程中我们试图打开学生的视野，开设了丰富多彩的课程：上午是语文、数学、英语、书法、健美操等，动口、动脑、动手相结合，让学生活跃起来，上课内容也推陈出新，穿插英语歌曲和绘画涂鸦等趣味项目；下午是作业辅导和素质拓展。通过这些让他们了解外面精彩的世界，学会以开放、包容的心态来看待生活、看待人生、看待自己生活的环境。我们希望学生能自信，喜爱学习。

让人感到欣慰的是，每天都有新学生加入我们这个暑期夏令营。原来只设小学班，根据家长的反映我们又额外帮助初中生辅导功课。小学班的人气实在太旺了，到最后一个班竟然有37人，都坐不下了，只好两个人一张桌子。在这里我要跟所有报名参加暑期夏令营的学生们说声“谢谢！”谢谢你们对我们的支持！

在支教期间，我们每天有课的老师去上课，没课的老师也要去旁听并做好听课记录。班主任每天到班点名，这样学生有什么事情可以及时反映，老师可以深入学生了解他们的需求以及他们对授课老师的意见及建议等。此外我们实行每天一会制。这些都是我们的领队黄彦锴师兄提出来的，我觉得都是好主意，对我们的帮助也很大。每天上完课，大家就集中在一起开个简短的会议，谈谈今天上课的感想，自己觉得有哪些不足需要改进，去听课的老师也发表自己的见解，觉得授课老师哪里做得比较好，哪里做得不好，有什么值得我们借鉴的，都可以提出来。只有这样我们才可以不断地进步，做到每天都有新的收获，对第二天上课的同学也有帮助。我们除了白天上课外，晚上还有几个老师帮一些学生补课，像闻闵、小宇、蔡保超等，虽然我们的团队主要是以体育课为主，可他们顾不上白天上课的辛苦，晚上还坚持为学生补习，特别是真真。他们那股肯干、认真的劲儿，让我佩服，他们做什么事情都很积极，一旦做了就做好，我真应该向他们好好学习！

我教的科目是健美操。因为自己是第一次下乡，在去之前心中完全不清楚要教他们什么，看着别人在忙教案，才知道要早早把所有的教案弄好。第一堂课我教了他们几个简单的步法，还有几个简单的动作，当上完第一堂课后，我察觉到了肩上的责任，同时也为自己的负责而感到欣慰。我不知道几天的教学能否真正给他们带去什么,但我从教的过程当中可以看出他们那看到曙光般的眼睛所散发出的光芒。开始自己没有注意到他们与城市孩子所接触的事物的不同,所以我讲得有点快,学生有点接受不了,但整个过程下来,我边讲边延伸,最终将备课时没有想到的东西也传授给了学生。课余时间,我与同学们玩成一片,这也许是他们与我关系那么好的原因。也许有人会觉得这样的我不像是一个老师,但通过这次的支教,我明白有时放下身份也是一种美。你把他们当朋友,他们同样也会把你当朋友,因为你怎样对待别人是别人怎样对待你的砝码。而且也因为这样,他们会更用心去上你的课,因为他们懂得不让你这个朋友失望,他们懂得尊重你这个课堂上为老师、课下为朋友的人。

当学校领导赞扬我公开课上得不错的时候,自己感慨良多,这都要谢谢栽培我的老师,这更让我知道一个老师的影响可以有多大。这改变了我当初不想当教师的想法,忽然觉得教师真是一份神圣的职业,身在其中才会明白当中的道理。当你能够通过自己的人格慢慢去改变、去感化学生的时候,你就清楚地知道你离不开这个职业了。

从观察到学生的变化到看着学生不舍的眼光,心中早已泪流成河。当学生不愿回家也要目送我们离开时,终于知道自己在他们心中的分量。看着他们为我们流下了不舍的泪滴,这帮调皮却懂事的孩子怎能让人遗忘。

离别总是难舍难分的,在一场联欢会过后,我们的暑期社会实践正式落下了帷幕,心中对孩子不舍,总有实践队员在最后心酸哭泣,甚至与学生抱着落泪,互相安慰,一声声"你们明年这时候再来"响在耳边,虽然我们即将离开,但我们希望能留下些什么,留下有限的知识,留下团队意识,留下向上的精神,这是我所希望的。

看着他们的信笺,忆起收礼物的甜蜜,想起他们那纯真的笑脸,让我再次回到了骑在单车上单纯的花样年华,是他们将我带进了时光隧道,重温了当日单纯的幸福。一切的一切,已经无法用言语表达。

总结这次社会实践活动,我认为这是一次成功的、实用的、受益匪浅的活动。通过这次社会实践,我清楚地明白了要付诸行动才会有深刻的体会,有更多的收获。实践出真知,学以致用,服务社会!社会才是学习和受教育的大课堂,在那片广阔的天地里,我们的人生价值将真正得到体现,我们要珍惜每一次锻炼的机会。

在青春中跃动的实践音符

2011级汉语言文学　姚　刚

2012年7月2日，安徽师范大学文学院赴芜湖高新区文化调研团队正式成立。很荣幸我以一名大学生的身份参与其中，在接下来为期十天的社会实践中，我跟随调研团队参观了芜湖高新区的大中型企业。在这些企业里，处处弥漫着“上善若水，止于至善”的气息，体现着“顽强拼搏，永不退却”的精神。

在后期的参观调研中，电玩巴士、三花、海螺川崎、迈讯呼叫中心、华中光电等一系列企业以其独特的企业文化、经营模式和运作手段给我们留下了深刻的印象。

“简单游戏，快乐生活”是电玩巴士一贯秉承的宗旨，也是该企业最核心的价值理念。在生活的重压之下，简单的游戏放松必不可少，娱乐也是人生的一大幸事。只有在生活中以乐观积极的心态面对一切困境，在简简单单的游戏中体会生活的乐趣，才能够真正做到“快乐生活”，难道这不需要我们认认真真去品味吗？电玩巴士给予我们每位参观者的最大启示就是要以一颗平常心去感受生命中简简单单的快乐，要在身心困顿的时候以简单的方式去释放压力。

“管理之花，科技之花，人才之花”，这就是三花集团的三朵永不凋谢之花。从20世纪80年代创立到如今成为中国最大的阀体生产企业，三花集团用自身的努力让世界惊艳。在三花集团的发展史上，管理、科技、人才永远都是“三花军团”的“先遣军”，完善的安全责任网络，强大的高薪科技实力，充足的高水平人才储备在三花集团的每一次重大进步中都扮演着重要的角色甚至起着决定性作用。

在进行企业调研活动之余，我们还开展了交通协管员的义务志愿者活动。在此次的交通协管活动中，每一位队员都用自己的毅力战胜了酷暑，用自己的坚持击退了畏惧，用自己的汗水换来了青春的价值体现。在为期一周有余的交通协管义务服务工作中，我们的队员每天上午7:30准时到达指定路口，引导路人按照交通规则穿越马路。由于该路口位于一个农贸市场附近，每天早晨来来往往的车辆和行人非常多。在这些熙熙攘攘的人群中,总有三四个"红绶带"在骄阳中来来回回穿梭着。炎热是最大的困难,为了更好地配置资源,我们的队员们分工协作,轮流引导行人过马路,并冒着危险搀扶老人安全穿过川流不息的马路。热了,在遮阳伞下休息一会儿;渴了,喝点被太阳晒热的矿泉水;疲惫了,彼此安慰。午餐是简单的盒饭,但是经过半天辛苦劳累的队员们吃得很香。不畏惧,不退缩,便是我们面对困难最具激情的话语。

"践行雷锋精神,点燃青春激情",在大学生的青春生涯中,我们有理由相信,暑期社会实践会为大学生的长远发展提供更广阔的舞台,打下更加坚实的基础。

行走在实践中

——让时间检验实践

2011级汉语言文学　王　琳

这一年夏天，我们成为光荣的志愿者；这一年夏天，我们戴上小红帽，唱起红歌，踏上义务支教的短暂征程。

短短几天的实践生活，我们接触到了不同的人和事，慢慢学会在团队中携手、协作、共同进步，同时，大家也达成一个共识——实践，会让我们在时间中感悟到许多。

我们，与爱同行

台上一分钟，台下十年功。其实早在5月份，大家就开始联系相关单位，初步策划暑期社会实践活动的具体内容，深入群众开展调研，了解学生学习状态。同时，在前期的工作例会中，大家纷纷为团队发展建言献策，仔细考虑在实践中可能遇到的突发问题，讨论行之有效的解决方案；编写教案、制作课件等一系列准备活动也为后续工作的顺利进行做好了保障。

课堂上，我们与学生交流互动，给他们讲解《弟子规》的相关内容，启蒙他们的国学思维，尽可能地激发他们学习国学的兴趣，培养他们对中华传统文化的热爱。

“规就是规定，训就是教训，对吧，老师？”“老师，这个字（悌）怎么读？”预习学案刚发下去，学生们就饶有兴致地读起来，还不时与一旁的志愿者老师交流。简单地学习后，志愿者老师总结道：“《弟子规》是让人受益匪浅的书，吸引我们的，并不只是它在文史上具有的独特价值，更在于它隐藏在文本后的近乎完美的大爱、浓情、质朴、平实……《弟子规》教大家做人、为人、成人，也教大家如何才能拥有一颗平常而包容的心，如何规范自己的一言一行，它诉说着一个永远不会过时的和谐主题，拉出一条人性之爱的主线……”学生们目不转睛地盯着讲课老师，若有所悟地点点头。

在这一学习过程中，我们也让自己重温了经典，慨叹古人的智慧，更让自己在活动中享受到志愿者在奉献爱心后的快乐，坚守三尺讲台的梦想。

课下，我们和他们讨论“神九”，憧憬奥运，一起分享了年少时的种种期冀，用年轻的心感染年轻的心。我们在交流中体味实践，在实践中不断反思，在生活与学习中不断找寻人生的哲理。

我们，一直都在

爱心是水，再密的网也网不住它的温润。在实际操作过程中，我们遇到了一些出乎意料的小问题——由于实践经验不够丰富，不可避免地面临家长和学生的质疑。然而，我们坚持用爱心和耐心继续我们的工作，将国学启蒙与丰富多彩的课外活动相结合，调动学生的学习兴趣，引导他们探索国学的奥妙。丰富多彩的业余活动不仅让学生们劳逸结合，以更饱满的精神状态投入学习生活，也让“90后”的我们在与孩子们的交流中共同进步、共同成长。

同时，我们也不忘联系实际，以“学雷锋　讲文明　树新风”为主题，开展“践行雷锋精神　弘扬传统文化”等系列活动，鼓励学生以身边的“雷锋”为榜样，多做好人好事，争做“活雷锋”。学生通过写雷锋语录、看雷锋影片、讲雷锋故事、赛雷锋知识等形式多样的学习，加深了对雷锋精神的理解，也在与志愿者哥哥、姐姐的交流中，获得了新的认识，发现了现实生活中默默无闻的雷锋们。不少学生在活动结束时都表示，要学习雷锋精神，更要践行雷锋精神，做到知行合一，做“活雷锋”。

因为坚持爱心，我们在奉献中快乐；因为坚持耐心，我们换来家长的支持、学生的信赖。值得肯定的是，我们的爱心活动同时得到社会各界认可，芜湖姚和平老师为支持“爱心夏日”团队活动，特意举办了一场“观看铁画艺术长廊　感受芜湖人文历史”的专题讲座，不仅拓宽了学生们的视野，更让我们获得了难得的一次近距离欣赏铁画的机会。姚老师充分肯定了大家的爱心支教活动，鼓励大家继续坚持，做出更多的成绩。

我们，继续向前

一行人走在返校的路上，绿荫摇曳着笑声，我们并肩，看紫荆花开。

18个人的小队，从7月1日走到7月7日，也许只是一瞬，但我们在这一点凝结,让爱心凝结,让梦想和希望的种子在今夏凝结,然后,发芽。个中的辛酸苦辣让涉世未深的我们体味到实践的不易。挤过公交,捧过盒饭,传过照片,顶过日志,坚持一路携手走来,分享作为志愿者的快乐,分享奉献爱心后的快乐。

时间不会使记忆风化。

所以,忘不了,这个夏天,我们曾经做过光荣的志愿者。这个夏天,我们曾经在短暂的义务支教中共同欣喜、互相鼓舞过。

我记住的,不仅是嘉陵江边的那座城,更是花津湖畔的那些人,我们一起在实践中奋斗过的青春。

我们走过实践途中短暂的一段,如梦的车首灯光,拓开了一条路,又被拖入另一条无名的路。前方,仍有许多未知数,而我们,终须通过实践让自己长大,为自己开路。

青春无涯梦为马，暑期有行队是家

2011级汉语言文学　韦瑞瑞

炎炎夏日比不过青春的热情，滴滴汗水诉不尽实践的辛苦。两个月的暑假过去了，最让我难以忘怀的就是那近两周的暑期社会实践，虽辛苦却很充实。

实践预期　先行分析

暑期社会实践还未开始，吴科毅学长就萌生了一个以大学生为调研对象的具有时代性的实践命题，于是齐聚众人，组成了一个“安师大芜湖市大学生自主创业及典型调研”的社会实践团体，并亲自任队长，有幸的我也加入了这个团队。

根据初步的计划，我们分成八个小组分别负责去芜湖市八所高校了解大学生对自主创业的看法及校内创业情况。队长吴科毅、秘书学专业的温加婷以及我为一组，去安徽工程大学(简称“安工程”)机电学院进行访寻。由于队长当天另有任务，这次的访寻只有我和温加婷。两个毫无经验、初出茅庐的大一新生向陌生人询问一些看似无关紧要的问题，要是碰壁，那该多尴尬啊。左右为难的我们看准了一位看起来挺友善的男生，刚向他打招呼时他吃了一惊，当我们解释了我们此行的目的后，他就和我们谈了一些自己对大学生自主创业的看法并简单介绍了一下安徽工程大学机电学院的情况。有了第一次，接下来的访寻就似乎容易多了，当然也有一些被询问的同学对问题敷衍了事，更不乏对我们置之不理的。但我们也不沮丧，毕竟还有大部分同学认真地回答了问题，我们的收获还是不小的。回来后我们把情况如实地汇报给了队长，其他组也相继完成了任务。经过多方面的材料整合，我们得出大学生自主创业越来越多，国家越来越重视。对此我们拟定了发放调查问卷、举办芜湖市各高校“创业精英交流会”等计划。

拖着疲倦的身体回到住处，白天的一幕幕浮现在脑海中。从紧张的第一步到后来的熟练，我应该是成长了吧？在团队活动的第一天里收获就如此不小，接下来,我肯定会学到更多的知识!

实践准备　严阵以待

按照计划,我们分成不同的组进行工作。

首先,除队长带领的三位同学另有任务外,我们其余同学分组拟订调查问卷的问题,然后汇总在一起,制作出问卷,和队长商定修改后,打印问卷。这天下午,我和温加婷依旧分组去原先寻访的学校发放问卷并且到学校的创业中心邀请创业精英去参加我们的交流会。有了上次的寻访,这次的工作似乎轻松多了,调查问卷不一会儿就发放完了,但是邀请创业精英的事儿没那么顺利,我们没有邀请到创业精英,这个工作就交给了其他同学。最后顶着大雨回家的温加婷和我一身湿漉漉的,但看到完好无缺的调查问卷,心里全是满足感、幸福感。

其次,我们又进行调查问卷的后续工作和创业精英交流会的准备工作。我们每一组分到50份问卷,进行数据统计、图标制作和分析。因有个别组的创业精英还在联系商讨中,所以这天下午的时候,他们仍去跑学校,而我被派有其他任务,即打印海报、订制横幅,这些工作对常在学生会学习部做事的我来说自然是轻松。可是因部分创业精英仍未邀请到,这让我感到焦头烂额。大家似乎已经习惯了这种紧张的状态和生活,不再有刚开始时的懒散和抱怨,投入工作中的大家都有条不紊地忙碌着,已然不觉其中的辛苦,因为每个人都很重要,遇到困难时大家都努力地去解决。

最后,经过三天的努力和工作,"创业精英交流会"的准备工作已基本完成。队长确定参加交流会的创业精英的信息,我和温加婷张贴宣传海报,拉横幅。接着大家开一个小会议分配第二天"创业精英交流会"的工作。各组分工,有主持交流会的、有维持秩序的、有负责通知芜湖市媒体的、有邀请芜湖市领导和安徽师范大学文学院领导做评委的等等,大家各司其职,认真负责自己的任务。然后我们一起到圆形报告厅布置了会场,大家干劲儿十足,都期待着"创业精英交流会"圆满成功。

实践收获　硕果累累

第二天,在近两个小时的精彩的交流会结束后,我们高兴地欢呼起来。辛苦这么多天如今终见成果,谁能按捺住自己内心的激动呢?芜湖市领导面对媒体的采访也表现得很高兴,对此次的活动给予了很大的认可,似乎很满意。在戴和圣书记和杨穆龙老师的指导下，这次活动开展得很成功，暑期社会实践在此之后就渐渐接近尾声了，但一切都让人很不舍。

随后，我们团队共同把暑期社会实践的前前后后都整理了一下，并进行了深刻的总结。在分别前，我们团队举行了一次小聚餐，大家在一起畅谈暑期实践中的点点滴滴，话语里饱含着对团队的不舍，对实践的怀念。

实践感想　点点滴滴

进入大学以来第一次参与这种有组织的实践团体活动，在活动中，我有许多的不懂，也弄糟过一些事情，但是在实践过程中我学会了很多做事的方法以及应注意的事情，如如何与他人相处、怎样努力去做一些看似完成不了的事、怎样去适应新的环境和集体等。每一个任务的完成在别人眼里可能只是一个结果，其中的过程只能留给自己去细细品味。在社会实践的这段时光里，我发现了自我的不足和优势，更发觉了自己的潜能，在今后的学习和生活当中我要尽量运用好自己的潜能和优势，并且不断向他人学习，改正自身，完善自我，以更加优秀的自己去迎接将来社会的挑战！

青春无涯梦为马，暑期有行队是家，团队因每一个人而精彩！

高新区里的那些人儿

——芜湖市高新区人员大观

2011级汉语言文学　孙　妍

人是公司的构成要素，是一个企业流动的血脉，是一个个独立而又连接紧密的细胞，更是社会运转不息的支撑者。暑假，我有幸成为安徽师范大学赴芜湖高新区暑期社会实践调研团队的一员。在和队友们亲密相处的五天里，在用各种感官深度触摸高新区文化的五天里，我见识到了形形色色的人，而这些高新区的许多人儿也深深地印在了我的脑海里，令我时常不自觉地想起他们。

班车里安睡的少年

那是团队开拔的第一天早晨。在开往高新区国际广场的早班车里，除却我们这么一大群穿着队服叽叽喳喳充满兴奋和期待的实践团队员，还分布着各个年龄层的工作人员。他们零散地坐着，不少人穿着新的或旧的工作服。大概是对统一着装的大学生司空见惯，他们对我们这些明显格格不入的小孩子并未表现出太多的好奇，继续忙着自己的事情，还三五成群地聊上几句。在如此车厢里，那个坐在车后座角落里的少年不久便映入了大家的眼帘。彼时，他正头抵着车窗，安然地睡着。清晨的阳光细洒在他的头发上，在他的脑袋上方营造出一团橘黄色的柔和光晕。与其他乘客不同的是，我们的吵闹声甚至都没能让他抬一下眼睑。或许他正在做着因早起而未完成的好梦吧。这样想着，大家都不约而同地安静了下来，车内被一种祥和的气氛笼罩着，令人感到安心，感到平静。汽车过了一站又一站，车上的人陆陆续续下车走上自己的工作岗位，少年还是那么睡着。我想，他这个年纪的人大概是在这里某个企业打工的吧，但是他身上没有寻常年轻打工者的浮躁气息。能这么安然地面对每天的工作，我想他一定很热爱他的岗位。果不其然，就在我有些担心他会睡过站的时候，不知在哪个时刻，他已经精神抖擞地站起来走到了车门旁边，丝毫没有疲倦的神态。汽车到站，他快步走开，他的身影没入某个路口，没入越来越强烈的阳光里。

高新区里大量企业的入驻可以说带来了大量就业岗位和机会，也吸引着不少人员到这里打工。无论职位是高是低，可以说他们都在为芜湖的经济建设出力。他们每天早出晚归，劳累到需要在公交车上补充睡眠，似乎十分辛苦。但是从这个少年身上，我看到了整个高新区员工的缩影，那就是安然地生活，不管多累都微笑着迎接每一个清晨，积蓄力量，然后精力充沛地投入工作。我想，这是高新区该庆幸的事。

充满母性光辉的阿姨

这位阿姨我不得不提，她是落户高新区不久的三花集团的一位领导。去集团参观的时候，是她负责接待了我们。我还记得见面的第一眼，她身材娇小，穿一条素色的纱裙，把茶色的短袖工作服随意地套在外面。淡褐色烫得微卷的长发，小巧的脸庞，始终微笑着的圆眼睛，怎么看都像是一个二十多岁的年轻女子，说不定还是厂里的厂花呢。但是当我们纷纷落座，她陪同经理坐在首位，开始熟络地为我们介绍公司发展状况的时候，我们才恍然大悟：哦，原来她也是厂里的领导啊。更让我大吃一惊的还在后面，她在娴熟得体的话语里突然透露自己是厂里的老员工，是随着公司一起成长起来的。我困惑地在她身上寻找岁月的痕迹，直到参观厂区近距离观察时才承认这个事实，暗暗感叹自己的眼拙同时也惊叹她的健康美丽。

更深的接触之后，我更是被她的魅力折服。你会发觉她周身有一种温暖的气息，散发着母性的光辉。在拍集体照的时候，她热心地为我们找来统一的员工帽，还为一些队员戴在头上。参观厂区的时候，她会提醒大家注意安全。后来，她同队员闲聊时还深有感触："我儿子跟你们差不多大，看着你们就像看到了自己的孩子一样。"

整个参观过程伴随着阿姨的微笑，如同和煦的春风沁入心田。这样一位阿姨，这样一位领导，在高新区里静静地像花朵一样开放。

交警大队的好男儿

在高新区交警大队值班室，队员们见到了四名换岗回来的交警。他们穿着带有荧光条的马甲，衣服上扎着腰带、别着对讲机，推门而入的同时一股男子汉的气息扑面而来。他们肤色很黑,走路能带起一阵风来。队员们了解到这些交警早上七点多就要到岗工作,一直忙到下午六点多方可下班,中午饭在值班室解决,午觉也仅能在办公桌上凑合。我们恰好赶上他们的午间换岗,看到他们的生活状态。这些大哥或大叔们经过了一上午阳光的暴晒,却未显出任何疲惫之感。只见他们吆五喝六地进门来,纷纷打开电脑,在单位网站上浏览队里的动态,并投入热烈的讨论之中。他们一个个嗓音浑厚,笑声如雷,小小的值班室立时闹腾起来。午饭时间到,他们这才安静下来,补充能量迎接下午更加火热的太阳。值班室阵阵咀嚼声使我们不忍叨扰。

后来,当我们真正披挂志愿者的绶带,和交警一起走上街头时,才深深体会到这些真男儿的不易。30多度的高温,头顶骄阳似火。他们有的站立在交通岗亭挥舞着指挥的手臂,有的在马路中间不时拦下违章车辆,疏导交通。路中唯一的伞亭被他们让给了志愿者,一位副队长就迎着烈日在车流中来回穿梭。我们眼看着他们汗如雨下,他们却出于对我们的保护,让我们早早回去。一位叔叔给我们拿来矿泉水时说道:“你们没有在太阳下晒过,所以不能晒,不然很容易晒伤的。”这些交警不仅有强健的身体,还有奉献自己、照顾他人的温情,大家深受感动。这些交警大队的真男儿给我们留下了深刻的印象。

除了以上这些,五天里还有很多人给我很深的感触。比如外企里透着一股子霸气的那位女老板,在管委会任职的年轻选调生,还有那群光着膀子在厂房里吃午饭的快乐工人……他们或是领导,或为员工,或是团体,或为个人,他们的人生履历、生活状况各不相同,却有着一个确定的共同点——他们都是芜湖高新区发展的服务者。在不同的岗位上,这些服务者兢兢业业地工作,或决策或出力,使高新区的企业保持着良好的发展势头,为芜湖的经济乃至整个社会的经济做贡献。他们为我们大学生提供了一个透视高新区的窗口,让我们更加贴近高新区的人文气息,在这里学知识、长才干,将来同样投身到社会经济建设的大潮之中。

追寻红色足迹，播撒爱的种子

2011级汉语言文学　唐　玲

在举国喜迎十八大召开、庆祝建团九十周年之际，为响应学校团委关于“三下乡”暑期社会实践活动的倡议，同时充实自己的暑期生活，我报名参加了赴江西信丰县的暑期社会实践志愿团队。在结束最后一门科目考试的当天，我就踏上了开往赣州的火车，十三个小时后，换乘汽车，四个小时后，抵达了信丰县。

信丰县位于江西省赣州南部，素有“中国脐橙之乡”的美称。从汽车站坐车前往信丰县的途中，临窗而坐映入眼帘的是漫山遍野的橙子树。虽然还没有到橙子收获的季节，但是那些挂在树梢的碧绿色果子已经有了碗口般大小，让人不禁联想起它们变为橙色后的诱人景象。邻座的当地大叔介绍说，他们信丰的脐橙在成熟的时候，整个县感觉都飘着橙子的清香，而他们的脐橙作为中国最好的橙子也远销海外，并有着很好的声誉。那位叔叔在说起这些的时候，满脸微笑，心中的自豪感都写在了脸上。

汽车到站后，我同那位叔叔礼貌地告了别，并找到了在汽车站接应我的队友。在队友的带领下，我们换乘了两辆公交车，在有石子的泥土路上步行了一个小时后终于抵达了信丰县水南坝的水南小学。在简单的安置后，我就同队友开始了我们的准备工作。

在学校时大家已经一起写好了一份详细的策划书。队长将我们分成三组。因为队长是当地人，所以她负责向水南坝附近的居民宣传，而我和一名大二的学姐负责完成宣传海报，并将它们张贴在水南坝的各个显眼地方。还有一组同学则是留在小学，在校门口摆上课桌进行招生。两天的招生结束后，我们一共招收了一百二十三名学生，其中以五六年级学生居多。在招生期间，我们得到了水南小学校方的支持，在校长的帮助下，我们了解了他们的教学情况，也熟悉了校舍的周边环境，在他们的帮助下，作为志愿者的我们都下了要大干一场的决心，做了好好干的决定。

开课第一天，学校操场上显得有些混乱，我们这些小老师维持秩序略微显得有些焦头烂额。好在下课只有十分钟，在铃声响起后，我们瞬间觉得这个世界都安静了。不过在安静之余，我们几个围在一起开始讨论要怎么解决好下课时的混乱现象。有男生提议由他们带领部分男生去打篮球或者踢足球，有一位学姐提议带他们一起围成一个圆圈教他们唱歌，而我则提议将我们带去的电脑在下课时拿出来同孩子们一起欣赏一些有趣也极具知识性的短片。其他的志愿者也各抒己见，拟订了五套方案，于日后循环执行。

万事开头难，这话说得一点儿也不假。那些小孩子一个个初生牛犊不怕虎的，在我们上课时有很多小孩子喜欢交头接耳，说得笑嘻嘻的。不过不知道为什么，在我上课时，当他们这般时我竟然一点儿也不生气，反而有些忍不住笑了出来。他们想背着我偷偷说话的表情，举着书把头低下来窃窃私语的举动，让我倍感亲切。这就是孩子啊，喜欢掩耳盗铃的孩子啊，以为把书举着我就看不到他们说话了啊！其实年少时的我们，谁没有过这样的经历呢，等我们长大再回想起那些情景时，不禁开始怀念了。也许正是因为这样，所以我很"宽容"地睁一只眼闭一只眼了。但是我的做法并没有得到他们校长的认可，因为之后校长就径直走了进来，还瞪着刚才说话的那两个小男孩。站在一旁的我，微笑着同校长攀谈起来，企图转移校长的注意力，但在"吃的盐比我吃的饭还要多，走的桥比我走的路还要多"的老校长面前并没有奏效，校长把那两个孩子领了出去，让他们在门外一直站到下课。等校长气呼呼走了之后，我简单地交代了一下，让班上的学生先背刚才学的古诗。我走到外面，让他们两个进来，但是他们并没有理睬我，反而用眼睛生气地瞪着我，仿佛我是他们的仇人一般。事已至此，我反省到自己确实有过失，如果当时我提醒他们一下，也许他们就不会被校长惩罚。而校长在惩罚他们时，如果我勇敢地站出来为他们求一下情，也许他们只要在教室里站一会儿就好了。所以，我很诚恳地对他们道了歉，并把自己小时候也被罚站过的经历同他们分享，安慰他们说这也是一种人生体验，可以在大家上课时看看安静的操场及操场上的雷锋雕塑，还有与蓝天白云相映衬的飘扬的五星红旗。听我一个人聒噪完后，他们两个都偷偷笑了，然后乖乖回到了教室里面。也许是因"祸"得福吧，得"祸"的是他们，得"福"的是我，因为第二天他们两个居然给我带来了一个他们家中种植的西瓜。虽然西瓜个儿不大，但是这两个小孩子要上学还要拎着这么个西瓜，着实有些令我在感动之余满是愧疚。不过，能和这里的孩子建立进一步的感情，还是很让我高兴的。

在教学的十二天里，我与同院的一位学姐负责教五六年级的语文课，我主要负责古诗和作文教学。在课余时间,我利用自己在担任班级文艺委员时积累下来的经验,为大家策划了两场文艺活动。其中有一个合唱的节目,是我同六年级同学一起排演的。由于他们即将告别母校,去离家较远的地方上初中,所以我们就选择了一首充满"毕业季"风情的歌曲——《北京东路的日子》。连续五天,放学后,我们都留下来排练,没有高端的音乐设备,只凭借电脑播放器的声响,我们每天都坚持排练两个多小时。很开心的是,排练结束后很多孩子央求我多教他们一些其他歌曲,还很认真地让我报歌词他们来记。看着他们的小手拿着铅笔在纸上一笔一画地书写时,我感觉特别温馨。排练完后,我都会叫他们早些回去,免得家人担心。他们依依不舍地同我挥手告别,夕阳把他们身影拉得老长,看着他们渐渐远去。

除了课堂教学、课外娱乐之外,我们十几个志愿者在一起的生活起居也挺好玩的。刚开始的时候,我们十几个人中只有两个女生会做饭,其他人譬如我只能帮忙洗洗菜。但是一个星期后,我们几个不会做饭烧菜的也都或多或少学了几手。由于在农村,没有便捷的天然气和煤气,我们烧菜只能靠炉灶生火。生火是一个技术含量很高的活儿,至少我自己是这么认为的,因为我生了好多次火都失败了,或者说是最终都失败了。每次生火刚开始时都挺顺利的,但是过不了多久,火就渐渐灭了,所以我又不得不重新生火。个中滋味,只有为之"奋斗"过的人才知道吧。庆幸的是,我最终掌握了这么一项技术活儿,并光荣地承担了所有的生火任务。现在回想起来,还是很自豪,毕竟大伙吃的熟食都是靠我生的火做出来的嘛,所以我也因此得到了一个雅号——火神。

结束暑期社会实践活动的那天,好多学生的家长都来到了学校,对我们不停地说谢谢、谢谢,有的阿姨还问我们寒假来不来、明年来不来。结束仪式上,我们给选出的六名表现优秀的孩子颁发了奖状,分发了奖品,还同他们一起合影。有些小孩子调皮地在我脑袋后用手指摆着怪异的造型,有的小孩子很亲昵地挽着我的手,还有的很乖巧地站在我身边,等闪光灯"哗"的一声响起时,我感觉时间仿佛就定格在那一秒。

在回去的火车上,借着车厢里不太明亮的灯光,我翻着来时在火车站买的地图,把自己走过的地方,画上圈,连成线,弯弯曲曲的,没有一点儿美感,但是当车厢内有人手机响起,传出《十送红军》的旋律时,我发现,我走过的那些路,其实那些革命先辈们也曾走过。他们穿着草鞋,背着行囊,带着家人的期盼走在路上,而我也穿着鞋,拖着行李,带着家人的期盼走在路上。唯一不同的是,可能我带着的更多的是我对于教书育人——教师这一职业的思量。走过的路，改变了我的心境，优化了我的心态，也给了我很多的思考、很多的成长。我不禁想起水南小学操场上的雷锋雕塑了，那个把自己全身心献给人民的英雄，雷锋就是我们这些志愿者终生学习的楷模，我此刻多么希望自己可以生出如白鸽一般洁白的翅膀，在蓝天下播撒爱的种子。

怒放的青春

——记王家坝之行

2011级汉语言文学　吴　杰

7月3日，是我们开展支教活动的日子，尽管在此前对于支教活动有过一个大致的设想，但是当我们来到这次支教的目的地——王家坝中心小学，真正看到这些可爱的孩子们的时候，那种激动的心情还是很难用语言来描述的。因为当地政府只为我们安排了小学三个班级的学生，所以我们就面临着一种“僧多粥少”的局面。而我，在开始并没有分到属于自己的班级。早上，我和其他队友一起去大街上招生，见识到了当地的风土人情，当地人的朴实憨厚以及他们如火的热情深深地打动了我。在招生的过程中，上前询问的人络绎不绝，我们招生的成果喜人。

7月4日上午，我有幸在三年级上了一堂课，尽管只是折纸课，但是因为这是我作为老师站在讲台上的第一节课，我的心里既激动又紧张。孩子们的热情深深打动了我，而整个班级活跃的气氛也深深地感染了我，我感到自己的情绪一下子就被调动起来了，紧张感忽然就消失了。看到孩子们认真的表情，我的心中忽然充满了一种满足感，我不知道这是不是一种所谓的成就感，但是作为老师，这真是很幸福的一件事。

没过多久，我的班级终于组建起来了，他们都是由我和我的队友们自己招来的学生组建而成的，由我和锁孝巍来负责。因为是从当地招来的学生，所以在年龄上参差不齐，他们中有一年级的，有二年级的，甚至还有没上过学的，这给我们的教学活动增加了难度。考虑到孩子的年龄太小了，我们对于上课的内容做了灵活安排，有时让他们自己去做作业，有不会的由我们来进行解答，有时给他们讲一些简单的诗歌故事，有时带他们做游戏，总之，我们尽自己的努力让孩子们不觉得乏味，尽可能让他们学到知识。

但是学校的整体设施实在是太简陋了，教室里连电风扇都没有，而且不知道什么原因连窗户都是封死的，所以在30℃以上的大夏天，教室里就像一个大蒸笼一样，连我作为一个成年人都觉得很难忍受，对于这些孩子们来说就更加可想而知了，每一次听到他们对我说：老师，我们热，老师，我们渴。我都会感到一阵阵心疼，心疼这些孩子们，我担心他们在这样的条件下会中暑，我甚至都怀疑我们在这样的天气把他们弄到这么艰苦的条件下来学习是不是错误。但是这些可爱的孩子们，无论是晴天还是下雨天，都从来没有缺过课，甚至没有迟到过。在教室看到他们认真学习的样子，看到他们充满求知欲的眼神，我一次次地被感动，我由衷感觉到了身上的那一份责任，作为一名老师的责任，站在讲台上，我就是一个老师，我有责任去教育这些孩子们，我有责任为他们打开通往外界的窗口。

支教的日子是短暂的，和孩子们在一起的每一刻就更显得弥足珍贵，然而告别的日子如期而至。我和孝巍就在教室里和孩子们做了个简单的告别，尽管我一再对自己说一定要开心地和孩子们告别，可是真轮到自己说的时候还是感觉到气氛凝重，看着讲台下一张张稚嫩的脸，我心中充满了不舍，尽管和这些孩子待在一起只有短短几天，但是从招生到组建班级我付出了太多的努力，也付出了太多的感情。我反复叮嘱他们一定要好好学习，将来走出去，去见识外面世界的精彩。我本来以为和孩子们的告别就这样结束了，可是让我和孝巍没想到的是孩子们瞒着我们偷偷地给我们写了信，我看得出来孝巍的情绪几乎就控制不住了，而我也在竭力控制着自己的情绪，看着他们那一张张写着歪歪扭扭字的纸条，感动和不舍之情再一次涌上了心田。

7月9日上午5点，我们一群人坐上离开的大巴车，望着逐渐远去的王家坝，我在心里默默地说着："加油，孩子们，一定要好好加油。"

从王家坝回来已经很久了，但是每当想起在王家坝发生的一切，好像就在昨天，很多细节都清晰地浮现在我的眼前。这趟王家坝之行让我获得了太多东西，也学到了太多东西，我一直认为没有经过历练、整天养尊处优的我们所拥有的青春是不完美的，但是这一次我觉得自己的青春得到了一次前所未有的怒放。感谢这一次的暑期社会实践，感谢王家坝的孩子们，感谢你们让我有这样一段宝贵的经历，这一段记忆将被我永远珍藏在心底，我永远不会忘记你们，我亲爱的孩子们。

相约《论语》一百，启发原创心灵

2011级汉语言文学　郑云霞

只要一个人把任何一本经典读一百遍，他必定能从经典中提升为学的能力，必定能从经典中领悟为人处世之道，必定能开阔胸襟、启发智慧，并且这一百遍必将影响其一生！这是全球读经教育首倡者王财贵教授的一席话。暑假，我是个幸运儿，参加了“广州《论语》一百”的夏令营，“相约《论语》一百，启发原创心灵”。

读　书　篇

在夏令营学习的30天里，日子过得简单而充实，我们只做4件事：读书，自习，吃饭，睡觉。早上5:30起床，晚上9:20晚自习下课。这让我们每个人都觉得生活有滋有味，因为我们每天都在学习，每天都有收获，因为我们每天都在慢慢接近圣人的心，因为我们每天都在成长，因为我们觉得满足。也许生活本该如此，清莹、透彻、简单却又心怀大志！

老实说，如此“不求甚解，只求熟读”的读书方式，一开始，我并不适应，更不理解，总觉得有点奇怪。因为这和我以往的学习模式完全不同。但是集体的力量是强大的，在大家齐读的引导下，我就“糊里糊涂”地“子曰”“子曰”地念起来了。渐渐地，我觉得这样子读书很轻松，很舒服。尤其是以节奏法读的时候，越读越兴奋，读到兴奋处“手之舞之，足之蹈之”，那是一种发自内心的愉悦。从未觉得读书如此令人欣喜，我想这就是经典的力量吧。半个月过去之后，竟然出现了这样的状况：晚上睡觉的时候发现自己还在读《论语》，“一不小心”嘴里就冒出一两句《论语》里面的句子。我觉得很神奇，也觉得很欣喜，心中窃喜。

正所谓“书读百遍，其义自见”，我们在30天的时间内将《论语》熟读了一百遍，不看注解，不用训诂，只是不断诵读两千多年前先贤的语言，体会圣贤的生命。在所有的人员中，上至皓首雄心的古稀老人，下至天真烂漫的垂髫稚子，而更多的是被称为时代之骄子的大学生。读经典就是用人性开导人性，用光明启发光明，所有人都能在心灵的激荡中体悟成长的喜悦与生命的光辉，这种忘乎所以的读书让人心灵安静。

交 友 篇

“有朋自远方来”，在那里，我遇到了一群志同道合的朋友，他们对于国学的热爱，他们深厚的国学功底，他们胸怀天下的远大志向，让我觉得既惭愧又荣幸。“见贤思齐焉”，从我的朋友那里我学到很多，也成长了很多。我相信，这是经典的力量在感召我们，在感化我们。

“三人行，必有我师焉。”在那里，我从亲切而诚恳的同学那里知道了什么是“心怀天下，志存高远”。他们是一群亲和低调的人，从不张扬。他们对于我而言，亦师亦友。在他们身上不仅可以学到国学知识，还可以学到为人处世之道。他们将这一切归结为经典的力量，还很谦虚地说他们从中领悟到的只是凤毛麟角。经典于他们仿佛是万能钥匙，他们在思考分析问题的时候，总能从经典中找到解决之法。读经典，美哉美哉，实乃人生一大乐事!

实 践 篇

夏令营期间，我们组织了一次出游，参观中山大学。我们此行的最大的愿望就是看看一代学术大师陈寅恪的故居。陈寅恪在20世纪20年代倡导为人治学当有“独立之精神，自由之思想”，并且将之付诸实践，践行一生，为世人留下了不朽的著作。他居住的环境简单而清幽，真正的学者大概都是如此吧。

其间，老师开展了一系列拓展训练。简简单单的小游戏告诉我们人生的大道理，深入浅出，十分受教。比如说合作是一门艺术，更是一种能力。要善于思考。坚持不懈不一定对，也许适时调整努力的方向，比埋头前进更事半功倍，所以，方向比努力重要，态度比能力重要。

不得不提的是一场特殊的生日礼。当天，寿星穿着汉服，按照古代人过生日的习俗一步步地进行。学生和家长互相说出自己的故事，就是一场没有彩排的情景剧，因为真实所以感人至深。“天下没有哪一个父母是不辛苦的，没有哪一个父母有一天是不辛苦的。”其中一个说道。是啊，我们要学会感恩：因为有父母，我们是如此幸福！特殊的生日礼，更像是一场人生的教育课，很美，像是一朵仁爱之花在那个夜晚绚烂绽放，我们都看到了它璀璨的光芒，它的香气愈久弥香！

反 思 篇

作为中华子孙的我们,我们在做什么呢?我们可以做什么呢?作为当代大学生的我们,我们在做什么呢?我们可以做什么呢?为人子女,我在做什么呢?我可以做什么呢?其实,《论语》读得越多,越觉得心虚,不踏实。因为比照过后发现自己做得实在太少,所以惭愧,所以不得不内省。很多事情,我们明明知道是对的,明明知道是应该去做的,为什么不去做呢?拿我们的传统文化来说吧,那是我们的国粹啊,是外国人争相学习的东西啊!可是,我们不知道好好珍惜,不知道努力继承与发扬,可怜可悲啊!老师曾说过,作为一个中国人,你生来就承担着传承中国优秀传统文化的责任,这是中国人对世界文化发展的责任!泱泱大国,五千年辉煌灿烂的文化,那是我们的根啊,我们民族的根啊!

往者不可谏,来者犹可追!少年强则国强,我们承担着更多的社会责任,为我们的国家,为我们的民族,更为我们的下一代!文化教养是人生必须涂抹的底色,经典是滋养人生德行与才情的源头活水,是个人成长必不可少的精神食粮,更是宝贵的人生财富!作为师范生的我们,自然承载着对教育更多的担当。作为教育工作者,我们要将最好的、最有用的东西教给我们的学生!

一枝黄梅飘香来

——安师大文学院赴安庆市寻传统文化，踏黄梅之旅

2011级汉语言文学　张翰芸

当我刚刚踏上这片土地时，如呢喃般轻哼的黄梅小调就悠悠飘进我的耳里。闭上眼睛，感受来自这个城市的风韵，它是城市的呼吸，亦是热情。于是，我怀着温暖激动的心，开启了“安师大文学院赴安庆市寻传统文化，弘扬黄梅戏艺术”暑期社会实践团队的黄梅之旅。

炎炎夏日——传递戏迷热情

夏日清晨，少有风意，偶有一两鸟雀飞舞枝头，间或啼鸣。蝉声四起，热浪来袭。本就是太阳当头，我们也徘徊在树荫之中，不肯离去。忽闻一曲，心头一颤，歌声引领中，沿着曲折长廊寻去，花丛包围的凉亭里，众人围坐，有一女子轻唱黄梅曲调，韵味丰厚，纯朴清新，令人瞬间燥意全无。不忍打扰，我们轻踏脚步，拾级而上，更近一步倾听唱曲者的心音。曲毕，有一同学问之，才知是黄梅戏的戏迷们，我们十分惊讶，戏迷竟也能达到这个水平。本来这夏日就燥热，又逢清晨熟睡之时，他们怎忍心舍弃凉爽的房间，来这自然中寻求一地呢？不，竟不是这一日，而是每日在此相会，只为唱上一曲。

他们之中，有自发拉二胡的，自发打节奏的……默契分工，各司其职。虽都不是专业水平，但一挑一捻中，尽是专注神情。我问他们，用这样的时间、这样的手艺，教教小孩子岂不是能赚点钱。那头发已花白的老者顷刻间收起了笑容，神情严肃地说：“你们小孩儿不懂我们老人，黄梅戏是我们从小唱过来的，一天不练就生疏啦！”

是啊，安庆人对黄梅戏的依恋又岂是我们能够理解的呢？他们自小就与戏曲相伴，娱乐时唱一曲，闲暇时听一段，黄梅小调早已成为他们生活中的一部分。而黄梅戏也深深扎根于这个城市，与安庆人水土相依，代代相传。

古墙之内——蕴含黄梅底蕴

古墙红瓦，仙女雕像，还有那一排排刻着黄梅戏传说的石板，这里的建筑到处都充满了古风意味，这就是黄梅戏艺术者的聚集地——安庆市黄梅戏职业艺术学院。

不经意间抬头望去，有三两学生立于水边亭内。一人手摆兰花，一人娇媚扭腰，互对念白。念白一出，便是安庆人独特的方言腔调。在我们看来，那对话简直像极了唱歌！一词一句之间，百转千回了，叫人陶醉。看到我们的到来，年轻的女孩儿们竟如戏里的小姐一般害羞了起来。队友说我们是来问个路，却见她们轻提水袖，袖子落处一指轻展，竟是那样细腻的手，好个顾盼之间彰显脱俗！一颦一笑也是黄梅之色！

在“黄梅女孩”的指引下，我们见到了黄梅戏学校的熊老师。大抵是经常表演的缘故，熊老师看起来十分有气质，穿着也有古典风韵。熊老师热情地为我们介绍了黄梅戏的历史来源、戏曲形式、发展现状。当谈到黄梅戏的发展时，熊老师不禁面露担忧，她告诉我们，现在老一辈的人们对于黄梅戏的热情是只增不减，因为这不仅是一个曲种，更是一代人的记忆、热情与生活。但是，年轻的人们似乎正在渐渐淡忘它们，有的甚至不了解黄梅戏作为一种家乡的文化遗产是有多么重要。他们被网络、电视剧、电影所吸引，对于黄梅戏却是不听不看不学，成了一个彻底的“戏盲”。她欣赏我们这次的行动，希望越来越多的青年人关注黄梅戏。

当然，在这次暑期社会实践活动中，我们还做了很多有意义的活动。在问卷调查中，我们看到了不同人对于黄梅戏的态度，在街头小巷里我们见到了不同年龄层次的人同台表演，只为自娱自乐……

黄梅之情，情在人心，是深深扎根于城市的热情。再没有像安庆这样一个地方，每当夜幕降临，霓虹初上，黄梅小调沁满人心。黄梅戏像是一朵小花，在黑夜中悄然绽放，香满宇宙……

爱在符离，难以离开

2011级汉语言文学　袁　媛

“我会牢牢记住你的脸，我会珍惜你给的思念，这些日子在我心中永远都不会抹去。我不能答应你，我是否会再回来，不回头，不回头地走下去……”

带着闪烁的泪光，带着浓浓的不舍，我迈出了离开符离的第一步。从此，符离成为一个我魂牵梦萦的地方；从此，符离的孩子们成为我心头永远的牵挂。那些孩子，那些整天在泥泞里玩耍的衣衫脏乱的孩子，是他们让我与符离难舍难分。

他叫杨子诚。他的读书声格外响亮。

“弟子规，圣人训。首孝悌，次谨信。泛爱众，而亲仁……”火辣辣的阳光炙烤着街头的柏油路，整个符离小城像一个巨大的蒸锅，蒸得人们汗如雨下。而宿州市埇桥区符离中学的教室里传来了孩子们琅琅的读书声，六年级的杨子诚正聚精会神地读着书。杨子诚的爸爸、妈妈在他7岁之前先后抛下了小小的他，他和弟弟只有跟年迈的爷爷、奶奶勉强维持生活。全家四口人挤在一间不到30平方米的小阁楼里，杨子诚的爷爷还常年生病，整个家中最显眼的便是瓶瓶罐罐的绿色药瓶。骄阳似火的七月，小阁楼上的气温更是热极了，可杨子诚一家四口就在一台小电扇下度过。“杨子诚是个特别乖的孩子，他腼腆的微笑，让我们感到为了他们吃什么苦都是值得的。”看着杨子诚阳光一样的笑容，我的眼睛湿润了。

她叫刘雪。她的坚强让我感到惭愧。

刘雪比同班的孩子大两三岁，我们去刘雪家做家访的时候，得知她和60岁的大姑住在一起。刘雪的妈妈在她很小的时候就离开了她，他的爸爸小时候家里穷，在烧鸡厂工作时，得了风湿性腰病，如今没有丝毫经济收入，仅仅靠在几个姐姐家里轮流住上几天来勉强度日。刘雪是个很懂事的女孩儿，大姑平时做小生意维持家用，她放学回家就自己做饭。14岁的孩子，用还很稚嫩的肩膀担起了如斯重担。我们问起为什么刘雪14岁才刚小升初，她大姑告诉我们，刘雪的学费问题一直是她特别烦心的问题，在刘雪刚上小学的时候，就曾因为凑不齐学费而退了学。大姑对刘雪十分关心和照顾，那么多年如一日，坚持给刘雪交上了那么多学费。可是，刘雪的学习就只有靠自己一个人了，大姑平日里没有那么多闲暇时间来关心她的考试成绩，像很多贫苦家庭一样，学习等于是“靠天收”。刘雪说：“我的记忆里没有妈妈，大姑把我当作亲生女儿一样看待，我一直觉得大姑就是我的妈妈。”

他叫燕立池。他下课的时候永远在学习而不是玩耍。

燕立池的奶奶总是左手牵着懂事的燕立池，右手抱着他可爱的弟弟，在路上偶遇我们的时候，总会不住地跟我们说谢谢，夸我们在那么艰苦的条件下还坚持给孩子们补课，是学雷锋的好举动。可是在我心中，燕立池是比我们大学生志愿者更优秀的好孩子。上课之前预习，课上积极答题，课后认真复习，志愿者老师们都对燕立池寄予了希望。还记得在国学课之后，燕立池跑来告诉我，他立志一定要做一个有道德的人，孝顺父母，尊敬师长。

她叫伍乐乐。她临行前的泪水让我至今牵挂。

暑期实践的最后一天，是伍乐乐的生日。我们买了好看的铅笔盒，还是女孩子最喜欢的淡紫色，送给伍乐乐作为生日礼物。我们在宿舍里收拾行李准备离开的时候，伍乐乐不顾外头火辣辣的太阳，跑来我们的宿舍，就这样静静地坐着，一句话也不说。急着赶火车的我们劝她回家，她抱着我们哭着说：“姐姐，你们可不可以不要走？”一时间，所有的志愿者哭了。7天的点点滴滴，一齐涌上心头，爱在符离，我们不想离开，可是不得不离开。

他叫王海坤。她叫闵景怡。他叫周子豪。她叫闻子婷。她叫陆文驰……他们每一个人的名字，每一张脸庞，都深深铭刻在我的心中！

从第一次在开学仪式上见到他们起，我就爱上了这些可爱的孩子们。每晚开会到深更半夜，绞尽脑汁想出各种新奇的活动来帮助他们增长见识。我们14名志愿者，排除万难也要努力前进。“为了对得起炎炎酷暑仍坚持来学校上课的孩子们，再苦再累我们也会坚持到底。”全体志愿者在上第一节课之前说出这样的誓言。

我们和孩子们一起诵读《弟子规》，在国学经典中体会孝悌之道，感受传统文化的魅力。我们一起听杨穆龙老师教吟诵，唱出大家耳熟能详的古诗《春晓》。放学的路上，志愿者老师们牵着孩子们的手，一路学着古人读诗的方式，摇头晃脑地吟诵着《诗经》《越人歌》……笑声与欢呼声响彻整个符离小城。杨老师还向学生们讲授了古代男女见面礼仪，教他们“知礼仪，懂礼貌”。短短一个小时的课程，孩子们认真专注，学习热情高涨。

“只学习，不玩耍，聪明孩子也变傻。”我们和孩子们一起学太极，“第一招叫起式，左脚向左迈出，身子稍稍下蹲……”虽然烈日下的操场火炉一般炽热，但孩子们在志愿者老师的带领下，一板一眼做得认真。孩子们开心地笑着叫着：“老师，俺会回家教俺爸俺妈打太极的。俺还会告诉他们这是安徽师范大学老师教的。”

我们从芜湖远赴宿州符离，只为这80多名可爱的孩子。对于孩子们来说，我们的支教时间很短，可我们给那些农村孩子带来的影响却很长很长，会一直延续到他们上中学、上大学……

“老师，我以后想要像你一样，也当一名老师。”他们简简单单的一句话，让我，让所有的志愿者老师，忘记了没有水没有电的艰苦，只记得这一群渴盼知识的孩子！

大别山下的守望

2012级对外汉语　周欣怡

山上有仙人，不须俗世扰。
云蒸雾笼过，山气日稀少。
黄牛雨中嬉，老翁踽踽劳。
我辈寡乎闻，平生不见朝。

在安徽省西南部，大别山南麓的深处，有一个美丽宁静的小山村——太湖县玉珠村。清晨，微雨初停，云烟缭绕青山翠峰，嬉戏的黄牛，劳作的老翁，一幅如水的泼墨画卷就这样展现在我们眼前。和中国千千万万的小山村一样，山清水秀，民风淳朴，她温柔似水，与世无争，但她落后闭塞，存在难以言说的痛。在这里，一群大山的孩子们在守望着，等待父母回家。

从小生活在城市里的大学生，从媒体的报道里很难想象小山村里人们的生活状态。这里孩子们的童年是在大自然的怀抱里，以最原始最朴实的姿态成长，和泥巴游戏，和花鸟做伴，他们享受大自然一切美好的馈赠，可是却被剥夺了和父母生活在一起的愿望。即使是最纯真的璞玉，也必须经过精雕细琢才能发光发亮，到了六七岁，孩子们享受教育的权利必须拥有，当读到课本上“父母在，不远游”的句子时，他们会困惑自己的父母为何早已远行。留守儿童是一个特殊的群体，他们的父母为了生计远走他乡，外出打工，但孩子们留在了农村家里，他们大多与年迈的爷爷、奶奶生活在一起。年龄的差距带来的不仅仅是生活上的代沟，更多的是学习上的无助以及内心世界无人倾诉的困惑。

玉珠村最高的建筑物就是三层的小学教学楼，操场上唯一的体育设施就是斑驳破损的篮球架，我们到达玉珠小学的第一天，正好看见村子里的男孩子们在阳光下挥洒着汗水，没有游戏机和电影院，却锻炼出一副好身体。和体育活动一样匮乏的是这里的学习条件。在3天的实践调研中，我们走访了村子里的留守儿童家庭，15名队员被分为4个小分队，按照东南西北划定的不同路线，前往村民家中进行调研。村民们热情地招待了我们，但家里的孩子很内向，刚开始时自己默默躲在角落里写作业，不太愿意和陌生人说话。在其中一个小女孩的家里，我们看到了满墙的奖状，和她聊到爸爸、妈妈时，小女孩的眼泪瞬间就止不住了。她爷爷告诉我们，她的父母在上海打工，以前每半年回家一次，现在爸爸、妈妈把年幼的弟弟带在身边，只是定期往家里寄生活费，而对女儿的学习和生活毫不关心。在调研的过程中，我们见到了因父亲去世、母亲离家出走而被奶奶独自抚养的孩子，家里的生活来源仅靠每年几百元的政府补助和几亩薄田，老人家跟我们说自己身体不好，最害怕的就是哪天倒下了，留下年幼的小孙女孤苦伶仃无依无靠。村子里有些家庭相当重视教育，坚信“知识改变命运”“不好好学习只能种地或者外出打工”，而有些家庭“读书无用论”的观念根深蒂固，孩子只待初中毕业就和父母一起外出打工。另外，高昂的学费让贫困家庭难以负担，毕业后又面临就业难题，种种困难让孩子们在教育的大门外望而却步。

留守儿童的童年是不完整的童年，缺少了父母的关爱，他们极易因监护不力而发生意外事故，也会出现一系列心理问题和社会问题。孩子们最开心的时候，就是每年过年父母在家的时候。一个孩子身心健康发展离不了家长的教育，除了社会需要加强管理、施以爱心以外，最重要的是，父母们别再让孩子们的守望成空。

美丽·七月·青春

2011级对外汉语　陈滟莹

今夏的七月，是特别的，不是因为体验了百年一遇的高温天气，而是因为与一个美丽小村邂逅。

九天，从个人生命的绵延轨迹来看，是短暂的；九天，从浩瀚宇宙的发展变化来看，是微不足道的。但是，我始终笃信，总会有一段时光是无法用长短去衡量的，譬如，梅渚的九天：从相见到相识，从相知到相离。

还记得7月5日的瓢泼大雨，梅渚小镇似乎是以一种特别的方式欢迎我们的到来。

那是来到梅渚镇的第一天。

还记得7月7日艳阳高照，晃眼的阳光蒸发了大雨过后的水汽。早上孩子们在家长的陪同下陆陆续续地来到学校，那是给孩子们正式上课的第一天。

还记得7月8日的折纸活动，孩子们学会叠爱心之后，满心欢喜地在上面用歪歪扭扭的铅笔字写着“爸爸妈妈我♥你们”。因为小班的孩子们大多上一年级，还有的在上幼儿园大班，所以还不会写复杂的“爱”字，就画一个♥来表达他们内心对于爸爸妈妈的这样一种感觉。或许，他们并不能够十分理解“爱”的真正含义，但是我知道，爸爸妈妈会是他们最爱的人。

那是来到梅渚镇的第四天。

还记得7月9日的“展华夏之美　扬古典之韵”的汉服展演活动，在封闭不透气还没有电风扇的梅渚小学大礼堂里，穿了四个小时厚厚汉服的我们在活动全部结束以后脱下汉服的那一刻，背后浸满了汗水。也记得队里的小宇姐在忙完下午的活动之后，本就有些受伤的她依然在傍晚时分来到广场上教那里的阿姨们跳自编的广场舞《中国范儿》，因为前一天和阿姨们约定，即使身上有伤，也要坚持把昨天没教完的舞步教完。

那是来到梅渚镇的第五天。

还记得7月13日下午一点半收拾好行李从招待所出来，所有人坐上和梅渚告别的大巴车。记得车子开动以后,车窗外快速倒退有几分熟悉的街景。

那是最后一天,九天行程里早已安排好的离别日。

我还记得孩子们第一次做自我介绍时,一个接着一个到黑板上一笔一画写下自己名字的情景。记得学少儿舞蹈《奶牛歌》时,双胞胎姐妹沈云和沈月可爱的动作和俏皮的表情。记得在“我的梦想”主题演讲活动时第一个上台的石攀,想当画家的黄启梦,想和自己的妈妈一样长大后当一名老师的石子骏。记得开学要上五年级的黄瑞把自己的QQ号写在纸条上叠好递给我。

记得在民生调研活动中,村民们填写调查问卷时脸上的专注神情;记得参观“美好乡村建设”示范村高塘村时看到的马头墙上隽秀的“高塘梅苑”字样;记得陈婉姗作为学生代表在汇报会上的发言;记得队员们与王校长面对面交谈。

记得队员罗欣教孩子们手语歌《感恩的心》。记得队员程曦和孩子们一起唱《别看我只是一只羊》。

记得队员王明杨为了避让马路上玩耍的孩子,自己膝盖被撞破,为了防止伤口发炎,在炎热的时节两三天无法洗澡。

记得即使男生们穿着雨衣也被淋得浑身透湿的大雨倾盆的早晨,我们一行7个人从梅渚小学抬着长桌、长凳徒步走到农贸市场。

记得程曦拍照时附近卖烧饼的小贩随口说出的一句“他们这群大学生在作秀,是为了完成任务”,听到这句话时7个人脸上苦涩与无奈。

记得独自抚养三个孩子的单亲妈妈和队员闲谈时,对我们爱心支教的肯定。简单的话语,诚恳的笑容,对我们来说都是莫大的鼓励。

记得7月12日那天傍晚吃完晚饭,我走在回招待所的路上时,突然听到从马路一旁的楼上传来一声稚嫩的叫唤“老师”,那是小班学生陈雪乐在窗边叫我。在那一刻,我发自内心地觉得教师是一个特别幸福的职业。这种感受不是思想政治说教所能带给我的,而是因为有了和孩子们几天下来的接触、相处,我才会有这样的体验。

其实,还有许许多多这样的“记得”,还有许许多多个停驻在我脑海里的场景,还有许许多多让人心头一热的小细节。它们,让我的7月不同于以往的任何一个7月,也让我在千年古镇——梅渚镇的这九天成为记忆里一段特别的回味。现在,我把它们装进成长的行囊,继续行走在青春的路上,去追逐我的青春“中国梦”……

红歌点亮微心愿，师生共筑中国梦

你没有什么不同

2012级汉语言文学　刘　隐

第一次见你的时候，你躲在人群中，怯怯地看着我们。全校的小孩子都热烈地围在我们身旁，争着喊"老师好"，争着得到我们的夸赞，只有你站在后面，想来却不敢来。距离虽远，我还是一眼就看出了你眼里的渴望。我走到你身边，轻轻地问你叫什么名字。你却只是看着我，一句话也不说。我说，没关系，老师又不会骂你。你的眼睛里出现了泪水，你撇着嘴，一副要哭的样子。我没办法，只好不问了。后来，我在你的作业本上发现了你的名字"储婷婷"。你在你的每一本书的封面上都写了自己的名字，三个字，很大，很散，每本书的字都一样。

第二次，我们要举办朗诵比赛。别的小孩都兴高采烈地走上讲台，一个接一个，气氛很好。他们都表演完了，坐在座位上，等着老师点评。没有人想到还有你，仿佛你本来就应该不上去。我走到你身边，问你，准备好了吗，你不说话。我问，你要上去吗，你摇头。我说，没事，没人笑话你，婷婷最勇敢了。我让全班同学给你鼓掌，我希望能给你信心。可是你又要哭了，眼泪都要掉下来了。我知道，我不能再勉强你了。我告诉自己，你太胆小了，我不能太心急，要慢慢地锻炼你的胆量。

这几天我一直在注意你。我发现，你几乎不说话，班上同学也不怎么带你玩。你总是怯怯地跟在他们后面，或是看着他们玩。你这个样子，我看着很心疼。给你改作业的时候，我惊讶地发现，你所有的题目都是错的。你根本就不是做作业，你连每一题的要求都弄不清，我一点都不知道你写的是什么。虽然你的作业页数最多，你每一题都写了，可是，我无从改起。我开始迷惑，你真只是胆怯吗，就算是不认真学习，也不至于连基本的字都不会写啊。

过了几天，我们要进行"讲故事比赛"。为了你们能表现好一点，我一个一个地给你们辅导，每个孩子教两遍。到你了，我说，婷婷，你也上吧，老师教你！你点头了，我很开心。这几天的努力没有白费，你终于肯上台了。我教你读，一句一句地读，我读得很慢。可是，你完全读不了一句。我只好半句半句地教，你才勉强可以读对。我教了两遍，你学得很认真。你依旧是最后一个上台的，可是你只说对了第一句，后面我完全不知道你在说什么。然后你就停了，站在台上无措地看着下面的我们，同学们都笑你。你又哭了，小手不停地擦眼泪。我不相信，我不能任由你这样，我一定要锻炼你的胆量，要给你树立自信。我走上讲台，我让同学们给你鼓掌，我告诉你别紧张，老师和你一起讲这个故事。老师先讲，你跟着老师讲。然后，在我的带领下，你眼眶含泪，声音哽咽地讲完了这个故事。同学们再一次给你鼓掌，我看到你走下去的时候笑了。是的，你做到了！

比赛结束后，我让你们休息一下。同学们都一起玩了起来，你就站在那儿，看着我。我对你笑了，然后，走出教室。可就在我走出教室的那一瞬间，我听到了一句："老师再见！"我惊异地转过头，是的，那是你的声音，你一个人的声音。你就站在座位旁，看着我，那般认真倔强。我无法言说我当时的感受，是惊讶，是感动，是喜悦。我走出教室，心里久久不能平静。你第一次这样，一个人，大胆地喊"老师再见"，声音是那样洪亮。

我一直以为你是胆怯，是怕我们。可是，有一天我向你的老师了解情况时，他说，你的智力有一些问题，记忆力非常差。我终于知道你为什么除了名字别的字都不会写，为什么连一句话都重复不了，为什么眼神里总带着怯弱，为什么同学们都不和你一起玩……我很难过，原来我一直误会了你。

此后，我见到你，总带着深深的自责与愧疚，我为你难过。我知道，在学校里，老师根本就不怎么重视你。你做不好，你记不住，没有人怪你，没有人骂你。你就像一个可有可无的孩子。你的家庭，并不怎么富裕。你穿得也不好，不像别的小女孩打扮得漂漂亮亮。你的父母都是农民，也不知道该怎么去教你。同学们也不理睬你，不和你玩。可是，你明明是那样善良，你会感动，你知道感恩。你也不是很笨，如果有人肯耐心教你，你肯定能记住，肯定能学会。自从那次讲故事比赛后，你不是活跃多了嘛。那次比赛，我们给了你一等奖，奖励你一个精美的本子。后来，你就拿着那个本子抄《弟子规》，抄古诗。你是那样珍爱它。你只是记忆力不好，你不笨，我一直这样坚信。你和其他孩子一样，渴望关爱，渴望得到老师的表扬，渴望和其他孩子一起玩。

你没有什么不同，你和他们一样。如果有人肯好好教你，你也一定可以。我很遗憾，我只能陪伴你10天。临别的那一天，你是班里哭得最伤心的。我想，你或许是害怕，怕我们走了之后，就没有那么多的老师像姐姐一样照顾你、关心你，怕你又要变成老师不喜欢的孩子。我很遗憾，可是我没有办法，我们必须离开。

你没有什么不同，你也可以和他们一样。我希望我下次见你的时候，你不再是眼神里都是胆怯与自卑，我希望你可以和其他孩子一样神采奕奕。我实在是难以想象，如果你一直这样下去，你的未来，你的人生会是怎样。

孩子，你没有什么不同，我始终相信，你也要相信！

生平一瓣荷香

2011级对外汉语　陈　素

我经历了一场梦,梦里荷花飘香。

我们都是荷花。

夏天的夜晚几缕清风,较白日里炙热的高温而言,这是凉风。梅渚,一个江南小镇,名字听上去都那样诗情画意,今天已经是我们到来的第七日了。陪小宇教完广场舞走在回招待所的路上,她累得话很少,我也只好沉默,像头顶夜空满天繁星一样,做无言的陪伴。我从没见过梅渚这样美的星空。我本身是有些近视的,平时不戴眼镜,夜里抬头常只能看见寥落的几颗星,但我心知一定还是有很多星星闪烁在夜空的,有的距离太远,我看不见,有的藏在云里,但它们是真真切切的存在。今夜,有幸,我都看见它们了。小宇说:“我们走走吧!”我点点头。

我们往田间的路上去了,两边都是农田。大约过了10分钟,幽幽的荷花香随风飘来,清新淡然,沁入每寸肌肤的毛孔里。被花香洗涤是很舒服的,心也随之安静。“今天是最后一次教广场舞了吧! 不过,正好阿姨们也都学会了,也复习了一遍。”小宇的语气不免有些忧伤,月光下,侧脸的她,让我看不到表情。我知道她在想什么。广场舞是我们团队暑期社会实践“美丽乡村”文化建设的一项重要内容,由小宇负责。而在我们来此地之前,小镇上的阿姨们已经有在傍晚跳广场舞的习惯,这对我们团队开展广场舞教学也是一个有利条件。只不过,小镇广场舞都是由一位领舞阿姨自学然后再教给大家的。体育表演专业的小宇给阿姨们带来了最新的广场舞,阿姨们甚是喜欢。第二日,小宇未到,她们便互相请教练习了,说是在家也从网上下载了视频练习。动感的旋律、热情的舞蹈为盛夏傍晚的广场注入了新活力,展现出一片新气象。起初,领舞阿姨很配合我们志愿者,也同其他人一起学习新舞蹈,但从昨日起已有不悦神情,今日更是说我们已经教完了,不用再教了。这让志愿者们很无奈,当然大家也都理解。小宇的到来,可能使领舞阿姨觉得自己的地位受到威胁或是失去了原来备受瞩目的感觉,情绪上自然是有些难以接受。好在我们的广场舞教学是完整的一套。我们尽自己最大努力去做了,将自己的热情、汗水挥洒在这片土地上,传递出去的是一种热情、一种活力、一种美,只要有一个阿姨愿意学,就已经足够。好比,无垠大草原的一朵小红花便足以让我欣喜,红花虽有可能凋落,草原却是一个大背景,会有遍地的红花从那背景里生长起来。教广场舞、进行暑期社会实践,也都是这个道理,更何况还有众多阿姨认真学习和支持呢。

不觉已走到荷塘边,层层叠叠的荷叶,三三两两开着花。这让我想起了朱自清先生的《荷塘月色》,他笔下月光淡淡,心境不同。作为正直的知识分子,他渴望自由,想超脱现实而又不能,在苦难中徘徊而又向往未来。而我,虽对现实的某些问题有些失望忧愁,但是极为虔诚地相信世界有真善美,我看到了世界的阴暗面,但我依然深爱这个世界。想到这里,我给了小宇一个拥抱,这是我看来最好的安慰。

其实,我并不拒绝承认这个世界的黑暗,只是,我不认为它会成为主导。7月5日,我们一行志愿者到达梅渚,倾盆大雨里义无反顾进行了"青青子衿"国学班的招生。雨滴落在我们脸上、手臂上,雨水没过我们的鞋,前行的动力不曾有丝毫减退。整个下午,我一直在对家长宣传我们是暑期实践、爱心支教、义务支援,挨家挨户,记不清自己重复了多少遍宣传话语,口干舌燥的感觉有些强烈。当我们走进下一家,突然听到身后几个家长在那儿议论,"什么免费呀,都是骗人的,到后来肯定要让你买资料或教材"。这让我觉得悲哀。我不知道是什么样的经历或见闻让这些家长失去了人与人之间基本的信任,社会道德的滑坡已经引发了严重的信任危机。我立刻调头,去向那几位家长解释,我们不存在任何收费的可能。诚恳的态度,坚决的语气,让他们答应会同孩子一起去小学了解一下。由于雨水太大,我和另外两名队友被困在老街的一个屋檐下,看着手中一行行增加的报名表,略有安慰,还是有很多家长选择相信我们,我们亦会以实践向疑虑者证明。雨遍布天地,渴望雨水下得大些,再大些,冲掉积累的尘埃,还这世界一片明净。

时间会替我们说话。

他们等到了,我们也等到了。我要如何细数那些点滴时光?所做之事可以数得过来,当时的感动却是苍白的文字难以表达的。文字感受不到炎炎高温,流不出滴滴汗水,看不到白天黑夜。为了给学生最好的课堂,那些深夜里的备课笔记抒写得细致而认真;为了丰富学生的课外生活,素质拓展活动设计得多彩而有趣;为了保证学生安全,烈日下放学路上志愿者陪伴护送;为了建设美丽乡村，民生工程相关政策被细细解读……9个忙碌奔波的白昼，9个不曾早眠的夜晚。让我愉悦的是，我们赢得了那些曾对我们有疑虑的人的信任与支持。他们说："你们要是能再待些天就好了。"这一句，一切便都值得了。

社会就像眼前这一片荷塘，经历过欺骗、挫折打磨的成年人，变得世故，心也会随之坚硬，就像是荷花被蒙上厚厚的尘埃。若能用清水荡漾，使其褪去尘埃，恢复本真，才是最好。而孩子，更像是未出淤泥的荷花，你不能用厚重的泥土去堵住它生长的方向。

孩子，不仅仅是这个世界真善美的典型代表，也将是真善美的传递者。他们性格纯真，对于这个世界充满渴望。在"我的梦想"主题演讲比赛上，听着他们对于未来的幻想，看着一张张笑靥如花的脸庞，我仿佛看见十年前的自己。那时的我，一定也是这般纯净如白雪的少年。飞行员，教师，志愿者……那些也是我们年少的梦。我不能，也不忍心告诉孩子们当飞行员是有多困难，当志愿者有多艰辛，我必须要保留他们对于世界的期待与梦想，我必须要呵护他们纯真的心。生活、生命没有那么多需要"早知道"的事，他们要早知道的话，就不是少年了。此刻，我只想赞美他们这些梦想，给他们鼓励，呵护他们幼小心灵里藏着的真善美，让他们有希望有追求地过好今天。现实与理想的差距，总有一天他们会自己经历。但愿，他们能和我一样，在了解之后，依旧尽全力去爱这个世界。那样，真善美，就在岁月的长河里延续下去了。

我向来不是一个好大喜功、眼高手低之人。身为实践团队队长，从未指望通过短短几天的实践为社会做多少惊人的贡献，事实我们也做不到，但我从来不会低估我们贡献的力量。我们所做的一切都有意义，这一点，不容置疑。我更愿意把暑期社会实践看成一个传递真善美的平台，把我们大学生青春的活力、我们待人接物的真诚、我们人性里的善良、我们对于这个世界的热爱，把一切美好的精神都化作荷花清香，使其飘散到各个角落，芬芳我们的生活。所以，只要学生因为我们而对这个世界有更多的期待，村民因为我们而更多地了解民生政策，家长因为我们而重新拾起对陌生人哪怕是一点点的信任，我就觉得这个夏天，没有虚度，来梅渚小镇一遭，确有必要。有时候我们会看到很多的黑暗，像夜空的乌云，遮挡住那些星星，但请不要失望，美好真实存在，漫天而布。就像此刻，我一抬头，便能看见。

把"真善美"三字深深地嵌入我们的生命里，长成一支出淤泥而不染的荷花，清新自己，芬芳他人，装扮世界。

我是云南糖葫芦

2011级汉语言文学　陈　丹

我孤立无援,像一根糖葫芦,用糖衣包裹着满腹酸楚,立在那本可栽培桃李万千的“邦庆”讲台。

——题记

打小我便爱吃糖葫芦。轻轻咬开糖衣,甘甜便在舌尖。再深深地咬一口山楂肉,酸甜的味道便渗入口中,刺激着味蕾,躁动着心跳,让你情不自禁地一口接一口,一个接一个！虽然会酸牙,会腻人,但是,在火红的果肉面前,舍弃一点,都不情愿。

从安徽芜湖到云南昆明,而后又沿着盘山公路攀登到位于普洱市海拔两千多米的哀牢山上,从火车到快客再到面包车,三天多的路程,我都没有看见有卖糖葫芦的,自然,更是没有吃到一颗。

但是,当我成为“邦庆完小”的代课老师而站在三尺讲台上时,当我在稍显破旧的小学看到这样一群孩子时,我就在一瞬间找回了那样一种感觉,一种像在吃糖葫芦的感觉,甜而酸!

顽皮、乖巧,可爱、可怜,希望、绝望……我在这些孩子身上看到了太多分明是不同类别却又紧密交缠在一起的词汇。他们下课爱疯爱玩却也十分懂事听话,他们脸蛋嫩嫩、眼睛闪闪、可爱非常,却很多是爸爸不要、妈妈不在,身世可怜的孩子。

在山上授课的十几天里,我越来越觉得,我像一根孤立无援的糖葫芦,用糖衣包裹着满腹酸楚。

外在糖衣的甜蜜不是因为我发挥了自己的师范生特长,在这里用知识和孩子们一起徜徉;我甜蜜不是因为他们经常用小小的手儿举过头顶给我敬礼,用软软的嗓音喊我老师;我甜蜜不是因为他们上课扯着嗓子认真努力地想要读好我教的课文,争着抢着回答问题……我甜蜜仅仅是因为他们现在过得幸福开心，是一个个无忧无虑的孩子！

但是同时，深深的无奈感像是那医院里弥漫的消毒水的味道，让人心烦，令人抓狂。“走出大山”四个字，如此简单，却是这里大部分孩子最遥远的奢望。他们，也像是一根根冰糖葫芦。可是，童年的幸福糖衣被全部吃光后怎么办？年幼时家人的呵护、学校生活的幸福被逐渐消逝的光阴转变成独自面对生活的无尽压力后他们怎么办？

经济落后，使他们客观条件差。没有幼儿园直接上小学，师资力量有限，理解能力偏低，等等，这些使他们接受起知识比城市里的孩子慢很多。在家说彝族话，念书用普通话，双语环境使他们的写作水平并不理想。我这根冰糖葫芦体会到了诗仙那种天堑难架通途的蜀道之难感。校长说，每一届几十个毕业生只会有几个能去县里的初中继续念书，走出大山的更是少而又少。我问校长：那剩下的呢？剩下的？他们，可能会去娶老婆或者嫁人吧，十几岁就怀孕生孩子，在家干农活的在这里很普遍。教育对于这些孩子而言，仅仅是方便他们以后认识化肥上的名称、钞票上的数字。

靠山吃山，他们的家人，可并不打算靠知识来改变命运。呆呆地看着在不远处玩耍的班上最小最漂亮的女孩严馨怡，我想象着可能在我刚刚拥有一份稳定工作，正在为未来奋力打拼的时候，她就变成了一个皮肤黝黑、粗糙，指甲缝里塞满泥土，背着个娃娃在山腰边上的地里面朝黄土背朝天辛苦耕种的农家妇女；不能用自己的头脑将糖浆灌溉在生活的果肉上，只能任由着岁月这把无情的刻刀将生活割裂得只剩下她们家猪圈里猪仔们的阵阵嚎叫时，我瞬间被自己的想象惊起了一层疙瘩。

以前不懂的，渐渐的，我开始懂了。

挑刺儿总是比给答案简单，如果要我给这里的教育提些建议，那么我可以提出很多我用眼睛看到的、用身心感受到的不足之处，我也可以运用自己在城市里多年学习生活的经验提出很多充满美好的建议。但是，在和当地老师、乡里的教育部门领导交流后，我发现，我提出的很多建议都是那样无力，是那样没有实效性、可行性。的确，我能带给孩子们的太少太少，所以我分外沮丧。

有人说，支教？太假了！打着奉献爱心的幌子，带着孩子们玩儿，你们以为十几天的时间能提升孩子成绩？你们以为，你们以为……你们可以“以为”的太多了！你们可以做的却是有限！

可是，我这支糖葫芦，确实是每天为孩子们的无忧无虑而欣喜，为他们不能走出大山而苦恼。也许我的苦恼、我的用心，我们整支队伍的努力不能改变这一代大山里的孩子，但是，愚公移山，找到了方向后，大山是不是不再那样高大而不可摆脱？大山里的孩子是不是不会再那样渺小而无望？

我拿了解社会来激发自己，我拿激发自己来走进社会，我拿走进社会来奉献社会！

对孩子们未来的无助感，我想用文字替他们呐喊，用知识去替他们解决，但是，茫茫宇宙，我终究渺小得不过如一粒尘埃，所以，我希望，但凡看过此文的诸君，能伸出援手，拉一把你身边的孩子，有可能的话，将爱分一些给大山深处的孩子。

别忘了，我们终究是人，是进化了的人，是融入世界并且能够改变世界的人！

是时相遇在符离

2011级汉语言文学　汪琳莹

我不知道用什么话能比“是时相遇在符离”更能贴切地形容我们的暑期社会实践之行。虽然只有短短的八日，但是足够让人若干年后，坐在书桌前，微微笑着，还记得当年，那场2013年盛夏青春的约定。

——题记

“为什么喊他们姐姐，却只叫我老师？”

“因为你比较老。”

“姐姐好”“姐姐好”……“老师好”，那个叫子豪的孩子见到我们总会很礼貌地打招呼，但渐渐地我便从中发现，他对我的称呼总是“老师”而不是对其他女队友的“姐姐”。

我这种注意其实是有故事的。初识张子豪是在我第一天下午的《弟子规》讲读中。当问到有谁能跟我们说一说没有注释的序的时候，班上鸦雀无声。我注意到第一组第一排左边的那个穿着白色T恤的小男孩，当然，这个小男孩不是我们的子豪同学，那个小男孩站起来不说话只是盯着课本。就在我刚请他坐下后不知道哪个小女生突然说了一句“张子豪会”，那个白衣男生边上的穿着橙色衣服的男孩随后叫了声“张子豪不会”，我接过男生的话说“你又不是张子豪，怎么知道他不会呢，来，张子豪同学，咱给这个看扁你的同学露一手”。在全班的哄笑中我记住了那个穿橙色衣服的小男孩——张子豪，有个队员在课后开玩笑跟我说“子豪说子豪不会哦”。

在后来的相处中我发现，其实子豪在这帮孩子中还是挺有人缘的，他是个懂礼貌的孩子。开头的对话便发生在我忍不住跑去问他的某个课间：

“为什么喊他们姐姐，却只叫我老师？”

“因为你比较老。”

我曾以为张子豪是不喜欢我这个老师的，最起码在我挨个帮大家解决作业上的问题时他从来不问我，在我带着大家玩英语角游戏时他总是喜欢和我对着来，我曾以为……

但在12日那天早上的汇报演出结束后，当我提着两个板凳在班级门口遇到眼眶通红的他时，在他从我手中抢过这两个板凳放回班里时，在他主动帮我把所有的位子排好时，在他再也忍不住流下眼泪拽着我的衣角问我什么时候回来时，在他点头听着我在他面前唠叨好多遍“上课要好好听课，作业不懂就要问”时，这一切的一切不是用言语可以说清道明的。

那一种孩子式的别扭的表达感谢和喜欢的方法，那一种别样的关注，每当回忆起来都会闪过张子豪那张抹着眼泪别过头倔强地说没哭的样子。

子豪，与你相遇在符离的七月，正当时！“姐姐，姐姐，这是送给你的。”

“这是你们第一个家访的对象。”在郝雨告诉我的时候，我顺着她的手看向了这个小女孩，当时的她正红着脸大声地跟着老师诵读。放学后我们聚在一起，两个要被家访的小女孩，拘束地坐在我们对面，我们五六个队员也同样有些紧张地面对着她们，这是我们人生中第一次扮演一个家访者的角色。我也第一次认识了这个有些害羞又不失活泼而有些倔强的小女孩——张楚彤。

在家访过程中，楚彤的妈妈一直在跟我们交流，楚彤则乖巧地坐在妈妈边上，细细听我们谈话的内容。当我们的眼神不经意对上时，小姑娘总是迅速低垂眼帘避过我们的视线。害羞，便是我对这个小姑娘的最初印象。

或许家访真是一个很神奇的催化剂，在这之后我和小楚彤的关系有了很大的飞跃，她虽仍旧羞但会在下课的时候跑到我身边跟我谈上那么一句两句。随着慢慢熟悉，她对我慢慢地卸下了那种疏离和陌生的防备，也让我有幸成为她的大朋友。不知道是不是错觉，我从这个小女孩身上依稀看到了小时候的自己，在英语课上扯着嗓门读单词和课文，往往一堂课下来嗓子便哑哑的了，但还在下节有读书的课上依旧扯着嗓子大声跟读。

“姐姐，姐姐，这是送给你的。”楚彤塞给我一个漂亮的蓝色百合，神秘地让我一定要在回家的时候才能看。好吧，我的确没忍住，在当天晚上就拆开了这朵蓝色的百合花，里面是她那被我戏称“像是在集体跳大绳”的字：“姐姐，现在到家了吗？不能忘记我啊，我也不会忘记你这个高个子大姐姐。”我的眼泪一下全部堆积在眼眶中，一种还没有离开便已经恋恋不舍的感觉在每个细胞里充斥着。

楚彤，谢谢你的不忘记，谢谢你肯把我当作你的大朋友，谢谢你信任我让我走进你的世界。

楚彤，与你相遇在符离的七月，正当时！

"你们干吗不待在芜湖跑到我们这来啊，我们这又不是穷乡僻壤还要你们来支教……你们帮忙给多少钱啊。"

没有经历过别人的不理解的人生是不完整的，我们的第三天家访便让我这次暑期社会实践完整了一次。

当我们和孩子一起走进他家门时，孩子的爸爸和他爸爸的一位恰巧来拜访的朋友用很戒备的眼神看着我们。这几天家访一直顺风顺水，这让我们突然心里没了底。在介绍了我们是安徽师范大学来的暑期社会实践的支教志愿者以及今天来是想了解一下孩子的学习并传授一下我们的学习经验之后，孩子爸爸的朋友很狐疑地扫视了我们一遍：

"安师大？在芜湖？"

"你们不在芜湖跑这么远到这里干吗？"

"支教？支教不是去一些穷乡僻壤吗？我们这里又不是什么穷乡僻壤，你们来我们这里支什么教？"

"哦，你们支教是给当地孩子传授一些学习方法啊，那你们现在就在符离中学支教？你们帮忙给多少钱啊？"

在得知我们是完全义务不收钱的时候，他好像完全不相信，在我们和孩子的妈妈交流的间隙他还是会不依不饶地问我们是不是什么培训班的代理人啊，又问我们是不是要推销什么，对于这样的不理解，虽然有些委屈和不愉快，但我们仍旧一遍遍重复是义务的，我们只是来传授一些学习方法的。一直到我们分文不取地离开，那位叔叔好像才相信了我们的义务性。

钱，并不是这个社会衡量人的唯一指标，当我们带上利益的有色眼镜去看世界时，我们会惊恐不已，似乎这个世界都是千方百计想要从你这里获取利益，我们需要给我们形形色色的眼镜和面具放个假了！

这位叔叔，与你相遇在符离的七月，正当时！

"我会牢牢记住你的脸，我会珍惜你给的思念，这些日子在我心中永远都不会抹去……"

7月12日，自我们7月5日来到符离算起，八天已过，到了该说再见的时候了。在之前我们所有队员都无法想象也不愿去想象这场离别，大家能相聚在一起是缘分，在符离的这几天让我们更加情同兄弟姐妹。大家在一起苦过、累过、笑过、哭过的这八天啊，在我们所有人的心中永远都无法被抹去。我亲爱的队友们，我亲爱的带队老师杨老师，我们相逢在符离，虽短暂却让人刻骨铭心，我最亲爱的你们，珍重，珍重！

当天早上的文艺汇演，再也抑制不住离别情绪哭成泪人的志愿者和孩子们，合唱着那首《再见》，当孩子们纷纷扑过去拥抱将要离开的我们时，当我看到子豪泛红的眼眶和楚彤那早就哭花了的脸蛋时，一种浓浓的爱意将我包围。

当我们吃完中饭回来看见守在教室门口翘首盼着我们的孩子时，眼泪又一次汹涌澎湃，是的，我们要离开了。袁媛说："我把心落在了这里。"是啊，我们都把心落在了这个淳朴可爱的符离小镇，我们都把心落在了这一群活泼可爱天真善良的孩子们身上，我们把心落在了我们一起生活过的这盛夏里。

"离离原上草，一岁一枯荣。野火烧不尽，春风吹又生。远芳侵古道，晴翠接荒城。又送王孙去，萋萋满别情。"

暑期社会实践之所见所感

2012级汉语言文学　梁　宁

7月3日，随着写作教程这门课程考试的结束，暑假正式来临，暑期社会实践也就自然而然地随之而来了。回想这个暑假，真正是忙忙碌碌，来回奔波。首先是暑期社会实践——茶文化调研，然后给小孩子补课，再者是在工厂做包装工作，最后就是回老家办事。总之，这个暑假过得是很特别的。而在这特别的暑假里收获多少不好说，但感受颇多。

公交车情思

7月4日，天气晴热。我们一行十人挤上座无虚席的公交车，我们就像水彩笔一样，一支一支地插在人群中。由于没有空调，天气如此热，人又多，汗水混合着烟味以及食物的味道，令人蹙眉。当时我就想起了家乡烙烧饼的情景，此时的我们就像一个个快要烤熟的烧饼。几站过后，上上下下，车内仍不见有多大的空隙。无意间看到车上多了一对父子，父亲年龄不大，身高不算矮，瘦瘦的，皮肤很黑，穿着一双拖鞋，头发乱蓬蓬的，如枯草一般，隐约可见有沙粒点缀其间。因为车厢拥挤，下脚的空间很小，他不得不一手抱起孩子，一手抓着扶杆，以防摔倒。岁月在他的脸上刻出了沧桑，也道出了无奈。又过了几站，大概是累了，父亲把孩子放在了他的大腿上，一手揽着孩子的腰。孩子很乖，一直用眼瞅着我们，好像我们这些戴着眼镜的像"怪物"一样，还不时抬头喊着"爸爸"。而那个父亲一直没说话，不时抬头望着窗外的站牌，可能是怕坐过了站吧。看到这一幕，不知怎么的，我就感觉好心酸，做父母的好辛苦。或许有人会说我矫情，笑话我这种"悲天悯人"的情怀，但看到这样的情景，我就是忍不住会多看两眼，忍不住会猜想他们的生活状态。可能是因为与他们有着相似的生活经历，看到他们就好像看到自己小时候一样。小时候，爸爸外出打工，妈妈一个人带着我和年幼的弟弟，又要下地干活，当时爷爷奶奶也不管我们，为了防止我们出事，不得已，妈妈只得一手抱着弟弟，一手拿着农具，我扯着妈妈的衣服跟在后面。这些模糊的记忆，现在因这对父子而变得愈加清晰了。再看多大的一个孩子，就要随着父亲挤公交车，到处跑。就算有什么要紧的事，为什么要带着个孩子呢？家里难道没人照顾他吗？就算需要带上他，干吗挤公交车呢？明知道公交车不好挤。这所有的一切都让我迷惑不解，但有一点可以确定，就是这位年轻的父亲一直在努力使家人过得更好。

江南情结

公交车最终把我们带到了此次茶文化调研的目的地——三山区峨桥镇。在这里我见到了所谓的徽派建筑，但这徽派建筑给我一种不伦不类的感觉，后来才知道，原来是修整过的，不是以前留存的徽派建筑。当地人说这边还有留存的青石板路。在做完调查问卷，参观完茶罐包装制作厂之后，我打算去走一走青石板路。“南朝四百八十寺，多少楼台烟雨中”，对于江南我有一种偏好，在我的印象里，江南总是细雨绵绵、烟雨朦胧的感觉。常常幻想，撑着一把油纸伞，在阴雨霏霏的天气里，踏上长满绿苔的青石板路，在雨中再邂逅一个婉约的江南女子，默默地彳亍着，哀怨又惆怅。“采莲南塘秋，莲花过人头。低头弄莲子，莲子清如水。”江南的采莲女，如莲子般清婉动人，明眸皓齿，总是带给人美的享受。或许从小生活在北方的原因，北方一望无垠的平坦大地，让我对南方的小桥流水人家，有着极深的向往。其实对于江南我是不甚了解的，仅仅局限于古代诗人笔下温婉的江南而已。“江南好，风景旧曾谙。日出江花红胜火，春来江水绿如蓝。能不忆江南？”一首《忆江南》俘获了我的心，让我从此对江南念念不忘。柳永、李煜、温庭筠等诗人描绘了一个诗意的江南，我活在他们用诗编织的梦里，不愿醒来。可随着时代的变迁，昔日的建筑，昔日的青石板，还有那清婉动人的采莲女，都只存在前人的记忆里。今天的这个江南小镇已非昔日的小镇，来来往往的人中少了采莲女的身影，纵横交错的阡陌，少了长满绿苔的青石板路。“人生代代无穷已，江月年年望相似”，大抵就是如此。只恨天公不作美，那天下起了大暴雨，加之几天来回跑，还有之前的心理落差，让我没了那个兴致，于是就匆匆收拾收拾回去了。

茶香哀愁

不懂茶的我，对茶并没有什么概念。茶的前期生产制作，后期加工，再到后来的销售，以及茶的品种，价格的高低，质量的好坏，这些我都不曾了解，也不曾想过去了解。中国是一个拥有悠久饮茶历史的国度，在长期的产茶、制茶、饮茶的过程当中，馥郁的茶香萦绕，形成了浓厚的茶文化底蕴。在我的印象里，茶和仙风道骨的老者是分不开的。清晨或傍晚，在院子的圆形石桌旁，一位白发苍苍的老者，着一身道袍，长长的胡须，随风飘荡，一身正气，两袖清风。泡一壶茶，邀两三好友，于晨曦中或夕阳下品茗，好不惬意！"自从陆羽生人间，人间相学事春茶。"说到茶，这里不得不提一下陆羽这个人，他对茶的贡献很大，熟悉茶树的栽培、育种和加工技术，并擅长品茗。这大概就是我对茶文化的所有了解。我想世代生活在这个茶镇的居民，对此应该都会有所了解吧，但事实上，当我们做调查的时候，发现居民对茶文化知之甚少，尽管他们知道茶的价格，能分清茶品种、质量的好坏。

一晃几天过去了，茶文化调研活动也结束了。有苦有累，有笑有甜，在这过程中我享受到了爬山的乐趣，领略到了"一览众山小"的风光，增长了有关茶的知识。虽然有点遗憾，但还是有些收获的，也算是不虚此行了。

送给最可爱的你

2012级汉语言文学　施　瑶

我不是教师，我是指路人，你向我问路，我指向前方，你的前方也即我的前方。

——题记

2013年7月5日凌晨1点整。路灯下的空气被映成橙红色，灯光把建筑物的身影拉得老长，深夜的文津路格外宁静。道路上一阵行李箱滑轮的声音，14人的团队迈着统一的步伐正式开始了一段青春路途。我们是来自安徽师范大学文学院的学生，我们志愿参加暑期社会实践，前往宿州符离进行义务支教，我们属于一个团队，我们重访乐天古原。在那里有一群可爱的人，可爱的学生。我们是一家人。

带着鼓鼓囊囊的行李，包裹着大大小小的梦想，14个陌生的人走在同样一条道路上，担着一份责任，拖着的是我们的期待。我们渴望带去更多，只要能拉去的，我们都会尽力。不仅是可见的，更是无形而无尽的。在相互搀扶下，在万般焦急和紧张的情绪中，等来凌晨1点的火车，我们之所以紧张，是生怕火车晚点，耽误行程。踏上火车，坐了下来，心也就定了，可以有个地方暂时停歇，不去想以后的事，可是总是闭不上眼睛，因为我知道等太阳升起来的时候，将会是不一样的世界，所有迫切想看见的都在等待着我们的到来。可爱的你，我们就要见面了。晚上的车厢总是那么嘈杂，在我们这个家庭里，你先睡我来照看行李成了心有灵犀的默契。随着火车的前进，我们前往另一座城市，再次睁开眼睛的时候，清晨第一缕阳光透过薄纱散落在座位前，也许下了一场大雨的缘故，阳光里泛着彩虹的颜色。没有乌云的晴天，自来到宿州那天起，就一直那么明媚，像志愿者身上的衣服，像符离镇的砖墙，像这里的全部——符离中学，我们见面的地方。

“弟子规，圣人训。首孝悌，次谨信……”时隔很久，这段文字还时常出现在我的脑海里，学生们洪亮的读书声还会在我的耳边突然响起。我永远都不会忘记那个下午，第一次以老师的身份站在讲台前给学生上课。经常站在讲台前说话的我也会有莫名的紧张，对着一张张稚嫩而可爱的脸庞，看着他们渴求而澄澈的眼睛，这种紧张伴着新鲜而刺激的感觉。孩子们整齐而洪亮的声音挤满小小的教室，对我这个初体验的老师来说，是最大的鼓励。看着他们的眼睛，我很欣喜，一股酸酸的液体涌上鼻尖，刹那间的感动让我颇为满足。我不是老师，我只是指路者，学生们向我问路，我指向前方，他们的前方也即我的前方。我人生中的第一节课只有半个小时的时间。短短30分钟，我教不了他们多少知识，我希望自己可以给他们带去帮助，让他们在前辈的身上看见通过努力就可以实现的梦想和未来。我教会他们一个拼音，他们就能多认识一个字，教给他们一个道理，他们就可能多看到一份美好。通过实践，在给他们指明方向的同时，我也看清了自己的目标。站在讲台的那一刻，透过无数双眼睛，我看见了不一样的风景。在那一刻，鼻尖上的温柔化成露珠滋润了开在心间的花朵，整个山谷挤满争先恐后的芬芳。我明白，我面对的就是整个大海。我喜欢站在讲台上的感觉，这坚定了我当老师的信念。这就是我人生中的第一课，可爱的你，我们就这样见面了。

在宿州的日子，一览无余的蓝天，像孩子的脸庞一样，笑得那么灿烂，连大哭的时候都咧着嘴。高温天气持续，没有雨水的夏天有冲刷不掉的热情。“老师，你们什么时候走？”“我们想让你们留下来，和我们在一起。”和学生在一起做剪纸，有一位女生这样问我。一时说不出话，不知道怎样去回答她。按照要求，学生会在做好的剪纸上写上祝福的话送给自己最喜欢的人。她们不会写祝福，就画上笑脸，添上花儿，走到志愿者老师的面前，把爱心送给我们。我们没有问为什么，只是微笑着，高兴地收下人生中最宝贵的礼物。学生们纷纷拿着彩纸走到我们面前，让我们留下签名。我们只顾低着头，把最美好的希望送给她们，笔下的白纸拼命地更替，签到手酸，也生怕会遗漏下宝贵的话语。简简单单几句话，我们试图用自己的方式给他们鼓励。山村的孩子很内向，有些因为家庭的原因变得自卑，我们真心希望这些孩子在我们的帮助下，可以重拾信心，在我们的关注下，能够体会到温暖。有一位名叫杨子成的男孩，我给他留下这段话：“相信自己，你会是明日最灿烂的太阳；坚持梦想，只有它才可以帮你改变未来。”杨子成家境贫寒，一次家访经历让我们认识了这个可爱的男孩。在义务支教的过程中，我们明白要多关注那些内向的学生，因为真正的帮助不只是在一起开怀大笑，还有给他们带去改变，告诉他们，我们会和你们永远在一起。

和孩子在一起的日子总是因为美好而短暂，总是因为难得而深刻。我认识了一个个可爱的脸庞，我们每天在固定的时间见面。你喊我一声“老师”，我对你轻轻点头微笑；你会问我问题，有时也许会吵吵闹闹，但总是一想到你就那么开心。短短7天，我走过最长的路是到一个学生的家里做家访，足足两个小时，走到太阳没了影子，田野望不到边际，到了地点，心都酸了。我们只走这一次，孩子却要走上数年，我们答应他的母亲，明年还来，路再远，走也要走到；返回的路上，一辆火车从我们身边的白桦林的那一头，开向远方。短短7天，我听说了很多可怜而心酸的故事，他们就挣扎在温饱的边缘，生活在很多人没有注意的角落。然而，我在一个个渺小的身躯上看见了坚强的翅膀，他们愿意在教室里独自留下，因为可以省点电省点钱；他们愿意独自坐在前排座位，只因后面太吵听不清老师的声音；他们有人长大后想成为一名医生，因为要治好姥姥的病……他们过着我们会埋怨会嫌弃的日子，却活得比我们要开心要认真得多。他们只比我们小那么几岁，承受的却是我们无法想象也永远没有经历过的；他们喊我们老师，但与他们相比，除了知识，我们倒要向他们学习。短短7天，我认识了这世上最可爱的人。

时间犹如一条深蓝色的河流静静流淌，悄无声息，趁我们不注意的时候，偷偷把日历卷走，让我们相处的时间越来越少。暑期社会实践最后一天，我们进行汇报演出。莫名的忧伤会不时涌上来，深吸一口气，站在教学楼的三楼俯瞰整个校园，仿佛每个角落都浸透着离别的气息，看着老师们和学生们合影留念，快门按下时的微笑好像下一秒就会渗出眼泪来，叫人心酸。我们相处7天，我清楚地知道，等我离开了，我会想你们。你们已经成为我生命中的一部分，不管我走到哪里，你们都是我心中的微笑。

2013年7月12日下午5点，火车正点离开宿州。来时是一个天气晴朗的日子，离开时阳光依旧那么明媚，我们的生活就如这片天空一般，淡淡的云，飘着棉花糖般淡淡的香味儿。我们就这样来了，走了，来时带着满心期望，走时满载幸福，拉着同样的行李，却分明重了许多。

把心中所有的爱写成不会褪色的文字献给这个美丽的故事，给这14个“不知天高地厚”努力潇洒的年轻人，献给那片土地上最可爱的人，感谢他们留给我这段宝贵的记忆和一生受用的财富。

我宁愿世界长久是冬天

2011级汉语言文学　程韵蕾

推开留守儿童活动中心的那扇门,就像推开了一段沉甸甸的时光。里面的孩子和外面的孩子一样,一样乱动乱窜的小手小脚,一样湿漉漉亮晶晶的眼睛,对着陌生的人陌生的事有着异乎寻常的热情,丝毫没有戒备之心。我猜测:这是不是他们内心的一种干涸?就像幼小的婴儿一样,没有安全感,渴望拥抱、亲吻和抚摸……

有一个拥有黑黑肤色的男孩子,微微有一些拘谨,时而露出一口稀疏但洁白的牙齿,和我们说他的爸爸、妈妈,脸上却有着与年龄不相符合的茫然。

"爸爸、妈妈在哪里?"

"在北京。"

"什么时候回来?"

"冬天。"他歪着脑袋想了一下,补充道,"过年的时候。"

"暑假有没有见到他们?"

"没,妈说那边忙。"

"想不想他们?"

这个问题就像是冒犯到他似的,他猛地坐直身体,摸摸鼻子,像赌气似的重重回答道:"不想!"

看着满屋子的孩子活蹦乱跳地抢答我们的问题,看着小小的男孩获得了那个大大的玩偶奖品开心的样子,我想,那个抱着玩偶的孩子会和谁分享他今天的喜悦?是微微耳背的奶奶,还是学校里要好的哥儿们?

等到我和朋友出门的时候,我注意到了穿着一模一样的双胞胎,他们的爷爷开心地拿着一个相机吃力地追着那对羞涩的孩子,嘴里不住地说着:"这么多大学生姐姐和你玩,还不照一张,来,笑……"

我心里微微地犯了酸,在那里面,这些孩子,能够控制自己的理性去理解去期盼,他们虽然赌气地说"不想!"但是清楚地知道爸爸、妈妈是为了自己,那么就应该听话。但是他们的感性会不受控制地偏离预想，若干年以后，他们兄弟俩一模一样的脸上，会浮现出类似的表情，称之为回忆。

这个白发的老人满满地充盈了他们的心房，而有着血脉联系的爸爸、妈妈，会不会只是提着行囊一去不回头的背影？

遇　见

2012级汉语言文学　冯　甄

我在七月盛夏里遇见一群天真善良的孩子，遇见一队风雨同行的战友，遇见记忆里不一样的小镇，遇见一首童年与青春交织的华章，遇见一个更加成熟的自己。

熟悉的夏天，熟悉的蝉鸣，熟悉的教室，熟悉的一切，那些曾经沉淀在记忆里遗忘在岁月中的点点滴滴，在我踏进校园的那一刻涌上心头。

在这个名叫梅渚的小镇，我度过了人生中最肆无忌惮的五年。离开八年后再次回到这里，收拾好心情，我走上讲台，执起粉笔，决心过好这十天。

翻看电脑里的一张张照片，时间倒回七月。记得自己是怎样满心期待地连夜收拾赶往小镇，记得我们一行十五人几乎一下车就被突如其来的大雨淋透，记得第一天下午我们冒着大雨搭起简易的招生点，记得雨水泥水汗水里我们挨家挨户地宣传解说。晚上躺在床上，心里有些忐忑，担心未来几天的计划是否要被大雨冲得一塌糊涂，担心会不会影响到招生人数，担心自己能否适应老师的角色。

而当我真正踏进教室，走上讲台，面对着那样一群有着闪亮眼眸的孩子时，我才明白自己的担心是那样的不必要。被别人需要一定是一件非常幸福的事，我一直这么觉得，而到了这群孩子身边，我才明白被人期待同时也意味着责任和慎重。尤其是当我站在儿时凝望了无数次的讲台上时，我无时无刻不在思考着自己站在这里的意义，要给台下每一个孩子最好的收获和最真的感动，回应他们那份最简单最单纯的需要和期待。记得每次一有情况，孩子们马上就呼天喊地冲过来喊老师，一会儿这个哭了，一会儿那几个打起来了，一会儿东西丢了，孩子们总有耗不完的精力和一耗就完的耐心，于是我们每一天都会被各种各样的情况包围。而更大的挑战，其实是上课。

因为招生无限制，我们的学生年龄差别很大，从学前班到初中生应有尽有，而我所负责的小班学生情况更是参差不齐，这给我们的备课和实际课堂操作带来了不少困难。令人欣慰的是孩子们的学习热情不管怎样一直都很高涨，只教过一遍的内容他们就可以清清楚楚记住。听着每天早上都会响起的琅琅书声，在偌大校园里悠扬，我都会发自内心地感受到满足和幸福，小小地在心里得意一下：这是我们班的孩子。于是，一遍遍地带读和教授，一个个精心准备的例子和故事，还有每晚亮到深夜的灯光。我们竭尽全力打开孩子们对于国学经典的兴趣，做好我们可以做好的，虽然辛苦，但值得。

也总有那么几个特别顽皮的小男生，上课时总会不停地有小动作。尤其是那个名叫优优的胖胖的男孩，不好好听课甚至根本安静不下来，直到我发现他乃至他们的故事。

那天我恐吓他说再不乖乖听课就告诉他妈妈，他几乎毫不在乎地告诉我他爸妈早就去世了。之后通过走访了解到他的情况，我感觉到的只有更多的无力感。我不知道自己可以做些什么来改变他的现状。有不少这样的孩子，因为过早地失去了亲人而更加敏感，更加孤单，更容易叛逆。但是，我确信他是想要证明自己的，只是还没有找到适合自己的方法。接下来的几天里，我尽可能地多多关注他，时时刻刻地引导他勉励他，给他更多的上课发言机会，告诉他只有通过努力才会收获想要的成功。也许短短几天我们不可能为他带来什么巨大的转变，但在潜移默化之中，我欣慰地看见他已经悄然发生了变化。那天他拿着书法比赛的奖状，我看见他欣喜万分。或许每一个经历过孤独或者不幸的孩子都会有颗异常敏感的心，我们无法改变他们的际遇，但是哪怕一点点的关怀都会带来意想不到的变化，其实我们的力量并不是想象中那般微薄，我们能做的还有许多。

记得汉服展示那天下午高温热浪，当时湿透了衣裳；记得我们熬夜苦苦排练节目，悉心准备，精心呈现。那一刻，我们穿上汉服，衣袂飘飘的汉装赋予我们大气朴素、厚重深沉。古筝，书法，朗诵，唱诗，我们精心准备的节目加上典雅高贵的汉装，换来了孩子们的惊叹和乡民们的喝彩。我们为这里的人们打开一扇窗，为他们提供一个接触外界文明、体味汉唐文明的平台，这难道不是身为中华儿女，作为安徽师范大学中文系人，最幸福的一件事吗？穿上汉装，我们将中华子孙共同的感动传达，希望这份感动，可以带给人们更深的思索，给心灵深处带去一丝触动。

从最开始的雨中招生到日常的课堂教学，从丰富多彩的活动到深入当地文化的调研走访，短短十天里，我从实践中得到了各方面的锻炼，在奉献里收获了别样的感动和成长。在那些与孩子们朝夕相伴、与队友日夜奋战的日子里，我收获了最真的情谊和最美的回忆。实践是辛苦的、忙碌的，但不乏快乐和充实。支教让我体会到了作为教师的辛酸与苦辣，同时也让我在教育实践中得到了历练。当我真正投身到基层乡村的文化建设实践里时，当我们的行动得到人们的认可和支持时，十个日日夜夜的付出让我真真切切地认识到，青春和奉献并不是一句空话，扎根基层更不是一句简简单单的目标，而是一份沉甸甸的需要时刻铭记并脚踏实地履行的承诺。

这个夏天，我遇见一首华章，遇见一个更加成熟的自己。

鲜花盛开的站台

2012级汉语言文学　高　博

2014年的夏天，我的时光列车开到了蚌埠怀远县的建强小学，这是崭新的一站，站台不长，鲜花盛开。为期一周的支教活动就在这里开始。

每年的《感动中国》，总会有坚守在大山中的乡村教师走上领奖台。放在以前，我会和其他观众一起为之真诚鼓掌、为之感动落泪；而现在，我会对乡村教师这个身份有更深的感触，因为这次支教的经历，让我也成为其中一员。虽然只是短短一周的志愿者教师，但和孩子们之间的故事令人难以忘怀。

还未踏上支教之路的时候，我常常会担心究竟能来多少学生，甚至担心会不会有学生来。哪怕是正式开始的第一天，走在去支教小学的田间小路上，我还是带着这份小小的不安。不过，走进学校的那一刻，心上的这个包袱瞬间就卸了下来：五六十个小孩子背着书包，早早就等在那里了。他们像一群谨慎的小鹿，有些怯怯地看着我们，也有几个大一些的孩子，冲我们憨憨地笑着。

我是喜欢孩子的，因为他们总是拥有让人渴望的单纯。就像这次支教时看到一个孩子的作文里写着："我想成为一名宇航员，那样我就可以带上我的小乌龟飞到月亮上了，我要看看地球上的乌龟能不能跑过月亮上的兔子。"这是多么可爱的想法！龟兔赛跑的寓言，月亮上玉兔的传说，都是我们所熟悉的。而这两个看似毫不相关的故事在孩子的眼中产生了奇妙的联系，这让人有些惊喜地感受到充满童真的诗意，就好比在听惯了的一阕厚重平和的弦乐声中，突然跳出了清脆欢悦的笛音。

而他们的单纯，在惊喜之外又常常让人感动。

我们的支教队伍有十四位成员，在出发之前，每个人都精心准备了自己所要教授的课程。因为有过学习绘画的经历，这次我主要负责的是美术课。上课的时候，孩子们的热情特别高，我在黑板上做示范，他们便认认真真地临摹。但角落里的一个小女孩儿只是偶尔望望黑板，并不动手画，当她的目光与我接触时，马上就惶恐地低下头去。我没有点名问她为什么不画，而是装作检查学生的作品走到她旁边偷偷看一眼。原来她什么都没有带，桌子上空空的，十有八九是害怕我批评她，才显得那样惴惴不安。我转身到办公室去拿了纸笔，轻轻放到她桌上。她愣了一下，抬起头来看看我，我冲她笑了笑，她于是也冲我笑笑，似乎还有些羞涩，紧紧攥着那支笔，来回扭着笔帽。

下课铃一响，其他孩子都嬉闹着跑出教室玩，而刚刚的那个小女孩儿坐着没动，低着头，好像还在画着。我拍拍身上的粉笔灰，走到她身边坐下。这一次，她先抬起头来冲我笑。我探起身想看看她画得怎么样，她一下趴在桌上用双臂盖住她的画，跟我说："不能看，不能看，还没画好呢。""好，那老师就等你画好再看。"我摸摸她的头，到另一个班去做准备。第二节课下课后，我刚走出教室，那个小女孩儿便跑过来揪揪我的衣服，我一看是她，半蹲下来问她有什么事儿，她把一张画往我手里一塞转身就跑掉了。我把那张画打开来，不禁莞尔一笑。画上是两个人，一大一小，大一点的那个把一张纸和一支笔递给小的那个，分明就是我和她呀！画的顶端还歪歪斜斜地写着：谢谢高老师。每一笔都那么稚嫩又都那么认真，一股暖流开始慢慢涌动，金黄色的小浪花一直冲击到我的心上。抬起头来，那小女孩儿躲在教室门后，正偷偷地看着我，我一边摇摇手里的画一边笑着跟她说谢谢，她扮了个鬼脸便跑进去了。

这个小女孩儿叫刘新宇，开学就要读五年级了。

类似的感动太多了：讲了一节课口干舌燥，好几个孩子争着抢着要帮我去接水；中午在办公室里吃泡面被孩子们看到了，他们马上就要拉着我去他们家里吃饭；天气闷热，满头细密的汗珠，下课了，他们便从办公室门口偷偷塞进一支雪糕放在桌上……

而我只是十四位支教老师中的一个，我们每个人都在经历着。这是这群孩子们的心意，也是岁月最温柔的馈赠。

七天的时间不长，打马而过，可七天的感动却那么多，我来时空空的行囊临别时满得都要溢出来了。真好，孩子们不再羞怯，他们欢笑着，笑靥如花。那份真挚的情感就这样盛开在时光的站台上。

我又启程了，这群孩子们又何尝不是呢？知识的探求没有终点，感情的绵延也没有终点，那就让我们一起继续欢笑着奔向未来，从这一片鲜花盛开的站台。

办公室的窗，是向着心打开的窗

霍山义塾记

2012级汉语言文学　贺明炯

霍山太阳乡，户稀物乏，群山围之。由县而乡，山路巉岩，晨出昏及。遇雨则有泥流崩石之险。庠序不周，村童渴学。

吾等禀传道之志，怀讲学之心，不顾山路崎岖障远，舟车劳顿，欣然往之。往来奔波，布告标榜，欲传国学之经典，启蒙童稚明经达义。闻者，莫不奔走相告，立于门庭。知者，莫不尽相其力，达于内外。遂生员盈门，盼杏坛美芳。吾等有誓：凡人力可及者，当尽力而行。劳心劳智，身体力行，以作师表也。

村童百人，集于村学，晨来晚归。学塾有新竹环翠，涧水临堂。堂前有女贞数株，花白而盛，蜂蝶丛绕，人至而不去，以为奇。每有风雨，溪水暴涨，心忧村童，欲罢课以待雨霁而聚。然学童无畏，依时而来，立于堂前。面之，心中不忍。

陋屋简食，晨起晚寝，身累体乏，尽苦耶？非也。日出而晨曦微露，溪水泠然，鸣鸟跃枝。洒扫庭除，以备课诵。日落而暮晕渐收，炊烟袅升，鸡豚归栖。劈柴担水，共享庖厨。田菜村腊，食之有味；竹梁瓦栋，居之可安。掩卷而情逸，闭目而神远。风声、竹声、水声、诵读声，朗而成韵，何苦之有？吾等亦幸甚矣。初逢此地，百无可依。村人时助之，饭之，菜之，曰：吾子若尔等。往来不绝。

旬月而尽，吾等归矣，恭自反省。生年有时，而任重道远，上下求索，使杏坛常春，桃李成蹊，师道可传矣。虽不能为天地立心，为生民立命，为往圣继绝学，为万世开太平。然能传一二先圣之学，弦歌不辍，教学相长，其心可慰矣。国学，传之千年，厚德载之，书坟典海，世之所重，乃国之精粹。吾等之学，犹有不及，当量力而行，不可误人子弟。然天地之造化，教化之功用，而不可尽毁之，在于人焉。道不可弃，心不可欺。失之为镜，得之可幸。量力而教，尽力而助，于人于己，大道将行。

携手荆山情，挥洒青春志

2012级秘书学　蒋闻玉

这个夏日，我们用奋斗见证成长；这个七月，我们用青春书写诗行。响应文学院“实践激扬青春志，奋斗成就中国梦”这一实践主题的号召，我们开展了这次暑期社会实践活动。

携手同行，我们是支撑彼此的力量

无论前一天晚上忙到多晚，第二天早上大家都能风雨无阻地7点集合，在等公交车的时候经常会有人睡着。而最温馨的是，每天所有人一起在荆山排队买肉包子。大家一起边说笑边吃地赶路，每天的同吃同行让我们之间的关系变得更加紧密，彼此之间的合作也更加融洽。实践的过程中有过困难，出过问题，但是无论如何大家都会拧成一股劲儿，共同来解决。对于每个成员来说，团队是一个温暖的大家庭，大家一起，就没有解决不了的问题。

每天的批改作业、课堂教学对我来说都是需要认真去完成的工作。在此之前，我与许多同学都没有课堂教学的经验，因此，每天的课间休息和总结会议时，都会和大家一起讨论，相互指出不足，彼此为对方遇到的问题提出自己的解决方案。在不断的实践和总结中，大家得到了很好的锻炼，每个人的课堂教学水平都有了显著的提高。我们相互扶持，在彼此的鼓励中共同成长。

选择前行，便不惧路途中坎坷辛苦

在荆山小学的实践，每天都从打扫卫生开始。记得和我同组的李娟娟说过：“在自己亲手布置的教室里为学生们讲课，是一件很幸福的事。”我赞同。此外，查找资料、安排素质拓展活动以及开办国学大课堂，工作琐碎，但是只要活动开始，每个人都会投入自己所有的精力。既然选择了，就要做到最好，这是大家共同的信念。记得那时的每一天，队员们都严阵以待。负责微博宣传工作的唐春晓，她的微博24小时在线，随时关心学院和其他团队的动态，每天实践结束后，立刻把实践内容发布出去，努力提高团队的知名度。队长李娟娟，每天进行总结，检查通讯稿、微博的完成情况，并且为第二天要开展的活动做出安排。实践开展以来，她几乎没有一天是在晚上12点钟之前入睡。

团队中每一个成员的努力都是支持实践工作顺利进行的强大力量。我们这种不怕苦不怕累的精神和为实践尽心尽力的作风也正是在实践中形成和发展出来的。

满怀爱心，感动中体会成长

与孩子们的相处最重要的就是理解和沟通，虽然缺乏正式教学的经验，但是大家都拥有努力成为一名好老师的决心。对待学生，一道题不懂就多讲几遍，到学生听懂为止；学生犯错了，耐心地跟他们讲道理，让他们真正认识到自己的错误。在此之前，我从未想过自己也可以这样充满耐心。孩子们是充满童真的，也是需要关爱的，在这几天的交流中，他们为我们带来了欢乐和感动。充满感恩的小礼物，一句句稚嫩的"老师，我可喜欢你了"，让我的心体会到了阵阵甜蜜和爱的传递所带来的感动。

在与孩子们的交往中，我们付出爱心，收获感动，在心与心的交流中，我们共同成长。

荆山的实践已经结束，但这次实践留给我们的感动和体会会永远伴随我们。在之后的学习和生活中，我们会加倍努力，努力实现自身的价值，传递自己的爱心，领悟更多的感动。

每次告别都是一种回味

2012级对外汉语　金志伟

日子说走就走了，不经意间已从开始到了结束，就如刹那间的光阴在流年的印记中消逝了。我还没来得及打理这几天所发生的事情，也还没来得及理清头脑中所有的思绪，就这样离开了。

清晨的最后一顿饭，是在这边吃了很多天的面食，作为一个从小以米饭为主食的人，面似乎不是每日进餐的必备食品，可是回来这几天，我却有点怀念了。最后一天的清晨我们起了一个大早，坐上从蒙阴到泰安的车，一路上我想记录点什么，可是所有的情绪都飞出了自己的身体，我不知道自己想要做什么，变得有些无所适从，只是呆呆地望着车窗外，看一路上属于北方风格的建筑，品一路上只属于这里的人文情怀，我们不得不离开了，可是也许不是不得不吧，只是内心充斥着各种矛盾，也许人就是一个矛盾的集合体，一个阶段无形间就会到另一个阶段。不过这段时间，我们十八个人，十八朵花，绽放在每个需要的角落，每个人为同一个目标而努力，流着汗。只有一张席子的光板床，没有电扇、没有插座的日子也不是那么难以想象，不是吗？经历了就觉得在这个世界上还有很多值得去体验、去感知的事物，没有什么不可能，因为什么都会存在，也许只是我们暂时无法深入地进行心与心之间的沟通，无法进行更深层次的交流罢了。

对这个地方，我们是有感情的。我第一次来到北方，在无形之间增添了些许奇怪的意味，可我欣赏这个样子，我喜欢这种感觉。在这里我可以不厌其烦地看着孩子们举着小手说："老师，老师，我可以问你个问题吗？""老师，老师，我们今天手工做什么啊？""老师，老师……"一遍又一遍，却没有丝毫乏味的感觉，真正和孩子们在一起的日子是快乐的，并且是快速的，就好像你还没来得及享受一件事情它就已经结束了。最后一天，是属于孩子们的舞台，不论是听不懂的《荷塘月色》，还是饶有风范的拉丁舞……都是真正的思绪在彼此之间飞扬。到了最后一天，到了这一刻，我相信所有的孩子，所有的志愿者，都知道这意味着什么。

我们要走了。“老师,你们还会回来吗?”“老师,你们不走好不好?”“老师,你们走了我们怎么办?”……太多问句让我们无法回答,我们不想骗孩子们,也许至多会说一句:“别怕,还会有人过来的。”可是我们过来的可能性我们自己也明白,已经很小了,湿润的不只是眼睛,整个心都仿佛浸在了水中。那种眼神只是期望,不掺杂其他色彩。

我记住了这里的面孔。可爱的小胖子认真听话萌爆了所有人,帅气的小班长风度翩翩赐予了我三连败,小王凯惹得汉子杨恬只顾着抹眼泪……我不知道我们给这些孩子到底带来了什么,我也总是在想,时间很短,可是我们用心在做,用心在发现与体会。耳边还是会回荡起《虫儿飞》这首歌“黑黑的天空低垂,亮亮的繁星相随,虫儿飞,虫儿飞,你在思念谁;天上的星星流泪,地上的星星枯萎,虫儿飞,虫儿飞,只要有你陪……”孩子们唱得多好啊,稚嫩的童声惹来了多少老师眼中的泪花。

在最后一个夜晚,我看了看天空,天空仿佛失去了颜色,没有了繁星相随,只想着会有你陪。到了告别的时候,手边放着这几天的会议记录和生活札记,看上去更像是一种回忆,或许也是一种淡淡的不舍的伤痕。

每次告别都是一种回味。

梦起井冈

2012级汉语言文学　李　映

我是要去云南支教的。整装待发。

临时的通知最可怕，它会打乱我所有的计划，让我不知所措地待在那里。可这就是现实——得接受。我与云南支教团同天启程，他们支教，我回家，我准备赴赣。

二十天后，一支二十二人的团队，带着大包小包的行李从芜湖出发，历时十二个小时，到达井冈山。出了车站，恍然发现井冈山的天竟和云南的天一样，蓝得纯粹，蓝得透彻。暗想："其实去哪不是暑期实践呢？锻炼、收获、成长，去哪儿做什么，其实不都一样？"

初到基地，我们主要是接受培训。经历"三湾改编"，重走挑粮小道，聆听讲座汇报。带队老师分配任务，讨论、规划课题。一切都在有条不紊地进行着。

来到基地三天后，我们创作出了第一部话剧。这工作并不简单，话剧组的同学连续两个晚上讨论到凌晨，才捋出了井冈山革命三部曲的剧情脉络，并完成了一部话剧的创作，但这不过是漫漫课题路上的第一步。因为写出来的剧本看不出有什么深远的意义，也没多大戏剧冲突，而且人物性格等方面仍有改进提高的空间。不记得是谁第一个遇到话剧创作的瓶颈，这由于我们手头上缺乏能够支撑话剧修改以及其他话剧创作的史实、素材。焦躁不安的情绪让大家在任何时刻都能明白自己所处的尴尬位置并预见未来走向。自然，我们的带队老师，会选择利用开会这样简洁直接的方式，来与队员们进行交流，解决大家的疑惑。这样的会议影响着我们课题研究的方向，决定余下不多的时间里我们该放弃哪些，真正该做哪些。好在井冈山遍地都是遗址，通过开会，我们决定利用自主调研的时间，前往井冈山革命博物馆，前往龙潭，前往小井医院，去寻找灵感，寻找故事，寻找话剧的主人公。

在小井医院旧址，我看到了师长张志清不顾自己伤口发炎而主动献盐的事迹雕像，也看到了曾志的画像与简介。曾志，育有四个儿女，为了共产主义事业，长子送人，次子夭折，三子残疾，小女儿八岁才与其相见。作为一名共产党员，曾志爱得深沉；作为一名母亲，她爱得悲壮。我开始思考“让信仰点亮人生”究竟是什么意思，也在扪心自问，为什么那些革命先烈会义无反顾地选择为革命牺牲。直到来到龙潭，我才渐渐找到答案。我站在那一潭池水边，看着队员们，那时唯一引起我注意的，便是他们那仿佛用阳光镀过的笑容，那夏衣上的灿灿光彩。返回基地的路上，我在微博里这样写道：“在小井医院，我震惊、感动、叹息岁月的美好与易逝；在龙潭，我看着你们笑，看着你们嬉闹，也看着你们的身影如潺潺的溪水般从我身边流走，飘向遥远未知的以后。而我终究也会一个人行走。”我恍恍惚惚地明白，因为爱，所以愿意让自己珍惜的人获得欢笑的权力；因为信念，所以才能够支撑自己的爱，让情感转化为行动力。像张志清那样，像曾志那样，因为他们有自己想要保护的人，呵护的东西，因为他们有理想，有信念，有梦，所以他们会忽略自己选择他人，会舍小家为大家，所以他们会不顾一切地保护革命成果，哪怕失去至亲与生命，也毫无怨言。

先前，我是不会想到龙潭、小井之行会给我带来这么大的影响的。我预想过自己思想觉悟提高的各种情形，也等待过恰当的时机，但事到临头，真正触动的时候，我还是很难反应过来。井冈山之行，我明确知道我珍惜的是什么。可能于我而言，最贴切实际的梦，莫过于好好完成手上的课题，好好珍惜与同伴们相处的时光——我们来自不同的年级，不同的专业。于是，每天吃不吃饭，吃几顿饭；熬不熬夜，睡几个小时，都不重要了。支撑着我全心全意地去做一件事情的力量，就是信仰，而这件事本身，就是我的梦。

“美丽总是令人忧愁。”或许多年以后，面对绿水青山，我会回想起和同伴们一起去龙潭的那个遥远的下午；面对繁重任务，我会回想起和话剧组同仁凌晨四点半依旧创作的坚持。或许会有人笑我、劝我：“你我都忘掉吧，我们已经老得不适合谈这种事了。”但我知道，梦想有大有小，有远有近，可信仰的力量永远不减。

却顾所历处，苍翠映红情

——井冈行有感

2013级卓越语文实验班　刘　毅

“若要盼得哟，红军来，岭上开遍哟，映山红……”正如诗吟般：芭蕉叶响知来雨，已觉清流涨小溪。悠扬的红歌声中，回忆不经意地溜出。那时候的歌声仿佛还近在耳旁，然而盛夏季节在校排练的日子早已走远。写故事话剧诗歌、排练舞蹈、朗诵、歌唱、做节目单、做展板、做策划，还有晌午时分办公室桌面上各种睡姿的我们。窗外艳阳高照，蝉鸣声声，校园里的草逆着风弯倒一片。

等待着列车的我们半夜游荡在车站里，兴奋中掺杂着期待，经过一夜摇晃后的我们终于踏上了井冈山这片红土地，日光照耀，山路十八弯，微风中还有满山的翠竹映目。看到宽敞明亮的基地建筑，温馨舒适的学生寝室，美味十足的基地用餐后，大家脸上是掩藏不住的喜悦。徽州红娃上井冈，采撷经典绎梦想。井冈山，我们终于来了。

实践第一天适逢传统的七夕佳节，寝室里有我们忙碌的身影，包装一堆堆散乱的明信片，把一沓沓彩纸折成鲜花；楼下大厅有我们的志愿服务者们，摆展板宣传金寨精神、师大精神，站服务台传物解答，赠纪念品增进团队间交流……一个温馨的微笑，一双真诚的手，一声暖心的问候，红娃心连井冈山，志愿服务我来行。七夕佳节，我们和党有个约会！

活动伊始，体验党铸军魂的开端；高校齐聚，碰撞创新思维的火花。基地的第一堂课便是“三湾改编”。重温党史念党恩，模拟现场齐心做。团队一分为二，定主题做队旗，想队名选队歌，分角色秀成果。展示环节不仅是半个小时后团队的成果，更是不同团队间创意思维的分享。

赭麓花津钟灵地，鸠兹奋翅展鹏程。三十秒的团队亮相环节，秀美儒雅的汉服，手持鲜花的“文”“井”象形字队形既有师大青年的朝气蓬勃又不失中文专业的特色。带着“聚是一团火，散为满天星”的信念，我们迈开了外出实践活动的第一步。

望着车窗外，日光照耀，山路蜿蜒，悬壁翠竹，总还来不及好好欣赏一下拐角处的风景就又引来下一个弯道。漫长的一小时的眩晕山路车程，尽管身体不适，却挡不住我们去采编红色故事的脚步。阳光正猛，低矮的灌木丛里有高耸的苍天古木。小桥下面流淌着一条湍急而清亮的小溪，与溪流平行的，是一条圆石小路，延伸向远处的八角楼群。走过黄泥巴的土屋故居，便来到了红砖灰瓦、空气中弥漫着历史尘埃的八角楼群。低矮的屋顶下，有几束阳光透过木窗照在古朴的四方桌上，墙上挂着毛泽东、贺子珍的画像，泥地板散发出些许阴凉的气息。屋外蔚蓝的天空下，参差的八角楼群后面探出浓密的树枝，我坐在石头门槛上，想象着当年革命先辈们的生活。穿过狭窄的房后小路，景区的书摊前摆着图文册，泛黄的书页里叙说着那时候的故事。我们买了井冈山的故事文集，带回去做话剧创作的资料。

随着头顶飘扬的队旗，我们一行人来到了坝上村。踏上清秀得如诗歌的碎石小路，村民叔叔领着我们向升起炊烟的村中走去。红米饭，南瓜汤，秋茄子，体验红军生活的一天当然少不了做红军餐。低矮的厨房里，忍不住饥渴的同学边吃西瓜边蹲着烧柴火，洗菜切菜，做大锅饭。闹腾的我们不时发出阵阵笑声，我转身看到青椒和白蒜子，老旧的砧板散发出乡村特有的静谧安详气息。饭前为接待我们的老奶奶和她的儿子集体唱了一支歌，饭后一群人围着老奶奶把笑脸定格在照相机前。老奶奶家门口悬着一盏白炽灯，透过大门望去，四周是连绵的青山，门前有条小溪。大概每日都可以享受着“四围山色临窗秀，一夜溪声入梦清”的美好吧。踏过石板路，走过架在潺潺溪水上的小桥，我们向过往的老人们做起了问卷调查。老人们总说：“时间太长了，都不记得咯……”历史的长河总是一路奔腾向前，在这小山村里，那些革命时期热血沸腾的日子大概都化为回忆故人时涌上心头的一股热流了吧。

来到黄洋界哨口炮台遗址下面。新雨过后，雾色朦胧，细草葱葱，带着潮湿的气息。随着一缕缕白云飘行的方向，我们来到朱德曾走过的挑粮小道。原始森林路，狭窄崎岖，路途陡峭，又是小雨过后，湿滑难行。我们一行人手拉着手，一路山歌飘扬，歌声回荡在山谷中，一千六百米的原始山路在团队的力量面前不再艰难。

我愿陵园青木般，守卫瞻仰烈士；如铮铮誓言般，衷心报效祖国。烈士陵园的厅前，我们在毛主席“死难革命烈士万岁”金色字迹下献上了花圈。革命烈士英名录大厅里，老师的深情演说让不少同学的眼眶潮湿。重温入党誓词时，掷地有声的誓言响彻整个大厅，在场的每一位，无不为那些为革命事业抛头颅洒热血的烈士所震撼。肃穆的石牌上，密密麻麻的一行行烈士的名字背后更是那牺牲小我成就大我的革命热血情怀。危坐读书石，背倚常青树。大井故居行，红娃感颇多。针线不拿显公正，主席教诲永记心。灰瓦白墙的旧居里有一格格的中草药柜子，上面的字迹还依稀可以辨认：蒲公英、蕨根、车前草、黄槲叶……屋外是一亩亩的稻田，有古朴的大水车立在溪水旁，旁边的纪念品店铺里传来悠扬的红歌。领袖峰上，那矗立着的成串的风铃，衬着青山绿水。王佐同志的墓园在另一高处，走在镂空隔窗、红漆栏杆与墨绿瓦檐的回廊里，曲径通幽，十分安静。

几分钟的车程，我们又冒雨来到了井冈山革命烈士博物馆。时光静默。那历史深处的枪炮声，是革命号角声，一声声地冲撞着我们的心灵。那时候，我仿佛可以拿起枪支冲锋陷阵，我仿佛可以挽着村民们的手迎接红军，还仿佛可以把书院的门敞开，坐在长椅上，随着红军听一堂课。尽管风华正茂凝为了历史，当年的革命热血也早已化为黑白回忆，然而我们仍旧可以追溯，去触碰历史带不走的精神。

匆匆离开承载着太多历史回忆的博物馆与肃穆的小井医院后，我们来到了雨雾霖霖的龙潭。踏着崎岖的石阶，一边是摩崖石刻，时不时有泉水沿壁流下；一边下临虚谷，是深深浅浅的青山碧水。纤藤细草，长满青苔的树带来潮湿的雨意。山林间瀑布前，蒸腾的雾气缭绕，脱了鞋的我们纷纷下水打闹。翻看照片时发现，那时候大家在阳光下洋溢着的笑脸是最迷人的。回程是惊险的上山缆车道，从小小的车厢里往外看到瀑布的源头，有陡峭的高山和一缕缕云雾迎面飞出。

停下白天的脚步，晚上是基地的课堂。在“毛泽东调研的思想方法与大学生暑期社会实践”“井冈山斗争与井冈山精神”等专题讲座中，虽然大家脸上有掩不住的疲惫，但心中寻找红色故事的渴望并没有减弱，拿着买到的主讲人所著的书就跑到前台虚心请教。井冈山下映山红，红歌声中夕阳斜，魂归井冈精神存。一封遗信，一曲红歌，一张张老照片，与红军后代面对面的专题会场里，我听到了一个个深情的故事，也看到了旁边一张张被热泪打湿的面庞，我相信那不断的掌声不仅是对历史的尊重，更是为红色精神所感动！

实践结束回程的晚上，依旧是浓浓夜色。车窗外电闪雷鸣，为心中不舍的我们添了一份别样的情绪。九天，时间虽短，但收获颇多。在井冈山，在基地，在团队之间的交流联谊中，在日晒雨淋的外出实践时，在掌声不断的讲堂里，我们都感受到了太多太多。每一天，都有清晨的整理内务与晨训晨读，都有日间奔赴教学点的行走与感悟，还有午夜时分话剧组与新闻组的思考创作。回顾经历处，苍翠映红情。井冈山九天，我们留下了奋斗的足迹，拾起了信仰的力量，愿我们能用信仰点亮人生！

紧握的拳头，诠释的是对井冈山革命精神的信仰

青春路上绽放的庠序之花

2013级卓越语文实验班　徐　娟

记忆是无花的蔷薇，芬芳却弥漫而挥之不去。那一段记忆，那一段青春，那一段成长。

——题记

期待·兴奋

盛夏的清晨依然朦胧，晨曦中的太阳散发出金橙色的光。草叶上滚动着一颗颗露珠，似明眸中将落未落的泪水，是一种依依惜别的不舍。那天，暑假伊始，我们背起行囊，坐上火车，奔向远方。只不过那不是朝着家的方向，而是竹海滔滔的苍翠之地——霍山。

记得之前我们盯着电脑上种种暑期实践团队，迷茫之中有一丝忧虑。选择的多样性让我们踌躇。陌生的乡村，陌生的同伴，一颗急待归家的心，怎能安心去那里？又是忧虑。而真正得知去太阳乡时，心反而安定下来，甚至在收拾行李时禁不住遐想翩翩。

感动·收获

现实与理想的差距可能会在一个瞬间就会让敏感的我们觉察。当车子缓缓停在山脚下，你不会想到期待中的满眼苍绿的万竿斜竹反倒成了进山前最惊恐的信号，竹海一圈圈闪过，芦花一样的山中植物随风摆动。这不是诗意而是两个多小时的车程唯一出现在车窗外的风景。然而我们在那一刻没有埋怨，更多的是感激。当我们靠在车窗边透气时，我知道，有学长学姐还在颠簸的面包车上煎熬，只为让坐在轿车副驾驶座上的学妹更舒服；当我们手里拿着倒满白开水的杯子时，我知道，有同伴和老师为吃不下饭的学妹留了许多好吃的饭菜……那天下着雨，空气潮湿，却有着温润如玉、温暖如水的感觉，谁说不是呢？进山之后，我们立刻进入正常的工作安排当中，从食宿到进行国学宣讲活动。仅花一天时间，我们完成了招生等重要的工作任务。看着不大的操场，招生那天到处是学生和家长，我们志愿者心里充盈着快乐。蓝色的身影在人群中穿梭，鲜艳的队旗在飘扬，我们仿佛看到了新课堂的蓬勃多姿！一个上午紧锣密鼓的招生之后，看着名单上层次不一的70多个名字时，那一刻，志愿者觉得之前的所有努力都是值得的。

新的一天来了。那一天，我们正式开讲了。三个班级的合理分配为教学带来不少便利，志愿者们每日上课之前积极准备，精心备课，为孩子们讲述别样精彩的内容，《诗经》篇目的温婉缱绻，《论语》篇目的意蕴丰富，《千字文》篇目的内涵多样……繁多的作品，灵活的方式，山里的暑假课堂是另一番快乐之景。宣讲之余，我们还和孩子们一起做游戏，放松心情，找寻童趣。志愿者带着孩子们在操场的树荫下跳起了兔子舞，伴着“左左右右……”的动感音乐节奏，孩子们的可爱在蹦蹦跳跳中显露无遗。老师们“吃力”地跳着健康舞带给孩子们阵阵欢乐，跟着老师“左三圈右三圈”手舞足蹈的样子是孩子们天真活泼的天性体现……我们还和孩子们倾心交谈，并进行实际查访，队长和部分队员还冒雨远赴学生家里，为需要帮助的孩子们送去温暖。当那一天校领导慰问我们时，他们肯定的笑容和孩子们手里拿着红色的资助标牌时，我们心里暖暖的。

还记得，每天学长学姐做的可口的饭菜。十七碗饭，三道菜，也许显得过于简单，但是吃得津津有味的我们知道，蹲在锅灶旁烧火的炎热，劈柴的辛苦，还有和我们并肩作战的老师也许今天又是只吃了白米饭。孩子们带来的饭菜里，我们还是偷偷地放进志愿者们并不多的饭菜。山里的孩子家境的差异仍很明显，我们希望有些孩子可以好好地吃一顿饭。下雨的时候，他们要翻过几座山，而山里的雨水格外多。泥泞的山路，几个小时的路程，没有雨伞，赤脚的父亲赶来送伞，也许我们体会不到，只有在瓢泼的大雨中，你看到赤脚跑来送伞的父亲，才会明白当中的爱与感动，爱与无奈。我们尽自己一份小小的力量，这微弱的光也许就可以点亮一盏灯，教学如此，生活上的帮助亦如此。

课下的收获与课上的收获是一样缤纷的。第一次站在讲台上，第一次了解到留守儿童……生命中的那么多第一次的体会，是我们人生中最珍贵的礼物。一点点地积累，一点点地拼凑成记忆里最美好的一段时光。

回忆·前行

竹影斑驳如初,山路蜿蜒依旧。短短半个月不到,暑期社会实践圆满结束,我们再一次沐浴黎明的阳光启程返航。

早上我们在学校举办了师生的送别会,还为孩子们带去了礼物。礼物虽小,但每一份都饱含着志愿者的心意和满满的祝福。上面有我们并不娟秀的签字,书写着我们满怀的期待与不舍。我们和孩子们拥抱作别,很短暂的轻轻一抱,现在都已经忘记和我们相拥的那一张张面孔,而当时的温暖依旧感觉得到。没有什么泪眼婆娑,万般不舍,只是如清泉,如雪花,流淌过心田,融化在心的城堡的某一处。

我们匆匆地来,又匆匆地去,停留的时光却不是过客般水过无声、岁月无痕。是镌刻在心田之城上的标题,字字苍劲,每一个词就是一个温暖感人的故事;是书写在心灵之卷上的誓言,入木三分,每一篇文章就是一份终身受益的收获;是绽放在青春之旅上的花朵,鲜妍明媚,每一朵都是一段芬芳四溢的成长。

来不及挥别,已经刻在心底。唯有祝愿,山那边的孩子们,我们明年可以再相见。

彩云之南

2012级汉语言文学　杨　鸿

我能够清晰地记得那是艳阳高照的七月。我能够清晰地记得那里青山育着绿树，绿树拖着红花；那里碧水映着蓝天，蓝天飘着白云；那里红土培着金稻，金稻裹着白米；那里……我看到的是云朵飘浮在头顶；我看到的是我与山尖齐平，似乎我马上就能登顶……我闭上眼睛，感受这彩云之南带给我彩色的震撼。

绿，广阔而生动的绿，那是青龙厂镇的生命之源，是生机和希望的所在。环绕小镇的远处高山映在眼里绿得发黑，高山倒映在清澈的小溪中，搅得溪水像绿色染料，染料灌溉簇拥向上攀爬的叶子，花使叶子苍翠欲滴，绿叶托着红花使生机更加盎然。

黑，深沉而透亮的黑，那是孩子们清澈的眼。那双眼，长长的睫毛随着眼皮的眨动，扑簌簌地像在招惹你的注视；那双眼，漆黑的眼球骨碌转着，寻寻觅觅地像是在捕捉这个世界的新奇；那双眼，清澈透亮的湖水般倒映花红叶绿，纯净得要把尘世纷杂都洗净。

红，那是彝族人的热情，源源不断地向我递送温暖。悠扬的敬酒歌“彝家有传统，待客先用酒，彝乡多美酒，美酒敬宾朋”回荡在耳边，那美酒一递进嘴边，香醇就萦绕在鼻尖，滑进喉咙就像热情的火团一路燃进心间；欢快的舞蹈让我们全身都动起来，徜徉在彝族文化的海洋。

青，沉着而稳重的青，那是缉毒战士工作的态度。风餐露宿的时候能够述说寂寞的只有星星，坚守岗位的时候能够陪伴左右的只有青山。把青春奉献给工作不求回报，把热血抛洒在岗位不辞辛劳，却把妻儿老小留在家中不敢想念……缉毒战士个个都刚，任它风吹日晒雨淋；缉毒战士个个都柔，青山当伴，星星作朋，月亮为友。

那里还有梦幻而又清湛的蓝色，那是那里的天空；还有纯洁而又朴素的白色，那是那里人们的品质；还有活泼而又轻快的黄色，那是那里充满希望的日常生活……我之所以喜欢那里，是因为一睁开眼就能看见云白天蓝；我之所以喜欢那里，是因为我喜欢孩子们带着好奇又惊讶的表情听我描述外面的世界；我之所以喜欢那里，是因为我喜欢孩子们眨巴着漆黑透亮的眼睛问我明年还会不会再来；我之所以喜欢那里，是因为那里的云彩，是因为那里的笑颜，是因为那里的自在……

七月，我像是到了一个彩色的地方做了一个彩色的梦。在那里我有笑有感动，有汗有欢乐。那个地方很平凡，但是短短的十来天的时间给了我震撼，给了我一生都想铭刻在心里的回忆。

“彩云之南，归去的地方，往事芬芳，随风飘扬……彩云之南，我心的方向，孔雀飞去，回忆悠长……”

“蒲公英”的约定：岳西山村的微爱之行

2012级秘书学 张 磊

湿润的空气里浸润着泥土的清香，高山上的树木郁郁葱葱，岳西山区里的一切仿佛都在沉睡中。7月1日下午，山村里的平静突然被几声汽笛打破，文学院赴岳西黄尾镇实践团队的到来让这里的山村小学充满生机。

咬定青山不放松：艰难求学路

有些事情没有亲眼见到，是根本想象不到的，山区孩子的求学之路就是这样。每天清晨，孩子们迎着微弱的晨曦，行走在曲折、陡峭的山间小道上，越过一座座山坡，涉过一条条小溪，走过一道道山涧……到一所占地仅百十平方米、只有一间教室的小学，追求知识，追逐梦想。

山路漫漫，中午无法回家，一包泡面或一袋锅巴，最好的不过一盒米饭，都是孩子们美味的午餐。在教室前刚刚铺上水泥不久的操场上，孩子们嬉戏、玩耍，欢声笑语充满了学校的每一个角落。

每次放学后送孩子们回家，翻过一座座山包，看到远处那幽静深远的一座座小房子，闪现在队员们脑海中的总是那句“白云生处有人家”。但是对很多孩子来说，这并不是诗意的栖居之所。偏僻加重了贫困，闭塞成了阻碍。每次走进孩子们的家中，大家都在想，在这样艰苦的条件下，这些孩子拥有着一颗怎样求知若渴的心，在深山之中硬生生地开辟出了一条求学之路。

这些生长在山区、执著求学的孩子，就像一朵朵从绝壁上开出的鲜花，顽强，坚毅，在阳光下绽放出美丽的笑容。

白云生处有人家：曲折支教路

“山路十八弯”，在出发之前大家就深深地意识到了这一点。从芜湖到岳西，从岳西到黄尾镇，从黄尾镇到黄龙村小学，经过了无数弯弯曲曲的盘山路，而等待着队员们的是更大的考验。没有床，他们以光秃的门板当“床”；缺少米面蔬菜，淳朴的乡亲向他们主动伸出了援手……艰苦的条件，让队员们的意志更加坚定；乡亲们的热情，让大家的斗志更加昂扬。

对于本次社会实践，我们精心策划了“蒲公英”爱心支教活动，准备了普通话培训、经典诗词鉴赏、生活与写作、拉丁舞等课程，希望为山区的孩子们带来不一样的学习体验，以开拓他们的视野，促进他们的全面发展。每天清晨，教室里传出的读书声荡漾在群山之间，曼妙的舞姿为简陋的学校增添了不一样的风采。山间小道上不再只有孩子们孤独的背影，在他们身边，多了一群热心、负责的志愿者，每天放学后送他们回家，一路上的欢声笑语在群山之间回荡。

短短的两周支教生活早已结束，但那段艰苦快乐的时光，那一草一物，每一个孩子的笑脸，每一位淳朴的村民，永远镌刻在我的脑海里。

井 冈 情

2012级汉语言文学 章 琳

此生恐怕就只这一次上井冈山了吧，如果不是跟21个小伙伴在这盛夏一起去井冈山参加实践活动，我应该对井冈山的美景、团队群居的欢乐、陌生又自然的环境很难有机会一一亲历。我拖着非常疲倦的身体来到井冈山，又带着纠结的情绪离开这片洒下汗水和欢笑的土地，无论是心理还是身体，井冈山之行对我来说都是以前未有的一次体验。

遗憾多过收获

也许不是平常意义上净化心情、放空自己的自在旅行，而是抱着完成课题任务的目的，甚至是通过10天的努力达到预设的成绩或者名次的一次实践。清醒的时候，与时间奋战；努力工作的时候，潜意识中有一种无形的压力背负于身，这种感觉冲淡了我们应该享受在一起实践的乐趣，无论是苦的、笑的、甜的还是累的。只有在实践的缝隙，忘了自己背负实践的目的时，那样寻找简单的生活，才是生活本来的样子。比起最后获得的结果，我们记忆中关于自己所亲历的这一事情或许终有一天会变得模糊不清，然而必定会清楚地记得在这一段旅程中自己捕捉到的那些微妙而不可言说的触动。

欢乐多过疲惫

从第一天半夜里坐卧铺火车离开芜湖到井冈山，到结束之后回到家昏睡两天的时间里，疲惫一直存在于身体中和心理上。疲惫的好处就是半夜里倒头就睡，一觉到天明，一夜无梦。第二天又是活蹦乱跳出现在人前，只是持续一段时间便会出现红灯闪亮电力不足的情况，急需休息。抵抗疲惫和睡意的最好办法就是和几个同样在顽强抵抗疲惫和睡意的小伙伴们在一起闲扯，支撑着耗尽体力的身体，这个非正常状态下的对话往往语出惊人，成为第二天早晨全队皆知的笑料。

坚持多过放弃

也有坚持不下去的时候，也有想过放弃的时候，尤其是出现声音不一致的各种各样的状况时，但毕竟是一个团队，而不是个体在孤单地战斗，团体的步伐大过个体的随心所欲，集体的力量大过个体的势单力薄。团队成员因为工作的联系而使情感的纽带更加紧密，这种日渐深厚的情感必将促进工作的转动。祝福我们团队的每一个成员在未来的日子里成为璀璨的明星。

当我的青春遇到沂蒙山

2012级对外汉语　周成学

第一次身处大山的怀抱，沂蒙山。不自觉想起在这里战斗过的人民，沂蒙红嫂、火线桥的故事在这片土地上发生，受过战火历练的土地一定让人生发出崇敬。

每当拿起电话，电话里头的铃声“诸葛亮故里，红嫂家乡，山东沂南欢迎您”，抑或“人人那个都说哎沂蒙山好，沂蒙那个山上哎，好风光……”未睹大山真容，先闻其热情的声音与淳朴的沂蒙歌谣。

平凡，最能感动

最初到达的地方叫马牧池乡，这个地名充满着地地道道的乡土味儿，在这地方，红色沂蒙在这里孕育。出生于和平年代的我们，对革命、对抗战没有归属感，只知道从小到大一直在接受书本上的爱国主义教育，知道沂蒙山是个革命根据地，知道“沂蒙精神”照四方，知道“沂蒙红嫂”这个称谓，也知道抗战过的罗荣桓、徐向前。

在这里，我知道了红嫂其实是一条长河，千千万万平凡沂蒙妇女汇成的河，有的甚至无名无姓，“二子他姑”“后街大妮”等称谓比比皆是。在乡下在学校做问卷，最后的问题与答案，明德英是出现频率最高的红嫂。她在抗战前平平凡凡，是聋哑人也是看墓人。抗战爆发，她与敌人顽强抗争，在夜以继日的劳作下，八路军取得了胜利，那是沂蒙妇女的无限付出与牺牲。

平凡人蕴含的无穷力量，最能引起感动，沂蒙千千万万的平凡人感动了中国人。火线桥是我在沂蒙山区念念不忘的一座桥，它不是古迹，不是石桥，没有旖旎风光，它很简单地矗立在汶河上。它只存在了一晚，但那短短的一晚成就了半个多世纪的传奇。那是由32名沂蒙妇女用自家的门板搭起来的桥，它通向孟良崮战役的胜利。“那个难忘的岁月，是您用最柔弱的肩膀，承载起最沉重的力量，大河的泪水，证明了世上最坚固的桥梁。”有些妇女怀着孕，有些落下病根不能生育，就这样支撑起了世界上最崇高也是最可靠的桥梁。

还有梁怀玉："谁第一个报名参军我就嫁给谁。"一承诺就是一生。

沂蒙的妇女承担起了历史的重担，红嫂的故事在中华大地上流传。大家要记得，这是柔弱双肩，用她们的一生支撑起来她们梦寐以求的未来。

我们有幸见到了"沂蒙母亲"王换于的孙女于爱梅老师，她的祖母、母亲以及她自己创造并传承着"沂蒙精神"，她谈及为了照顾革命后代，自己家三年死了四个孩子，从战火中走出来的家族透着一股坚毅与满足，"想想身后无数的烈士，什么困难不能克服，什么私利不能放下"，于老师眼神中透着坚定。

"沂蒙精神"不需要刻意去寻找，在这片土地上，自己会被这些普通的百姓感动，自己心头不自觉产生一种凛然之气。

小米粥、烙煎饼、纳鞋底……一群群妇女坐在床头，借着豆大的光，一针一线，夜以继日；一群群妇女守着鏊子，一张一张地烙，烙一摞，拿走一摞，这些煎饼摞起来得有多高。脚上的千层底，嘴中的大煎饼，这就是平凡流露出的鱼水情谊。

因为这里的百姓，我与沂蒙山有了第一次亲近，平凡的沂蒙人负载了历史的重量。

投入，最易动情

一周的支教改变了我，孩子们的脸庞就是沂蒙山最美的歌谣，陪这群最美的孩子，给予这群孩子们什么，这就是我所理解的青春。

我的课程并不是很多，承担书法课和语文课，我在备课时会想到这群孩子纯真的脸庞，我不能敷衍每一节课，我的言行说不定会给他们造成一生的影响。我的第一次课是一年级的书法课，为了上好这门课，我把能够辅佐上课的东西都带了去。笔墨纸砚包括印章都一一展示给孩子们，他们的手太小，毛笔抓不好，我一个一个纠正。

初三的课程一开始我并不想上，考虑到他们可能难以管理，最后我还是来为初三(二)班讲了一节书法课，他们并没有我想象的那么调皮捣蛋，反而非常安静，都认认真真看着我。我问他们："你们平时练字吗?""不练。""你们老师不要求你们练字吗?""不要求。"对于我的问题，他们答得异口同声。在课堂上，我竭尽全力想把对他们有用的东西告诉他们，以我一个过来人的身份。班上有几个很活泼的女生，"老师，老师"叫着、问着，问我的生活，问我的经历，文静的女生是比较多的，我过去纠正她们执笔坐姿时，她们都是很羞涩地低声回答着。

这是一所农村学校，中午大多数学生不回家，三五成群的学生拿着馒头，到小卖部买包辣条就成了他们的一顿午饭。我印象最深的是七月九日那天的中午，教学楼下并排坐着六个女生，看打扮是初中生，有两个在啃干馒头，有两个在吃盒饭，有两个什么也没吃。这就是农村学校最真实的生活，他们没有优越的食堂与宿舍，每天就这样简简单单，但他们不乏快乐。

我看到这一幕，我暗暗发誓必须好好备课，将我知道的说给他们听。

晚自习，我给初三(五)班上了两节语文课，原定计划是放电影《祝福》给他们看，提前从网上找好了课件来给他们解读背景知识，偏偏多媒体不行，讲台被学生们围了个水泄不通，学生们纷纷给我检查线路，很遗憾在上课之前没能把它弄好。我临时更改了教学内容，为他们讲了一节词汇课，一开始我提问他们，没有人主动举手，我便采用了最常用的方法：班长带头。班长是这节课最活跃的学生，好几次他都主动回答问题。第二节课我为他们讲了小说《白鹿原》，一节课将情节讲了一遍，下课的一瞬间，他们给我鼓了掌，我觉得这两节课我得到了认可，我将我知道的都说给他们听。

我越来越喜欢上初三的课，在他们这里，找不到浮躁的气息，一群大山的孩子，宽厚而朴实，给他们讲课，我可以自由吐露我们的语文知识。语文不只是阅读理解，不只是文言文，开拓他们的视野比满分来得值。

这几天，这几节课并不能给孩子们带来非常大的变化，我遗憾我给他们带去的太少，几面之缘却让我收获了非同寻常的体验与经历，愿时光慢些走，我还想和他们多处一会儿，我希望我的青春在沂蒙山里和他们共闪光。

当我的青春遇到沂蒙山，感动于当年，更流连于和现在孩子们共享的青春。

离别前的“全家福”洋溢着幸福

行到水穷处，坐看云起时

2012级汉语言文学　曾晓婷

当车行驶在盘山公路上时，望向窗外云雾环绕的巍峨高山，阳光穿透稀薄的云雾，穿过斑驳的翠竹，洒在我的脸上，似有一股暖流涌入了我的心房，蓦然间让我想起来那么一句诗："行到水穷处，坐看云起时。"身处井冈山上，呼吸着夹带山林淡淡清香的空气，心仿佛一下子空了，如入禅境，悠然自得……

10天的井冈行，不一样的井冈情。来到井冈山上，我们所有人都被井冈山的红色文化所吸引，为红色精神所折服。

我的家乡地处平原地区，很少见到大山大河，但我总是格外向往与迷恋山水。刚入井冈山时，我便被它的魅力所吸引。晴空下的井冈山，雄壮而挺拔，像那坚贞不屈的战士，迎着骄阳昂首挺立；而雨中的井冈山，雾色迷蒙，为如黛青山洗尽铅华，更显得青翠欲滴，展现出别样风华。而无论是晴天还是雨天，井冈山给人的感觉似乎永远是少人的，或者说永远是宁静而安详的。这种感觉在"红军的一天中"显得更为强烈。在村民的带领下，我们踏着歌声走在山间小路上，而沿途藤蔓上挂着的圆滚滚的小南瓜，青石桥下涓涓流淌的小溪，还有那袅袅升起的炊烟，无不彰显着祥和静美。

这儿山清水秀，也许正是因为经历了战争的洗礼，因为众多革命烈士的付出与牺牲，这里的人们更加懂得安宁与祥和，更加珍惜岁月的静好。在"我与红军后代面对面"的座谈会上，袁文才的孙子袁建芳曾以自身为例，说了这么一段话："不要羡慕别人的轿车飞机，你要知道还有那么一些人，他们只能徒步行走在山路中。不要攀比，要懂得寻找平衡点，要明白平平淡淡才是真啊！"当听到这番话时，我的心被触动了，忽而明白了这儿的静谧与美好的原因。很简单，这里的山民是朴实的，他们中有不少红军的后代，可他们却鲜少有人仗着红军后代的身份提出这样或那样的要求，去谋求特殊待遇。他们只是像普通人一样，不，他们就是普通人，简单生活着，虽然平淡，但真实。

10天的井冈行，我们有过欢声笑语，有过汗水与疲累，也有过对革命先辈们的致敬，更有过对井冈山山民淳朴、淡然的生活态度的向往。这儿安宁而祥和，空灵而清秀，是那么美妙而真实，给我留下了难忘的回忆。我真的好想永远都待在这钟灵毓秀的山中，去体会那“听潮起潮落，看云卷云舒”的妙境。

“行到水穷处，坐看云起时。偶然值林叟，谈笑无还期。”

七月，我们走进火热青春
——霍山县太阳乡国学宣讲记事

2013级汉语言文学　丁艺婉

我的青春我做主，每个人都有权利选择自己的人生如何度过。在这个夏天，我们一行十七人选择了结伴而行，赶赴霍山县太阳乡开展国学宣讲活动，在火热的七月一步一步地向着我们更加火热的青春靠近！

与孩子一起成长

第一次以“支教老师”的角色进入课堂，我并没有感到紧张，当看到他们的一张张笑脸和个个朝气蓬勃的样子时，更是有一种见到弟弟、妹妹的亲切感涌上心头。

我们秉承“文化传承、启迪智慧”的国学宣讲理念，教学方式以启发和引导为主，在我所任课的国学小班更是如此。当讲解到《弟子规》中“财物轻，怨何生”这一句时，我问大家“关于金钱的看法”，意在了解学生们的金钱观。彭越同学站起来羞怯地说：“钱可以帮助贫穷的小朋友，让他们和我一样能上学。”这个答案出乎我的意料，在我们眼中，经济欠发达地区的孩子可能对金钱有更深的渴望，希望用金钱满足自己的物质需求。但我们可能忽略了，“善”是孩子的天性，“感恩”和“爱心”是培育他们的土壤。

和这些孩子一样，我们宣讲团队怀着一颗颗爱心，不仅远赴大别山区支教，更是通过学院为他们申请到了一笔“爱心基金”。相信这些孩子们在得到这些帮助后，会更加努力，将爱心传播到更远的地方。

十多天的接触让我们彼此都有了变化，记得刚开始有些分不清声调的同学已经开始自己注拼音了，更显著的变化是孩子们变得越来越开朗、积极，不再是开学时羞怯的毛头小孩了。作为非师范生的我在一节节的课堂实践中提升了教学技能，对“教师”这个职业有了比以往更深刻的认识。最重要的是这次宣讲活动培养了我的责任心，使我学会对自己负责，对孩子们负责。

在这里，我们是异乡人，却不是旁观者，带着爱与期待来和孩子们共同成长进步。

与队友一起奋斗

“厨房没有柴了，谁去劈？”“我去！”“下午的课我来上吧，你快抓紧时间休息一下。”“不用，不用，我来！”在我们的支教队伍中，这样的对话再熟悉不过了。在分工明确的前提下，所有人都抢着分担更多的事情。原始的生活条件没有让我们退却。山里蚊虫多，天气热，再加上教学任务重，种种不利条件都摆在我们面前，可是没有一个人痛了就喊痛，累了就放弃。即使上完课后还要马不停蹄地赶去做饭，即使劈柴、生火、做饭都在一间狭小简陋的厨房中进行，我们依然把做饭当成聚餐，把咸菜吃成盛宴。

克服生活上的困难后，我们队员对课堂教学丝毫不放松，展示了严谨治学的精神风貌。在课上，国学中班的志愿者以“知过能改，善莫大焉”的理念教育多次犯同样过错的同学，以“知礼、明德”的准则规范不守课堂纪律的同学，以“孺子可教也”的话语来鼓励学习有进步的同学，把书本之意与生活之意紧密结合。从他身上，我看到了自己教学方法的不足，意识到自己还要不断地丰富知识。

集体生活对于我来说并不陌生，但与集体并肩奋斗的体验不是所有人都会经历。似水流年，我们一生会遇到很多人。有些人如同烟火，忽明忽暗，终会消散。而这些人不同，他们如北斗，陪伴我走过一段难忘的旅途，会闪耀在我的青春里。

与青春一起激昂

有首歌唱到，青春正是长长的风，来自无垠，去向无踪。在我看来，在正当火热的年华里做着充满正能量的事情，才能不负这阵清风。这次社会实践活动给生活在象牙塔中的我们提供了广泛接触社会、展示自我风采的机会。我从中学到了很多书本上学不到的东西，汲取了丰富的营养，把理论学习与实践环节融会贯通。

最好的时光

2013级汉语言文学　何　蕾

在无数个睡不着的夜里，我相信会有很多人，习惯性地开始闭上眼睛，安静地想念一些事情。在从宿州参加完暑期社会实践活动回来的这个暑假里，我经常会回想起那段时光，想起那些孩子们一张张稚嫩的笑脸。

这是一次简简单单的支教之旅。它看似平凡，但对于我们，对于那些可爱的孩子都有着不一样的意义。7月2日我们团队驱车来到大张小学——留守儿童之家。一到那儿我们就受到了学校热情的接待，也初次见到那群可爱的小朋友，并且领着他们走进了教室。带着期盼之心，我们开始了一段难忘的支教之旅。

快乐写在了我们的脸上，炎热的天气也阻挡不了我们的热情。这些孩子积极性很高，在课堂上的表现十分活跃；这些孩子也十分可爱，走到哪里都有他们甜甜的问候“老师好”，每一声问候都让我体会到从未有过的幸福感和成就感。每次走进教室迎来的都是他们的无比兴奋、快乐的眼神；每次下课都是大家围在一起欢快玩耍、共同合影的情景。他们单纯，他们热情，他们的举动有时会让我们受宠若惊：他们总是会在课间强塞一些从家里带来的好吃的给我们，也会自己亲手编织手链送给我们，还会自己画画送给我们，盛情难却。

小小意外也是不可避免的，小孩子生性调皮捣蛋，最爱玩闹。偶尔同学之间相互打闹，每次有小朋友受到“欺负”，他们就会向我们这些小老师报告说“老师，他刚刚打我了”，然而片刻后他们就又重归于好，互相嬉戏了，这就是小孩子。有一次一个男孩在玩闹时受了伤，膝盖出血了，我们赶忙帮他清理伤口，他很乖，静静看着我们帮他包扎，他也很勇敢，毫不在意地说没事儿，尽显小男子汉的风采。周围的同学也围过来慰问，尽显同学情谊。

快乐的时光总是太短暂，离别时刻终将到来。我们将要离开的那个下午，教室的气氛变得异样，最淘气的孩子也安静下来。望着他们不舍的眼神，心中的滋味难以用言语表达。最后，还有一个坐在第一排的小男孩，默默用黑白棋子在棋盘上摆弄,我问他摆的是什么造型,他沉默不语,当他完成的时候,一个孩子的造型呈现出来。然后他朝着我们笑了,匆匆离开了教室。我望着那副棋盘,心里感动,我甚至都不舍得收掉棋盘,不舍得毁了那个可爱的造型,不舍得辜负那男孩的一番心思。我想,如此心思细腻的男孩送给我们的最后礼物就是对我们最大的肯定。

志愿服务结束之后,我以为一切都结束了,但这些孩子总能给我们带来意外的惊喜:他们打来电话,说很想念我们。孩子的情感总是最纯粹、最真挚的,志愿服务结束了,但与孩子们建立的那份情谊留下了,永不变质。

这次简单的支教之旅让我感受到很多,我们教育者同时也是被教育者。我并不觉得自己教会了那些孩子多少知识,对他们做出了多大的贡献,反而认为他们在无形之中给我上了一课,人生中难忘的一课,感动和爱就是主题。从宿州回来,很多人问我教了孩子们什么,我只回答:我们互相教育。回想孩子们那纯真的笑脸和渴望、期盼的眼神,我默默地为他们祈祷,愿他们生活的天空永远湛蓝,生活的微笑永远灿烂,愿他们幸福快乐地成长。

所有的眼泪和拥抱,所有刻骨铭心的灼热年华,所有藏于心间的感动时刻,都留在了大张小学,留在了这年七月。最好的事,莫过于时光流逝之后,你的感觉依然存在。那是属于我们最好的时光。

酸甜苦辣　别有余味

2013级汉语言文学　蒋　娜

充实的时光总是稍纵即逝，美好的经历也总是那么短暂，转眼间，我们在肥东王铁乡为期十天的“三下乡”的活动已经圆满结束。回首过往的十天，相信每位队员都有说不完的回忆。

乡村初印象

还记得6月28日，一行人拖着笨重的行李箱，顶着六月的骄阳，汗流浃背。到达肥东站后转车，离向王铁乡又更近了一步。车行驶在乡间的小路上，凉风习习，拂去了疲倦与燥热。到达村庄后，队员们发现这里的条件比想象中的还要艰苦：房屋都是土坯房，下雨天还会漏水，八个女生只能在一间只有六平方米的小屋子里打地铺，男生则在院子里搭木板睡；住的地方离集市有十一千米的路程，集市每三天一赶，并且交通不便，队员只能靠步行前往；乡间的小道狭窄崎岖，阴雨天更是泥泞不堪。但是这些恶劣的环境并不能阻挡队员们前进的步伐，他们依旧情绪高涨，对未来几天的生活充满了期待。

且行且学

“讲台方寸窄，黑板丈余长。”暑期“三下乡”活动让队员们有幸走入课堂，与学生面对面。五天的支教生活，在不影响学生正常学习进程的情况下，我们不仅给学生上了近十节课，还举办了推广普通话、展示大学风采、学习经验交流会等主题活动，既传授了知识又丰富了学生的课余生活。然而，上课并不像队员们想象中的那么简单轻松，课堂上来说短短四十五分钟，课下却需要大量的准备工作。对于从未上过讲堂的队员，还有许多需要学习的地方，因此他们在与当地学校协商好之后，先以学生的角色听了两天的课，并向任课老师虚心求教，老师十分乐意与队员分享他们多年的教学经验。课堂上，学生略显羞涩，但在队员的鼓励下积极参与教学活动。几天的支教顺利完成。

另外,团队就当地经济与教育情况,展开了调研。天公不作美,连续的降雨给调研工作增加了阻力。泥泞的道路,骤冷的天气,雨伞的缺少,这些不可抗因素并没有浇熄他们的热情,队员们冒雨前行,挨家挨户走访调查。在与当地村民的交谈中,我们发现几个问题。一是空巢老人与留守儿童现象普遍存在。大部分的青壮年外出打工,将年幼的孩子留在家中,交给年迈的老人照顾。二是当地学校的教育质量相比过去有所下降,这主要是由于优秀教师外流,大多数学生选择去县城上学。三是社会补助政策覆盖不全面。我们希望通过我们团队的努力,能够引起当地政府的广泛关注,为提高村民的生活水平献出绵薄之力。

守拙归园田

“道狭草木长,夕露沾我衣。”忙碌而充实的农家生活是这次暑期社会实践活动不可缺少的一部分。习惯了家里衣来伸手、饭来张口的生活,来到这里买菜、洗菜、做饭、洗碗、洗衣等等,一切都需要自己动手。男女搭配,干活不累。女生负责做饭,男生则担起洗碗的重任。大家没有抱怨,相反,乐在其中。除了必要的生活琐事,队员们亦有很多趣味活动。这一切都源于那次偶然推门而入,在小院的后门外,队员们发现了另一个天堂。门外是一方池塘,池塘四周,李树环绕,蓊蓊郁郁。饭后,女生会摘上几个李子,酸酸甜甜的口感,喜滋滋的。而捉小龙虾成了男生最爱做的事,虽然收获不多,却足以让大家欣喜。四个男生,八个女生,在这里,他们面临着挫折,分享欢乐。一盘青椒土豆丝是做得艰辛,吃得喜悦。一天的忙碌令女生锻炼和男生成长。青山绿水之间,相信留下的是汗水,带走的是蜕变和成熟。

离别笙箫起

“长亭外,古道边,芳草碧连天……”时光静悄悄地溜出指缝,不言不语,十天已经过去了。还记得,大家第一天到来时不适应,那么多不习惯,可是不知道从哪一天开始,习惯了5点起床,习惯了一睁眼看到的是窗外的小院,习惯了排队洗漱。一切的一切,来得那么措手不及,那些曾经的不习惯不知不觉竟变成了一种习惯。所有想过的不知所措,到了最后却成了舍不得的羁绊。在这里,队员们每天都在成长,不论是工作上还是生活上,大家可以笑着流泪,也可以哭着微笑。离别那天,阴雨连绵的天空放晴了,离别的背影后面还伴着明媚的阳光。

长大后，我就成了你

——苔花如米小，也作牡丹开

2013级汉语国际教育　卢梦茹

曾经当学生的时候，觉得站在三尺讲台上的老师高大神圣。于是很小的时候，当被问及以后的理想时，就会稚嫩地回答我要当老师。曾经我在家里挂个小小黑板，让妹妹们坐着听我“讲课”，带着一股自豪感。都说老师是太阳底下最光辉的职业，我踏入安徽师范大学时，深深感到肩上的责任和自豪。

在安徽师范大学学习了一年之后，大一的这个暑假，我参加了学校赴阜南黄岗镇支教团队，想发挥自己的一点光热。我们发扬不怕苦不怕累的精神，默默收拾自己的行李，跟着学姐期待着即将见面的学生。

7月3日，那天天上悬挂着大太阳，火辣辣地炙烤着万物。我们坐着汽车，经过半个小时的颠簸，来到了张集小学。映入眼帘的是一个较破的校舍，还有一座孤独的滑滑梯。校长对我们很热情，反复地说这里缺少教师，对我们的到来表示非常欢迎。学生们都听话地坐在教室，看着我们，眼神里充满好奇和欣喜。

我们教小学生们《三字经》《论语》，传授“知之为知之，不知为不知”的学习之道；教他们画画、折纸、唱歌；教他们给父母写信，唱《感恩的心》，稚嫩响亮的歌声充满了教室；给他们讲安全知识；帮他们打扫满是灰尘的教室。此外，我们还为他们举办了很多有趣的活动，如汉字英雄比赛、诗情画意会、唱歌比赛等，在课间和他们一起跳格子、跳大绳、玩猫捉老鼠。我们买了许多零食、文具，和他们做游戏当作奖励送给他们。与孩子们在一起的时光，是惬意的，是轻松的。他们的笑声就像阳光一样洒满教室，给我们快乐和满足。这让我深深感受到做老师的幸福。

在张集小学，我们目睹了小学生们冒着大雨，踩着泥巴来学校的艰辛。然而，每当我们的车到达学校时，他们都用一张张可爱的笑脸迎接我们。看到老师到来，他们欢呼，他们微笑，让人感动。让人印象深刻的是一家三个姐妹，她们姊妹六个，姐姐带着两个稍大一点的妹妹上学，小小的个子，蹬个大自行车，从很远的家来学校。尽管如此，她们脸上总是充满笑容，上课认真积极，惹人喜欢。也许，只有站在老师的位置上，我们才能发现学生有他们独特的优点，不介意他们脏兮兮的衣服和顽皮打架的喧闹，只因为他们的笑容有一种纯净的感染力。

7月6日，赴阜南黄岗爱心支教结束。尽管几天下来，蚊子、暴雨和不合口的饭，让大家觉得困难重重，但是离别之际，大家都舍不得走，舍不得可爱的学生们。是的，这是我们第一次踏上讲台，第一次听别人亲切地唤我们“老师”。我们有做老师的责任感和成就感，更重要的是，我们亲近学生，有一颗爱学生的心。

天下无不散的筵席，四天时间如此短暂，离别总是让人不舍。在我们说要离开的时候，孩子们露出难过的表情，他们围着我们，要联系方式。我们搂着他们，一起合照，在阳光中绽放我们的笑脸。我们留下了印记，带走了回忆。

虽然我们支教的时间不长，内容也不多。可是我们满怀热心，希望用自己的绵薄之力带给他们快乐，跟他们说一些书本上学不到的知识。我们希望能为他们做些什么，让他们过得更好。作为爱心支教的志愿者，我们起的作用有限，可是至少我们可以带给他们希望，传播我们的爱，并使这种爱像接力棒一样一直传播下去。这是一段珍贵的经历，一缕美丽的回忆。

长大后我就成了你，才知道那间教室，放飞的是希望，守巢的总是你；长大后我就成了你，才知道那块黑板，写下的是真理，擦去的是功利；长大后我就成了你，才知道那个讲台，举起的是别人，奉献的是自己……

分给最平凡的人一份力量

2012级汉语言文学　潘　瑞

去年暑假，头一次到农村去支教，回来后感受良多，很希望自己家乡的孩子们也能有人为他们带来平时课堂上学不到的，甚至从没听说过的知识，以及那种新鲜的快乐，洋溢着的热情与青春……我想给他们带去一分力量。

可能我们带去的会很平凡，但在这个世界上，最需要得到别人的肯定与温暖的，始终是生活在每一个角落里的普通人，他们不该被忽视。也就是在这种念头的促使下我才准备带领同学们去老家那边支教。

然而想象与现实的差距从始至终都有，要准备一次社会实践比我想象的要更辛苦复杂，虽说其中有快乐与付出之后的喜悦，可也总让我时不时有质问自己为什么要起带队社会实践的念头，说从来没有后悔过，那是不可能的事，我承认自己曾在困难面前软弱过，想要退缩到原点上去，想回到我刚产生那个念头的时候……

不过时间总是过得很快，容不得我再多想其他。7月7日，我们在张集小学的最后一天下午按照课时的安排，是两节感恩课。

尽管是最后一天了，但几天下来，我们和孩子们越来越熟悉，他们也不再拘谨，面对我们总是露出让人忘记烦恼的笑容。孩子们的热情很高，当队友带领他们一遍一遍地学唱《感恩的心》后，同队的同学提议让高年级和低年级学生来一个比赛，看谁唱得好。于是低年级的小朋友们后面拉着前面，像开着小火车似的涌进我们班里，比赛开始了。

感恩的心，感谢有你
伴我一生，让我有勇气做我自己
感恩的心，感谢命运
花开花落，我一样会珍惜……

低年级的孩子声音洪亮，高年级的学生声调优美，我们也分不出上下来。小学校长站在窗外看着学生们唱歌，从头到尾都面带着笑容。这里的老师曾告诉我们说乡下学校最缺音体美老师，她何曾不希望这些孩子们也能跟县城里的孩子们一样有培养各种兴趣爱好的条件呢，可就是没有条件。这些惋惜总让我们心头一重，要知道几天相处下来，这些孩子的聪明与懂事出乎我们的意料，他们可一点不比城里的孩子差，甚至多了份从干净清新的大自然里孕育出来的淳朴自然。

于是我们商量后调整了课程计划，增加了绘画与音乐课。尽管条件简陋，我们也不是专业的老师，但当几十个孩子共用一盒水彩笔聚在一起画画时，他们的神情格外认真，那一刻他们就是创作中的艺术家，谁都不能打扰他们画出最美的作品。当我们只能用手机播放歌曲，一句一句地教他们唱歌时，孩子们都兴致勃勃地唱着。当最害羞的孩子也微笑着和伙伴们一起唱歌时，你仿佛能看见所有人的心都被感恩的歌声洗礼涤荡……在他们身上你总能看到那种珍惜一切的幸福，这正是所有人都需要的美德——珍惜、感恩生活所给予我们的一切，包括苦难与艰辛。

感谢这些孩子们的热情善良，也珍惜着这一刻飘荡在整个校园中的歌声……夕阳西下，开校车的老师喊我们上车。我们该走了。

传承孝道，爱满天下

2013级汉语国际教育　孙　珍

细数生命中的温柔点滴，无不闪耀着爱的力量。几十载的春去秋来，他们用粗糙苍老的双手换来了祖国和家乡的发展，他们用满脸的皱纹和难以治愈的疾病换来了家人的健康幸福。他们本该在子孙的环绕与温暖的家庭中安享晚年，却不得不依赖政府和社会机构提供养老的条件。国家统计局的资料显示我国进入老龄化社会的现实，这意味着我们这一代人要增强敬老意识，为我国敬老事业出一份力，尽一份心。在学校和学院的大力号召与积极鼓励之下，我来到了马鞍山市当涂县姑孰镇社会福利中心进行了为期一周的暑期实践。

几度辗转，初见倾心

2014年6月29日，我们怀着几度期许、几度好奇坐上了从芜湖开往当涂县的长途汽车，看着沿途的风景由熟悉转向陌生，我们的心情变得复杂起来。当涂县姑孰镇社会福利中心到底在哪儿？那儿到底是一个怎样的地方？我们能圆满完成这次的实践任务吗？我们会和院里的老人们和谐相处吗？在我们的思考与讨论中，汽车到达了终点。但，这并不是我们的终点。在院长的指导下，我们打车来到了汽车东站，并坐上了去县里的汽车。70分钟后，我们终于来到了当涂县姑孰镇社会福利中心。在福利院的门口，我们受到了院长和院里其他领导的热烈欢迎。

走进姑孰镇社会福利中心，迎面扑来的是满眼的绿色。整整齐齐的香樟树像威武的卫士一样笔直地站在道路的两旁迎接来宾，躲在香樟树下面的是害羞美丽的栀子花。可惜的是，我们去的时候栀子花早已凋谢，但她们的芬芳与娇羞的身影早已成为我们记忆中最美的点缀。除此之外的土地上都种满了生命力极其顽强的小草，绿色的外衣是它们一年四季中唯一的外套。道路的左侧是老年健身器械，我们时常看见老人们认真锻炼身体的身影。老人公寓前有一座古色古香的小亭子，一座极短的小桥成了亭与路的使者。桥下波澜轻微的湖面与四角小亭相得益彰。当清晨的第一缕阳光洒向这片土地时,亭子上翘起的四角便闪闪发光,好不美妙。

我们的住所被安排在了老年公寓的一楼,是三个并列的房间。房间面积大小适中,基础设施一应俱全。除此之外,还有电视机和空调等设备,我们在活动完成之余可以看一些有趣的电视节目,天气较热时我们也可以开空调解暑。推开房间门便可以看见许多植物,既可以开阔心境,也可以饱览风景。每天的清晨和傍晚,我们都会看见大部分老人走出房门散步或在门口聊天,他们每天呼吸着新鲜的空气,每天都洋溢着幸福的笑脸。

浓浓爱意,暖暖心窝

在我们到达敬老院的第二天,院里的负责人就实践活动给我们做了切实可行的指导并提出了一些建议。鉴于我们刚到,和老人们还不是很熟悉,我们就先在食堂进行帮厨活动并负责食堂卫生的打扫。刚开始的帮厨活动对我们大部分队员而言是陌生而又辛苦的。我们平时只看见蔬菜盛在碗里的样子而不知如何清洗、如何加工。在食堂阿姨的热心指导下,我们学会了正确且高效的择菜方法。为了更好地为老人们服务,我们团队主动承包了为老人们打饭打菜的任务。看着老人们满意的笑脸和啧啧的称赞,我们内心十分激动。饭后食堂的卫生活动也是我们当天的任务之一,饱餐之后的我们有了更多的能量,因此打扫起卫生来既迅速又高效。人心齐,食堂净,第一次活动有了明显的效果,我们既感到满足,又对未来几天充满了信心。在实践中我们也遇到了一些困难。就打水这一方面而言,我们刚开始并不知道有时间限制,而且打水的机器使用起来较为困难。一位住在开水机旁边的老爷爷教会我们使用打水的机器,而后我们自发地为那些打水困难的老人们服务。我们的良好互动成了与更多老人交流的开端,他们也对我们愈加熟悉,愿意和我们聊天,愿意配合我们的活动。在聊天的过程中,我们有些同学难以理解当地的方言,有的老爷爷和老奶奶就主动承担起了“翻译官”的职责。方言夹杂着普通话,配合着肢体语言,我们在欢声笑语中度过了很多的午后闲暇时光。

在食堂负责人的提议下,我们在一个美妙的清晨来到田间采摘蔬果。对于大部分队员而言,我们没有机会在钢筋水泥堆砌的城市中如此近距离地感受田园风光,更没有机会亲手采摘这些甜美新鲜的水果蔬菜。整齐对称分布的豇豆藤上挂满了绿色的长条豇豆,伸展着翠绿枝叶的黄瓜藤上结满了粗壮的黄瓜,远处看似不起眼的西红柿植株上也结起了一个又一个的红色小果。整个田园中，我们认识的和不认识的植株上都挂满了丰收的喜悦。我们带的大箩筐一个接一个地装满了。回去的时候，沿着羊肠小道，田间各种瓜果的香味扑鼻而来，我们不由自主地忘却了一些烦恼和忧愁，原本沉甸甸的箩筐都好像变轻了似的。

感同身受，立志于行

现代社会的经济发展带来了新的文化与社会风气，对传统文化造成了一定的冲击，更对我国的敬老文化的传承与发扬带来了一定的困难。现代家庭的规模越来越难以容纳三世同堂或四世同堂，因此少数老人不可避免地选择了在敬老院安度晚年。

在这几天的实践中，我们发现，许多老人由于长期独自在敬老院生活，得不到家庭的爱与温暖，从而造成了一定的心理问题。他们的精神生活是单调且无聊的，终日无所事事，又缺少家人的陪伴，他们对自己和生活失去了信心。有些老人甚至产生了一定的精神疾病，总是想象自己处在子女的陪伴之下，偶尔醒悟，却无奈将相思之苦、子女弃养之恨化作那苦涩的眼泪。

我们的到来在一定程度上振奋了他们的心灵。他们都是上了年纪的老人，谁不希望有年轻人来看望自己、照顾自己？经过短暂的相识相处，我们和老人们建立了友好的关系。我们在了解他们情况的基础上也会帮忙做一些力所能及的事情。我们帮助王奶奶叠被子、打扫卫生，给李爷爷送开水，下雨时为瘫痪的唐爷爷撑伞，吃饭时为所有的老人盛饭盛菜，等等。这些事情都是我们在看到老人们的生活现状后自发进行的，我们并没有其他目的，只希望能在我们实践期间尽可能地为他们多做一些事情。他们年轻时为祖国和家乡的建设贡献了自己的力量，现在他们人到暮年，理应受到尊重与照顾。

夕阳的幸福需要有朝阳的回报。我们不仅仅要在福利中心进行实践活动时牢记尊重老人，更要在家庭中孝顺自己的长辈。他们从年轻时就为这个家庭辛苦付出，为了子孙的幸福生活，他们真的做了太多太多。“老吾老以及人之老”，我们只有从孝顺自己家的老人开始做起，给予他们爱与温暖，让他们安享晚年，才会在整个社会形成一股敬老爱老的生活作风。“家有一老，如有一宝。”在家庭未来的发展和人生道路的选择上，他们拥有绝对的发言权。千万个家庭的发展将会拧成一股强劲的力量，推动敬老文化的传承，推动祖国事业的发展。

星星之火，可以燎原

每年的暑期社会实践活动都会得到全国绝大多数高校的支持，数以万计的暑期社会实践队伍在每年暑假的开端奔赴全国各地进行实践。作为国家大力培养的大学生，我们应该肩负起社会责任，义不容辞地参与这项活动，运用我们的知识和素养，加以实际行动，去影响处在中国广大乡村的人们。在实践的过程中，我们要时刻展现出大学生应有的仪容仪表和心理素质，为那些文化水平较低的人树立起榜样，从而推动整个国家的进步发展。就安徽师范大学而言，每年都会有数百支肩负不同任务的实践团队进行实践任务，回校的汇报也能体现出色的成果。正是有那些热心社会公益事业的优秀大学生们，这项全国性的任务才能坚持完成下去。作为学校的一支代表团队，我们尽己所能，用艰苦付出换来了令人满意的实践成果。

星星之火，可以燎原。从近几年来的数据调查我们可以看出，大学生的暑期社会实践队伍逐年壮大，实践内容也愈加丰富多彩，涉及生活与文化中的方方面面，早已是一片大好的燎原之势。只有亲身经历这样的实践活动，我们才可能对社会现状有一个较为全面的了解。在实践的过程中，我们不仅锻炼了自己的能力，挖掘了自己的潜力，而且净化了心灵，重新获得了对生活的认识与了解。

父母恩情深似海，人生莫忘父母恩。尊重老人，孝敬老人，不仅是社会道德的需求，更是一种天性的存在。生活在文明社会中的每一个人，都应该把孝敬老人看作是和生命对等的事情。羊有跪乳之恩，鸦有反哺之义，况乎人哉？

那年盛夏的温暖记忆

2012级汉语言文学　王婷婷

有人说："使人成熟的，并不是岁月，而是经历。"我不知道盛夏的那段记忆是否让自己变成熟，但我可以肯定的是，那几天的支教生活让自己经历了一次心灵上的洗礼，值得我去永远铭记。如今想起，心里依旧暖暖的。

盛夏时节，我坐了四个多小时的火车来到阜阳和队友会合，然后一起出发去阜南。阜南位于安徽省西北部地区，隶属于阜阳市。全县人口过百万，至2017年仍是国家级贫困县。到达阜南之后，我们又转车颠簸了几个小时来到了此次行程的目的地——黄岗镇。黄岗镇位于阜南的南部，这里多是留守儿童，镇上的教育设施不完善，师资力量也有限。而我们此行的目的就是尽我们自己的绵薄之力给这里的孩子们带去更多书本之外的知识。

第一次见到那些孩子们是在到达黄岗镇的第二天。一大早，黄岗镇中心学校的校长和另外两位校领导来到了我们歇脚的宾馆。经过一番商讨过后，我和另外两位小伙伴一起被分配到了槐井小学。乡里的路不好走，在车上颠簸了近半个小时才到了学校。一下车，看到眼前的情形，顿时心里酸酸的。学校门口写着"槐井小学"的牌子都掉了，后来从校长口中得知原来这所小学在新中国成立之初就成立了。可是一直以来学校的各种硬件设施都不完备，更别说软件设施方面了。走进教室一看，里面已经坐了三十多位学生了，听校长说他们知道今天有新老师来，非常兴奋，很早就到学校等待了。环顾教室，偌大的教室都没有一盏灯，地面还是那种土路，也许是前几天下雨的缘故，天花板漏水了，地面还是"泥泞"的。桌子和凳子也没有一件是完好无损的，好在他们还有桌子可以趴，还有凳子可以坐，凳子是那种长长的可以坐好几个人的。他们对这样的学习环境没有一丝抱怨，也许是已经习惯了。

站在讲台上，已然没有时间去发表那么多矫情的感慨。看着孩子们黝黑的脸庞上那些稚嫩清澈的眼睛，宛如一泓清泉般，可以感受得到他们对知识的渴望和对我们的到来表示出来的欣喜，我立马放下包，在毫无准备的情况下给他们讲起课来。第一节课我给他们上的是《论语》。仅印象中老师教过我的而且给自己印象最深的那几句，我都给写在了黑板上。在讲解的过程中他们兴致都很高，这让第一次教课的我有种受宠若惊的感觉。没过一会，就到了放学的时间。

中午我们和校长一起吃了一顿简单的午饭，随后就回到了学校。在和校长的攀谈中，他告诉我们他也是今年刚上任的，极想改变学校各方面的现状，也和我们交流了他自己的想法。从这样一个从事教育工作的长辈身上，我仿佛看到了他身上散发出来的光芒。他关爱学生，学生也非常尊敬他。他有智慧，有胆识，有魄力。校长还对我们志愿者的到来表达了自己的欣喜和欢迎，他说希望看到更多的志愿者来到这里，给孩子们传授更多新的知识。

转眼到了下午，我们通知的下午上课时间是两点钟，有几个孩子十二点半就到了。经一番询问才知道，原来他们家离学校有好长的一段距离，步行的话至少需要一个小时，所以一吃完饭家人就催他们来学校了。这样一番话给了我莫大的压力，谢谢家长、孩子还有学校的校长、老师对我们的信任。教给孩子更多有用的知识，唯有这样，才能不辜负他们的信任。

这天下午，我给孩子们上了一节音乐课，教他们唱的是五月天的《天使》。孩子们用心在学，学得非常快。就这样，一天过去了，可自己仍有种意犹未尽的感觉……

接下来的几天支教活动都在有条不紊地进行着，不敢有丝毫的懈怠，不能辜负任何一个信任自己的人，也是给自己一个交代。

支教的最后一天，眼看着这次支教活动就要结束了，可我感觉自己才刚刚开始适应这一切，却到了说再见的时候了，不舍之情溢于言表。一大早来到学校，校长叮嘱我们不要告诉孩子们今天是最后一天，怕他们伤心难过。最后一天我们都想着多教些知识给孩子们，早上早到一些，下午放学晚一些。我把前几天教他们的所有知识都温习了一遍，还教了几句《三字经》。听着孩子们的琅琅读书声我也陶醉其中，这是怎样的一种满足感啊。《论语》和《三字经》都是中国古代文化的精髓，其中蕴含了学习、为人处世等许多方面的道理，待他们仔细去参透……

下午一来，就把第一天交给他们的那首《天使》温习了一遍。让我们感到惊讶的是，不管是歌词还是旋律，他们都还记得清清楚楚。

“你就是我的天使/保护着我的天使/从此我再没有忧伤/你就是我的天使/给

我快乐的天使/甚至我学会了飞翔/飞过人间的无常/才懂爱才是宝藏/不管世界变得怎么样/只要有你就会是天堂/像孩子依赖着肩膀/像眼泪依赖着脸庞/你就像天使一样/给我依赖/给我力量……”

看着他们稚嫩的脸庞,听着从他们口中传出来的悦耳的歌声,突然感慨自己能为他们做的太少了,自己的力量太单薄了……

末了,校长来了。校长和孩子们说:“今天提前下课,我们和老师一起合影去。”话音刚落地,就有一个孩子问:“校长,老师明天就走了吗?”“明天的事明天再说。”校长严肃地回答他。听到这,心里甚是难过。随后,学校的副校长和主任都来了,说是一定要和我们合影留念。这几天大家同吃同喝,建立了深深的情谊。又到了离别之际,多的是不舍。校长深情地对我们说:“谢谢你们这几天的付出,对于你们的到来我感到很高兴,孩子们也是。希望明年有机会你们还可以再来……”

唯有经历,才能成长。谢谢这次温暖的经历,让我结识了温暖的队友,可爱的孩子们,还有给我们提供无微不至的帮助的校长。谢谢你们……

这一年盛夏,留给我的是暖暖的回忆。

珍贵的坚持

2012级汉语言文学　王玉娇

暑假，燥热的七月。一群热血沸腾的大学生，来到了阜阳市阜南县黄岗镇，开始为期12天的暑期社会实践爱心支教活动。阜南县黄岗镇是比较特殊的地方，镇中心学校下面分管着许多学校，零散地分布在各个村子里。学校多但教学设施、师资力量较差，给我们的支教活动增加了不小的难度。于是我们选择其中的四所学校开展支教。我被分配到了离镇中心学校40多分钟车程的季庙小学，在这里与80多名同学度过了难忘的日子。回顾在这里生活和支教的日子，我们体验了很多，收获了很多，而更为宝贵的是，我们感受到了那些坚守在偏僻乡村的教师们的责任与坚持，这让我们这些成长中的师范生受益匪浅，真正意识到肩膀上的这副担子的重量。

在设施条件简陋的季庙小学里，有这样一位教师，让人不由得产生一份敬佩之情，我从他身上感受到了更多的责任与爱，对自己的人生目标有了更加明确的定位。刘老师年近六旬，就像所有农村的老者一样，皮肤经历了岁月的蹉跎留下一道道深深的皱纹，原本笔直的脊梁也经受不住农务的繁重而变得佝偻起来，白发苍苍，步履有些蹒跚，仍旧坚持在教师这一岗位上，做一名小学数学老师。初次见到刘老师，还以为是某位学生家长放心不下孩子，来看看情况。当得知他是这所学校的老师时，我的心中除了惊讶，更多的是一种尊敬，不仅仅是对一位老者的尊敬，更是对一位教师数年如一日坚守在岗位上的尊敬。

在我们支教的这些日子里，刘老师每天都会来，每天早上来到学校总能看到他慈祥的笑脸，下午放学离开时也是他最后细心地关窗锁门，他把这所学校看作自己的家一样，将一生的时光奉献给了它。上课前，他会拿起那个多年前便开始使用的手摇铃，提醒学生上课时间到了；课间，学生在狭小的操场上玩耍时，他会站在一旁慈爱地看着他们，如同对待自己的孩子般，以免他们受伤；他熟悉每个学生，知道每一个孩子的性格与家庭环境，知晓他们的一切。和刘老师交流的过程中，得知他在这所学校待了有40多年，我们问他这么多年坚持在教师岗位上的原因，这位朴实的老人却说出了最简单的理由："因为习惯了。"或许我们都知道，在这样一个贫穷落后的地方，几乎很少有人愿意留下来当老师，这里没有完备的教学设施，没有像样的教学环境，就连最简单的洗手的地方都没有；有的只是低矮的房屋，陈旧破败的教室，破破烂烂的桌椅。这所学校条件简陋学生却相对较多，仅仅靠着五六位老师就支撑起了整所学校。

一句简简单单的"习惯了"，映射出这位教师高尚的情怀与人格，他没有抱怨，没有后悔，他坚持着这么多年的付出，却没有要求过更多的回报。他看着一个个孩子来了、走了、长大了、成家了……他看着一批批学生迈出校门，走出这个贫穷落后的地方，走向更加广阔的天地；他看着学生们长大，又看着学生的孩子们长大，他爱这些孩子胜过爱自己。听刘老师讲这所学校的变迁，仿佛是翻阅一本历史书，上面记录了这么多年这个狭小地方的巨大变化。而唯一不变的是刘老师这份珍贵的坚持，是他数年如一日的坚守与奉献，更是他身上闪烁着熠熠光辉的教师魂。世界上珍贵的东西有很多，而最为珍贵的是一辈子的信仰与坚持。支教的时间虽然短暂，却让我认识到了这样一位令人敬佩的老人。他不仅是一名普普通通的乡村教师，更是一座不朽的精神丰碑！

永恒的一瞬

心　　得

2013级汉语言文学　蔡梦帆

走过一路青砖灰瓦,穿过一片烟雨朦胧,看不清湖面的倒垂细柳,是它延伸的细腻温柔。徽州的一颦一笑,与微微细雨最是相宜。徽文化调研让我们在惊叹徽州之美的同时了解了它之所以美的原因,除了绵延的文化和得天独厚的地理环境,更重要的是徽州人坚持改革创新的态度。

我们在徽州学到了很多,除了调研成果之外,每个人都有所成长。在这里我们学会了分工合作,负责拍照片的同学无论刮风下雨总是背着单反相机,负责管理微博的同学会及时更新消息,与别的团队交流学习。这次活动我们受益匪浅,希望我们和徽州的未来能更加美好。

走进沂蒙红嫂,聆听三代革命故事

建党节的故事

2013级汉语言文学　曹文婧

今天是我站上讲台的第一天，为配合建党节的氛围，团队安排我给学生讲一些关于党的小知识。这是我第一次给这么多人上课，可喜的是，这些孩子的眼神都写满了专注与渴望，他们积极的回应给了我动力和安慰。响亮的“是”“我知道”“老师”回荡在教室，让我忘却疲劳和粉笔灰。

我问孩子们他们的梦。起初，孩子们有些羞涩。我鼓励舒婷给大家说说她的梦，她有些羞涩地说道：“我长大后想当一名医生，因为我妈妈的腰不好，我想治好她的病，让她不那么疼。”孩子的话语简单而天真，却让人感动，让我再一次看到孩子们世界的纯真自然，他们还说不出什么关于爱的道理，可是没有私念的心让人看到爱洒满梦的种子，发芽开花。

放飞的不单是纸飞机，孩子们的梦想就此起航

天　　使

2013级汉语言文学　陈如意

她是一个爱笑、开朗、有好奇心的女孩。在对她进行辅导的过程中，她总会问你各种稀奇古怪的问题。你若答出来，她会稍稍有些失落："啊，原来你都知道啊！"然后再继续她的提问。你若答不出，她就会高兴得手舞足蹈，然后很自豪很炫耀地对你说："想知道答案吗？我可以告诉你哟！"还没等你回答她，她早已将答案公布出来。多么简单而美好的年龄啊。

她的性格却与之相反。不爱说话不爱笑，虽然很小却感觉酷酷的。面对这样的小孩子，你可能会觉得不好意思，你也可能会感到受挫，然而她毕竟是小孩子，天性不会变。就在我们即将分别合影留念时，她还是给我们留下了她大大的微笑。微笑是每个孩子特有的符号。画面定格，我将永远珍藏。

每个孩子都是天使。

孩子们天真无邪的笑容是最美的风景

前世不修，生在徽州

2013级汉语言文学　程佳佳

欲识金银气，多从黄山游；一生痴绝处，无梦到徽州。我庆，生是徽州人。我愿，永为徽州魂。轻抚历史的青砖，感悟那穿越千年的古韵。那青色的瓦，青砖铺成的路，古朴的木门，江南的水，荡漾着浓浓的古韵情，飘荡着令人沉醉的情韵。幽幽巷道，绵绵情长，静默记忆的彷徨。古旧砖墙，遗落太多沧桑。街道悠长，倾颓不该的愁肠。寂静的空间，无妄的想念，陪衬历史的遗芳。一缕清香，半掩恓惶。一片翠绿，只手遮掩了曾经的梦乡。你的微微一笑，斩断所有沉睡的寂寥！青灰色的石壁，灰褐色的道路，寂寥的格调沾染不该的落寞。脚步青苔，陈旧的木门记忆着曾经的芳华。

娇羞的少女，小小的背包，点缀痴情的渴望。石阶倩影，静默地窥探，一身惊叹，轻摇庭院的小梦。深深几许？一盏痴心，煞了惆怅，多了情长！

门里蕴古韵，门外历千秋，一街一韵流千古，一人一心恋古韵。

感动瞬间

2012级汉语言文学　戴翠翠

走进颍上福利院的那天是个阴雨天，天上淅淅沥沥下着小雨。我们一行人踏着雨水走进了福利院的大门。当我刚走到自己所分配的教室门口时，就看到一个瘦瘦的小女孩在教室前的雨地里仰着头淋雨。

我大声对她说："你快回来，淋雨会感冒的。"她回过头微微笑着对我说："我喜欢雨，我想和她亲密接触。"我一边走到她身旁，一边说道："你想和雨接触，可以站在走廊下，用手接雨就可以了，为什么要站在雨中呢？这样会生病的。"她脸上仍旧微笑着，没有一点想离开的意思。我伸出手想把她拉回去。当我的手只抓到一只空空的袖管的时候，我怔在哪里。转头看她的另一只胳膊时，也只看到空荡荡的袖管。我的脸不由自主红了起来，内心为自己的失言感到十分羞愧。

小小的善良的她，似乎感受到了我的尴尬，但并没有责怪我的鲁莽。依然保持着她惯有的微笑说："我们回去吧。"我像犯了错误的孩子一样跟在她的后面。霎时间，我感到失去双臂的她，多了一对天使的羽翼。她用善良、真诚让翅膀飞翔，而翅膀又托起她的自由的梦想。

我的国学课

2013级汉语言文学　丁艺婉

今天的教学内容主要是《国风·邶风·击鼓》,面对一群低年级的小学生,我不知道如何表达,可以让他们理解这首诗。所以,我想尽量讲得简单点。可是真正讲的时候,我才发现自己其实也没有很好地理解它内在的含义,结果就是无法用他们可以理解的东西来给他们讲这首诗。比如这首诗的背景,我其实并不需要向他们做详细的说明,不能站在自己的角度上去给他们讲解。我觉得更多的时候应该让他们感受到《诗经》的乐趣,进而可以在之后有兴趣去了解国学,不能机械地去讲,使他们排斥这个东西。而且,在今天的教学中我知道要想成为一名合格的老师,必须要做很多的积累,可能需要满腹经纶,才可能做到旁征博引,让课堂变得更加有趣。

同时,我们这个团队也意识到了教学内容的不合适,《诗经》对于低年级学生有难度,所以,我们决定改变教学内容,教内容好理解的《弟子规》、唐诗或者宋词等,让学生慢慢进入国学世界。

初讲国学

2012级汉语言文学　贺明炯

今天是正式开学第一天。很多学生六点多钟就已经来到学校准备听国学课了，而正式开讲是八点钟。今天首讲《诗经》。

《诗经》是中国最早的一部诗歌总集，对后代诗歌发展有着深远影响。因此，首先要让学生对诗歌产生兴趣。第一次讲《诗经》，先让学生和我们一起诵读。学生们一起大声诵读了《关雎》和《蒹葭》，琅琅的读书声和竹声、溪水声汇成了山间特有的乐律。学生们的兴致不减，甚至有的同学尝试着唱出来，我称之为“唱出来的国学”。《诗经》本来就是用来唱的，也许学生们并不清楚里面讲的究竟是什么，但是他们愿意尝试着唱出来，就很不错了。我认为要想传承国学经典，首先就要培养对国学经典的兴趣。由兴趣而引发热爱，由热爱而引发深究，由深究而传承下去。没有兴趣地去学习国学经典，只能造成学生的乏味厌倦，出现背天书的现象。兴趣是最好的老师。传道授业解惑，首先要乐道乐业乐解，不然如何传，如何授，如何解？我们国学宣讲队的学员不也是因为怀着对国学的极大热忱和兴趣，才不顾艰辛远道而来为山区的孩子们宣讲国学的。我们应该将对国学的热爱和兴趣变成动力去传承国学，发扬国学，更要将国学经典里所蕴藏的人文情怀和济世之道发扬光大。

初 忧 伤

2012级汉语言文学　洪淑瑶

在山里的那些日子里，我的心曾响过一次悲歌！

在支教即将结束的倒数第三天，学文突然不来上学了。起初，我很生气。尽管他上课时常调皮捣蛋，我也尽量和他沟通，宽容他，但他一声不响地不来上课了，打电话也没人接。同学们劝我说算了，然而我想来想去还是觉得不对劲，所以放学后我和一位同伴一路打听，到了学文的家里。

他家在山顶上，路不好走，而且离学校很远，但他每天都是班里最早来的。我走进客厅，学文吃惊地跑出来，躲躲闪闪地向我打招呼。学文奶奶回来后，到厨房为我倒了一杯水。当我看到她双手颤抖着给我递水时，我的内心百感交集，一个年过六旬的老人，要照顾孙子，还要打理家里和田地，她自己刚从田地回来，嘴唇都晒干了。我连忙把杯子递给奶奶让她自己先喝。我问奶奶为什么学文不来上课，奶奶才跟我说是因为暑假作业，她说暑假作业太贵了她没舍得买，学文又因为班里同学都有他却没有所以吵着要买，因此不去上课，无奈之下，奶奶才给他买了。听到这，我鼻子一酸，更觉得难过，我懂得学文的心情，自己小时候也有过这样的心情，但我也能体会到奶奶的不易。我跟奶奶说要带学文回学校，奶奶非常高兴，说："学文回家就一直哭，说老师非常疼他。"

这一次家访，让我有了深刻的感受，是忧伤。有的孩子即便有了暑假作业，即便家里有人可以教他，他也不会懂得珍惜；而有的小孩要用尽办法才能买到！虽然学文的做法好像非常不懂事，但让我很心疼，不忍心再去指责他！

那天夜里，我独自一个人，仰望着山里明亮的星空，流下了忧伤的泪水，第一次为这大山的深沉感到压抑！

离别时的幸福

2013级汉语国际教育　胡建禺

七月，蓝天如洗，鸽哨嘹亮；七月，江山如画，鲜花怒放；七月，彩旗飘扬，笑语歌唱。七天，虽然每天大家都很累，但都坚持到了最后。

最后一天，是珍贵的记忆。那天刚来到教室，就收到了一位小朋友递过来的气球，歪歪斜斜的字体写着："老师，谢谢你。"天知道那一刻我有多感动。看着那一张张纯真的脸，所有的疲惫都消失了。我不舍，我舍不得离开这群可爱的孩子，突然发现时间过得好快，一周就这样过去了。我肯定这是我二十年来做的最有意义的一件事。这是我大学新的征程的重要一步。当我们离开时，学生们纷纷争着和喜欢的小老师合照留影，笑着挥手说再见，回来的路上还收到学生的短信，那一刻才知道，这就是我们的收获。

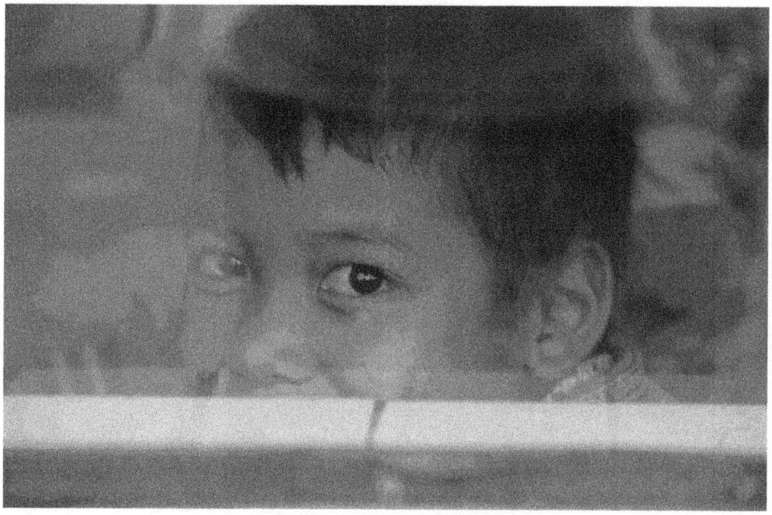

外面的世界，我想去看看

夕阳下的招手

2013级秘书学　季雅兰

每次我们一天的辅导结束后，家长们都会陆续来将孩子们接走。记得班上有个四年级的男孩，在窗口看到了他爷爷在外面喊他，但是他没有立刻跑出去，而是对爷爷说，要等到老师确认家长来接后点了名才能走。当时他清澈的眼睛中闪烁的都是对我们满满的信任和尊重，爷爷笑笑说没事，已经跟老师们讲过了，但他还是固执地将小脑袋摇了摇。我告诉他，你可以跟爷爷回家了，于是，他立刻高兴地拿起书包跑出去了，坐上了爷爷的三轮车后还回头对我摇了摇手，那双在夕阳下摇晃的小手，让我看到了孩子们的纯真和可爱。

以爱之名,予你深情

2012级汉语言文学　李海梅

在我们五年级班,有一个长着苹果脸的小女生。虽然看似很开朗,但从她的眼中还是可以看到一丝丝忧郁。

通过交流才知道她是单亲家庭,在她很小的时候母亲因为不能忍受家庭的贫困,选择了离开。这么多年来,是父亲含辛茹苦地将她养大。在如此年幼的时期就要承受家庭离散之苦,小小的她又是如何撑过来的呢?如此令人心疼的孩子立马唤醒了身为女性的天性,从此我开始认真观察和关心着这个小女孩。上课时多给她提供发言的机会,多多赞美和表扬,鼓励她勇敢地表达自己的意见;下课后,多找她交流,谈一谈她的爱好与梦想,打开她的童心。她喜欢唱歌,每次教完新歌后她都会主动唱给我听,所以在实践结束后的汇报演出上,我让她做了我们班合唱的主唱。看着她终于露出天真无邪、灿烂无比的甜美笑容时,我的心便酥酥麻麻的。虽然我不能给予她无可比拟的母爱,但是我可以给她姐姐的关爱、老师的关切、朋友的鼓励。

临走之前,我给她写了一封信。希望她可以成为一个优秀、坚强和勇敢的女孩,为了爸爸、为了自己,永远不能被困难吓倒……我不知道这些话,幼小的她可以理解多少,但我知道在未来她总会明白的,这也不枉我一番良苦用心了。

拉　钩

2012级汉语言文学　刘　隐

"拉钩，上吊，一百年不许变"，这是孩子们为确保守信的一种方式，在他们心中，拉了钩，那就是神圣的，不可违背的。我们常常觉得幼稚，只是我没想到，有一天，我也与我的学生做出了这样的承诺。三年级的学文已经有两天没来上课了，我们给他家打了多次电话，但是都没有人接。但学文平时每次都来得最早，他很喜欢在学校待着。我们担心他是不是生病了，于是决定放学后去他家看看。简陋的屋子，冷清的气氛，这是走进他家的唯一感觉。奶奶很开心地迎我们进去，请我们坐下。学文很怯怯地站在一边，与他平时调皮捣蛋的形象很不一样。问学文怎么没有去学校上课，奶奶告诉我们，其他同学都有暑假作业本，只有他没有。奶奶叹息着告诉我们，学文没有母亲，爸爸常年在外，他就跟着爷爷、奶奶。我们都很难过，这本不该是他这个年龄的孩子承受的痛苦，却又那样重重地压在这个不到10岁的孩子身上。学文在学校并不乖，但是谁又能想到，他这些不乖的背后，又隐藏着自己多么脆弱、多么孤独的心灵。他渴望陪伴，渴望爱，渴望跟其他同学一样，渴望跟同学在一起玩，而不是自己一个人待在家里。

拉钩，我和我学生的承诺。从他的眼里，我知道，他会越来越好。

小村故事

2013级汉语言文学　潘婷婷

十天的乡村支教暑期社会实践活动中，我们在农家租的一个小房间里打地铺、睡沙发。我们的队员们每天结束忙碌的课程后自己买菜、做饭、洗碗、洗衣服。日子虽忙碌却充实，在村委会二楼的会议室里，四五十个十岁以内的孩子围着你转，左一声“老师”右一声“老师”地喊，要喝水、要吃糖、要洗手、要问问题都会找你。在这十天里他们全然依赖着你；而他们的家长把自己的孩子送到这儿来，也给了你全部的信任。

以前还觉得自己是个孩子，在这些充满童真活力的孩子们面前自己则成了一个大人，要负起责任的大人。看着孩子们从最初的羞涩腼腆渐渐变得自然熟悉，放学时已经走得很远了还回头挥手大喊着老师再见，那清甜的童声仿佛把你的心也甜到。

这个安静的小村庄在这个夏天被温暖的故事填满了。

自　责

2013级卓越语文实验班　徐　娟

阵阵雷声夹杂着滴滴答答的水声，我拿着讲稿走上了讲台。之前备好的上课方案在面对茫然的面孔时，临时改变策略。短短的三十分钟，一首《关雎》就讲完了。

并未有任何庆幸或诸如此类的感叹，代之以自责和平静。于我而言，似乎早已内化成性格的一部分，成为常态。遇事无论好坏，或喜或悲，我一刹那的表现几乎都是平静的，所以站在讲台上，第一次给初中生上课时，我很平静，没有丝毫紧张，反倒有一种熟悉的感觉，也许就是教师这一职业注定与我有缘吧。

自责，是发自内心的最真切的感受。无论做任何事，责任心必不可少，尽力做好事是基本要求。我的课可以讲得更好的，那样孩子们学到的就会更多。我再懂你们一些，再多充实自己，多准备一些就会少一分自责与不安。但我更希望在花季雨季的你们能拿出这个年龄段本该有的活力来上课。课堂是一个个活跃的思维在跳动！课堂应该是思维的交流、活力的迸现，绝不是规规矩矩地只会听。

梦想成就未来

2012级汉语言文学　徐文萍

这几天的支教活动，来上课的孩子是一天比一天多，他们都是自愿来学习，而且每天都很“迫不及待”。每次当我们按约定时间来到上课地点的时候，总是能看到有孩子在那里等待。我总是被他们旺盛的活力和满满的求知欲所感动，同伴们总是调侃说“年轻就是好啊”，我想这正是孩子们的天真无邪。他们总是能够有自己独特的见解，天马行空的想象力。在应试教育里，或许我们都习惯了统一的答案，束缚了自己的思维。但是那些小学生不一样，对于同一个问题，他们的答案总是五花八门，可是我们又怎么能轻易判断谁对谁错，有的时候无论哪一种答案、哪一种解释都是合乎情理的，只是有时候就连我们自己都没有想到而已。

当我们一路走来的时候，或许我们已经丢掉了我们的初衷。曾经的梦想也许只是当作一个笑话来讲，但是我依然坚信孩子们的梦想。我希望他们能够坚持下去，做一个自由自在的有梦的人。在梦想的途中，有快乐，有艰辛，但是我祝福孩子们，祝福他们的未来像阳光一样灿烂。

老去的乡村

2013级汉语言文学　张远志

如果说几天在乡村的调研走访让我认清了什么，最重要的一部分就是乡村在慢慢老去。走访调查的大多数人家，一个老人和一堆孩子，以及“父母出门打工”是最标准的配置。这大概是乡村寂静的由来。老人们一天的生活无非是看孩子，串门，偶尔下地，晚上就是看看电视。一个12岁以上的学生在这里是绝对稀有的。

老去的乡村对教育的影响是显而易见的，镇子上原有的三所小学现在即使合并为一所，依旧面临生源不足的窘境；唯一的一所初中王铁中学，一个年级也只有一两个班的学生。年轻人和孩子们一起被城市吸引着奔走他乡。那么国家为之投入资源是为了什么呢？村村通难道只是打造一个更美好的养老院？

但是我又看到了那些孩子，有说想要将来为奶奶再建一栋屋子的小女孩，有那些成熟的令人吃惊但也充满了希望和活力的初中少年……看到他们，我明白了一件事：即使是一个衰老的地方也是有希望在的。而这希望永不断绝。

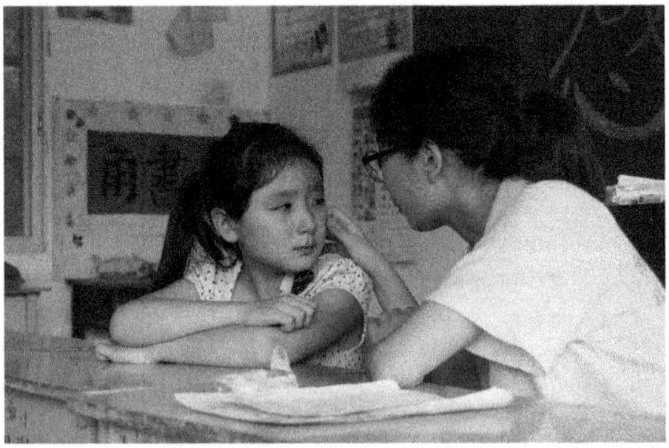

离别时，我们说好不哭

难忘的七天

2012级对外汉语　周欣怡

七天的教学体验，我们收获最多的不是经验，而是难忘的经历。

记忆最深的是一次手工课，我负责教学生们折纸玫瑰。面对近100人的大教室，两个小时不停讲下来嗓子已经哑了，还是有小朋友不断过来向我询问，“老师这步怎么折”“老师你再讲一遍”“老师你教我吧”……看到孩子们认认真真学得有模有样，我不忍心拒绝他们的要求。最后全班一起举起玫瑰花的那一刻，照片定格，我仿佛看到一朵朵鲜花在他们周围馥郁绽放，衬托着孩子们灿烂的笑脸。

离开的第二天，我看到一个学生在空间里写下这样一句话：看见学校里穿红色和蓝色衣服的人（我们队服的颜色），好像你们还没走。

调皮帅气的小班长马闻名，总是被男生嘲笑“大高个”的女生刘玉莹，老师们喜欢捏他脸的小胖，身体残疾但热爱读书的刘庆升……我清楚记得他们每一个人的笑容，那些冲着我叫老师的软软童声，离别时依依不舍拉着我留下的眼泪，给我留言本上写下“老师，一定要记得我”的话语，送给我的纸鹤……

记得在一本书里看到：教育，是人与人之间，也是自己与自己之间发生的事，一朵云触碰另一朵云，一个灵魂唤醒另一个灵魂。沂蒙山区支教的一周，让我懂得了这份体验难能可贵。

最感动的瞬间

2013级汉语国际教育　朱佩雯

十天的红河支教之行当中，最令我感动的瞬间，莫过于我在小寨小学参与图书捐赠仪式时的场景。一直到现在，我依然清晰地记得。

在图书捐赠仪式上，有一个环节是要当地小学的学生代表上台发言。那个小姑娘，长得黑黑瘦瘦的，穿着一件镶着花边的衣服，颤巍巍地走上台向我们敬了一个少先队队礼，然后开始了她的发言。

当时，我坐在侧面，看见她的左手紧紧地攥着自己的发言稿，不知是因为激动还是紧张，手略微有些颤抖。这让我想起了我小时候作为学生代表上台的场景，那种激动、紧张、自豪感和使命感，在内心翻腾……令人高兴的是，她的发言很成功，每个人都报以热烈的掌声。我看到她下台之后，默默擦去手心的汗，嘴角微微上扬，心中很是感动。

这就是孩子，单纯、美好、善良，是我们每个人最初的美好模样！

让世界充满爱

2013级汉语言文学　程亭亭

这次支教过程中，我们和学生之间有许许多多感动的瞬间，让我最难忘的是那次我们和学生一起看以“让世界充满爱”为主题的演讲视频。

那天下午活动课的时候，我们放了一个视频给学生看，就是“让世界充满爱”主题演讲。爱是无价的，爱是伟大的，我们既需要被爱，又需要去爱他人和社会，这样我们的生活才会和谐美满，所以我们应该从小教会孩子们懂得爱，学会爱。这便是我们放那个视频的目的。

孩子们在看的过程中，大部分都感动得哭起来了。有的已经哭成了泪人儿，顿时乱哄哄的哭声充满了教室，有的在哭的同时还从抽屉里拿出纸和笔，写下了自己内心深处想对爸爸、妈妈以及老师所说的话。看着他们所写的话语，我们感动了。他们是那样的单纯，内心是那么的柔软，给人的感觉好温暖，这样的孩子是多么可爱啊。

通过这次支教，我觉得我们应该在日常生活中多向孩子们传递些爱，让他们懂得爱、学会爱，让世界充满爱。

等待与幸福

2012级汉语言文学　范梦文

岁月如梭，转眼间，我在宿州的支教结束了。回想我的支教历程虽然只有短短的七天，但在这段又长又短的时间里，我尝过快乐，品过心酸，有过想念，也感到过无奈。当然，我收获最大的还是满满的幸福感和满足感。

每天我们赶到那儿的时候，已经有不少孩子在那等着我们了。他们看到我们的时候，脸上挂着甜甜的笑容，喊着“老师，这边这边”，然后把板凳拉开让你坐在他旁边，非常懂事。每个孩子都有自己的个性，有自己独特的性格，有自己独一无二的特点。小孩子有可爱的、有漂亮的、有聪明的，当然也有淘气的、好动的，淘气让我们有些头疼，但淘气也是孩子们的天性，也是孩子们的可爱之处。令我们放心的是他们都会认真地完成作业。虽然，他们的父母不在身边，不过他们依然能自强懂事，令我们觉得心疼。

细节成就完美　创新筑就未来

2012级汉语言文学　郝　雨

两次暑期社会实践带给我不同的感受，也带给我更多的体会与反思。短短几天的支教无法教会孩子们太多的东西，无法立刻让他们学会复杂的加减乘除开立方运算，更无法让他们快速说出课文的中心思想，但是我想让他们学会爱、学会感谢、学会包容、学会分享、学会付出。支教过程中一些细节深深地打动着我。志愿者们在收到学生的信后，放弃了宝贵的午休时间趴在简易的小床上一一给孩子们回信。当孩子在课间活动中不慎跌倒摔伤时，志愿者们心痛自责；当每天支教结束后志愿者护送孩子回家时，学生露出略显青涩而又雀跃的表情，让我体会到了注重细节很重要。

付出才会有收获，创新再加上用心才可能获得更多的惊喜。在学生们对传统的课堂学习丧失兴趣时，我们积极开创第二甚至第三课堂，丰富学生们的暑期生活。并且我们开展了安全知识教育、大学苦与乐、书信寄思情、爱国唱红歌等多个主题活动，加深孩子与我们之间的认识与了解，培养他们的兴趣，建立起他们对未来的向往和对美好生活的憧憬。

送　别

2012级汉语言文学　黄圆圆

时间过得飞快，今天是支教的最后一天了。最后一天的汇报演出我们班的节目是小合唱《送别》。中午，孩子们都穿上了自己最好看的衣裳，兴致勃勃地来到了学校。

天公不作美，下起了瓢泼大雨，原本准备的室外表演场地改到了室内。我带着孩子们最后排练了一遍，就到另一个候场教室等待了。一个又一个节目结束了，我仿佛看到天空中飘浮着一个倒计时钟，计算着我们离开的时间。我们班的节目是最后一个，临到上场时我才发现我的眼眶已经红透了，赶忙用衣袖擦干了泪水，去催促学生们排队上场。随着我左手的下划，我们的节目开始了。我边指挥，边用微笑提醒他们微笑。“长亭外，古道边，芳草碧连天……”多么美妙的歌词啊！孩子们紧紧盯着我的脸，我不知不觉有些出神了，节拍似乎也打错了。“晚风拂柳笛声残，夕阳山外山……”想着胡鑫孟的调皮，想着佳佳的歌声，想着亚群的温柔，眼泪又不争气地落下来了。“一壶浊酒尽余欢，今宵别梦寒……”孩子们似乎也发现了我的异样，合唱的声音中带着微弱的哽咽声。

送别，是真送别啊，送别我们，也送别学生们。这十多天时间里，我们在一起有过恼怒，有过欢乐，在这离别之际，所有的情绪都化为淡淡的离愁。这一刻，我懂得了教师这个职业的幸福，与这群最真、最纯的孩子们在一起，就是最幸福的事。

离　　别

2012级汉语言文学　刘怡君

支教活动虽然结束了，我们的暑期社会实践还没有画上句号。我们一行几人来到了阜南县新华书店发放调查问卷，调查小学生的课外阅读情况。新华书店的工作人员得知我们的来意后，非常配合。可能是我们去得比较早，新华书店里的学生寥寥无几，但是他们十分配合我们的工作。下午情况有了转机，二楼有很多学生，计划发放的问卷很快就发完了。在这个过程中，有的家长很配合，态度很好；也有的家长会质疑我们，不太愿意让孩子填写。我想，在沟通这方面我们还要继续努力。

在我们发放问卷的时候，一个叔叔拿着相机说要给我们拍照。惊喜的是，在几天之后，我们居然在《阜阳日报》的版面上看到了相关报道和照片。原来，那个叔叔是报社的特约记者。

这个假期很充实很快乐！

教学相长 共同成长

2012级汉语言文学 牛 煜

支教的时间虽然很短暂，但的确是令人难忘的回忆。孩子们个个天真可爱，充满童真。

第一次见他们的时候，小朋友们都有些害羞，乖乖地坐着。因为我们是一对多教学，所以每个老师通常会教两个或者更多学生。其中有一个女孩给人印象很深，她圆圆的脸蛋上有小雀斑，但是很可爱，她在小朋友中算是年龄较大的，已经上初二了。在其他小朋友嬉笑打闹的时候，她却静静地坐在那里看书。正是这本红色封面的书让我记住了她，书名是《哈佛凌晨四点半》。我惊异于这个未脱稚气的女孩竟然看这本励志的书，之后我们聊了起来，她和我谈自己内心的想法，说自己的梦想。我想“教学相长”大概就是这样吧，学习是相互的，我从她的身上学到了很多，作为一名大学生我们更要树立远大理想，并为之不懈努力。

心中的天使

2012级汉语言文学　石梦娇

今天是我们教课的第一天。快到中午，孩子们已经有点疲惫了，我们见状，决定教孩子们唱一首歌。小组里有一个“精通音律”的小伙——杨林，他建议我们一起跟他学唱五月天的《天使》。谁知，学完以后，他突发奇想地问大家：“在你们心里，天使是什么样的?”小朋友们轮流回答，有的认为是长翅膀的，有的认为是手里拿着仙棒的，甚至有人认为是头上顶个圈圈的。正当我根据他们的描述在黑板上画出天使时，突然听到身后有个小男孩回答：“天使是善良的，是给你一个依靠，在你遇到困难的时候给你帮助的人。我们的父母、老师和同学都是天使。”话音刚落，我们三位老师都震惊了，没想到一个三年级的学生对“天使”的理解如此深刻，已经完全超越了天使的外貌。我们忍不住拍手叫好，并进一步升华了这个主题。

中午吃饭时，听校长说他们都是留守儿童，生活非常困苦，又缺少父母关爱，但都坚持来完成学业。我不禁再次为那个男孩对生活的宽容和热爱而感动，在他眼里每一个人都是天使。他也成为我们心中的天使。

从英语出发　向快乐前进

2012级汉语国际教育　苏　敏

来到这个半山腰上的学校已经三天了，基本上了解了这里学生的学习条件和生活条件。我不得不说我心里有些震惊，荧屏或是照片里看到的情景都真实地出现在了我的眼前。

今天是给学前班的孩子上英语课。这里的学生都不曾学过英语，很多年纪小的孩子都没有听过什么是英语。山里的孩子总是对新鲜事物有莫名的热情，上课的时候班上也总是闹哄哄的。他们对我这个从很远的地方来的“老师”感到特别新奇，一个个睁着大大的眼睛看着我。我站在讲台上，教的不过是最简单的英语单词，然而听着他们读单词时所带的地方口音，看着他们沾满灰尘的脸上所露出的认真神情，我便不自觉地被吸引了去。我感受到了一份平凡的满足，一份纯净的快乐，一份不轻的责任。

机会送给有准备的你

2012级对外汉语　吴晓菲

机会总是光顾有准备的人，所以请给他们一个准备的机会。

最后一天的文艺演出还要选个节目，我特地去班里选拔擅长朗诵的同学。当我站在讲台上说明来意后，孩子们个个低下头，因为害羞都没有勇气来尝试。在老师的鼓励下，第一个女生站了起来，于是第二个、第三个……令我惊异的是，孩子们朗诵得远比我预想的好。如果我们没有给他们创造这样一个展现自己的机会，也许这样优秀的他们就不会被其他人看见。我想起自己小学的时候，语文老师给了我一个上台演讲的机会，在此之前，我从未上台表演过，但就因为这样一个机会，我爱上了朗诵。所以，机会对于每个孩子来说非常重要，即使他们没有通过这次机会让别人看见他，他们也会看见自身的潜力。

在当天发往家里的短信里，我写道："姥爷，我已舍不得孩子们。与他们相处的时间越长，就越觉得他们可爱，同时也知道了其中一些孩子的不幸，我所能做的就是给他们更多机会上台展示自己，接触外界，体会快乐，挖掘自身潜力。"

精诚所至，金石为开

2013级卓越语文实验班　徐　娟

用心去做一件事，即使做得不够好，也觉心安，仍继续前行。

雨又开始落了，山里的雨水显得格外多。推开窗，山上的云雾在缓缓爬动，几只鸟儿掠过峰头。地上的水洼被雨滴敲出圈圈涟漪，翠竹的清影闪过窗扉。书中的字儿逐渐清晰，学生琅琅书声打破飘浮的思绪。

今天，我教学的内容是关于孔子的教育思想。之前花了很多工夫来准备，但上课时仍然觉得不够充分。当孩子们睁大眼睛看着自己时，我就觉得还应该做得再好一些。后来我从教育观、教育方式等四个方面入手，其中以名言警句、典故引申的相关内容穿插其中，课堂氛围显然比之前好很多。孩子们从容地站起来回答问题，大胆地来到讲台前发言，我觉得之前做的所有努力都是值得的。

教育札记

2013级汉语言文学　杨夏琪

实践的最后一天，空气中充斥着感伤的气息。因为要离开了，想想实践的这几天，心中满满的都是不舍。想起给学生们讲解问题时他们认真的模样，想起在爱心课堂上学生们踊跃回答问题的身影，想起趣味运动会上他们灿烂的笑容，这些都是我人生路上不可多得的财富。而在这几天的实践中，我尝到了当老师的滋味，有辛酸，也有喜悦。我想，作为一个老师，应该学会和孩子们交流，学会做他们的朋友，只有了解他们需要什么，才能更好地进行教学工作。最后走的时候，有学生送给我一些手工制品，都是他们亲手做的，瞬间就觉得很幸福。

社会实践结束的那天，我们给每一个学生发了一个本子，每一个本子我们都写了一段纪念的话。我为一个女孩子写了一大段话，发下去的时候，她打开本子看到有那么多字，笑得十分开心。坐在她旁边的学生扭头看到她的本子上有这么多字，很羡慕。实践中，我们每个老师分了几个学生，有很多都是固定的，我认为发给学生的本子应该由他们负责的老师来写，这样写出的内容才会有感情，才会充实，而不是打开本子看到的都是千篇一律的“祝学习进步，天天开心”之类的话。我们应该让每个孩子都有所收获。

我愿做你人生中的一缕光

2012级汉语言文学　杨钰媛

第一堂课是汉字课,因为全班二十几个学生的年龄跨度很大,所以我决定从最通俗易懂的讲起。我在黑板上向他们展示了一些简单的甲骨文和篆文,让他们了解汉字的起源和发展。本以为这些字他们很难辨认,但令我惊奇的是大部分的甲骨文他们都认出来了,甚至是“车”这类较为复杂的文字。这些农村孩子在外表上比城市中的孩子要瘦小得多,但在思维开拓度上与城市孩子们不相上下。倘使他们能够拥有更好的教育,或许他们中的大部分能够比城市中的孩子们出色很多吧。

我常常带着遗憾的心情这样想,但正是这样的想法让我决心用这短短数十天教会孩子们平时学不到的一些知识或道理。哪怕我对他们的启发只是他们脑海中闪过的微弱的一缕光,但只要他们日后能顺着这光亮找到属于自己的人生信仰,我便心满意足了。

于无声处收获满足

2012级秘书学　张　磊

也许,我们的活动平凡,得不到经费的资助;也许,我们默默无闻,得不到相关媒体的报道;也许,我们地点偏僻,得不到领导老师的视察;也许……但是我们得到了黄龙小学项老师的支持和赞赏,得到了当地老乡们的认可和感激,得到了孩子们的真情和友谊。

仅此足矣!我们无怨无悔!我们在黄龙的每一个地方遇见的每一位老乡,都是满脸笑容,眼神中充满着赞赏与喜悦。与一定级别和数量的媒体报道相比,与大幅度多渠道的宣传相比,与图片累积、激动人心的口号相比,什么是最重要的?“金奖银奖不如老百姓的夸奖,金碑银碑不如老百姓的口碑。”有他们的肯定,就足够了。

纸条里的声音

2013级汉语国际教育　周钰莹

这次云南之行最让我感动的就是小寨村明德小学的学生给我写的纸条。

当时他们正在给芜湖的小朋友们写回复，一个小朋友突然给了我一张纸，上面是她画的一个很漂亮的小女孩，她说她画的是我。我还记得当时她害羞的样子，拿到之后看了很多遍，仍然觉得很感动。还有一个孩子给我折了一个船，里面写了他想对我说的话，这个船我到现在没有拆，这些纸条都保存在我的抽屉里，是我很珍惜的礼物。它不仅象征了短短十天相处下来当地小朋友和我们的情谊，也象征了他们的纯真善良。

勇　　气

2013级汉语言文学　宗程程

有意义的人生是因为做了一些有意义的事，调研加支教为我的人生增添了不少意义，虽然时间不长，但感触颇多。

我想很多人都有过教师梦，可要当个称职优秀的老师谈何容易。记得我面对台下那么多学生的时候，根本不知道该怎么表达，说话支支吾吾的。我给学生准备的内容是诗歌朗诵，刚开始我说“有没有同学能背诵一首诗，跟大家分享一下”，根本没有人站起来。后来，我念了一句，下面有个学生小声地说出了下一句，然后我就鼓励他站起来背诵，当他站起来的那一刻，我很感动。我也出自农村，知道有些农村长大的孩子会有一种自卑感，做什么事都很胆怯，所以，我为那位勇敢站起来的学生感到高兴。

短短的几天支教让我领悟到了很多，我祝愿那些学生将来会越来越好。

他的花田半亩

2012级汉语言文学　邹　勇

年轻的生命最不怕吃苦，因为觉得未来的路很长，总会找到属于自己的花田半亩。纷飞的岁月已然过去，就像瓜子仁被一粒粒地咽下去，滋味只有自己知道，留给大家看的唯有黑白相间的瓜子壳。

我的教室里便坐着这样的学生，从乡下来求学。天热了，连买一双凉鞋的钱都没有。学校虽然规定高三的学生一定要吃好，但食堂的饭菜太贵了，他每个星期的前四天，都在吃从家带来的馒头和咸菜。天时闷时雨，馒头上都长绿毛了，可他舍不得扔，只是将上霉的地方撕掉，继续就着咸菜吃完。因为没有多余的零花钱，他一天只能吃两顿饭。啃完四天的馒头，后三天，他只能选择顿顿吃一元一袋的方便面。

我从来没有体验过这样的生活，也无法想象吃着发霉的馒头，心里是什么样的感觉。我只知道人的一生或许会有很多不公平，有的人生下来便可以吟咏自己平安闲逸的一生，而有的人注定会比别人体验更多的无奈和苦痛。但我只希望，能尽我所能，给别人一缕阳光，哪怕只是一缕。于是在食堂里，碰到买方便面的他，我提出和他一起吃碗洋芋面的建议，趁着他去买面，我将一些钱夹在他的书本里。不希望别的，只是希望他能在一段时日里，能够顿顿吃上洋芋面。我不敢当面将钱给他，因为我知道从小在贫困中长大的孩子，心思格外细腻敏感些，况且他又是一个风华正茂的男孩子。

吃完洋芋面，我暂且回到办公室里。他在我背后追着，伸手将我的胳膊紧拽着。眼睛里，是自尊，还有一丝感激。

谁来为留守儿童的启蒙教育买单

2010级秘书学　徐雅萍

小时候，父母教给我的第一首歌是《义勇军进行曲》，幼儿园老师教给我的第一个词是“中国”。我是个城里长大的孩子。

他不会唱国歌，因为父母不跟他一起生活，他不会用普通话说“中国”，因为老师没教过。他是一名农村的留守儿童。

谁来为留守儿童缺失的启蒙教育买单？家庭，学校，还是社会？抑或监护现状堪忧、师资力量薄弱、城乡差距悬殊等一系列原因的综合体。

年迈的爷爷、奶奶能给予物质上的满足，却缺少精神上的管束。朴实的乡村教师能将孩子视为己出，业务能力和专业知识的不足却阻碍了他们的脚步。

教育要从娃娃抓起。对于孩子，父母要增加关爱，监护人要强化监督。国家应加大资金投入，在农村建立幼儿园，增加教师数量，举办岗前培训，定期审核教师资格，还应建立志愿者长期帮扶机制，使“雷锋精神常态化”落到实处，杜绝留守儿童启蒙教育的“真空”状态，家庭、学校、社会责无旁贷。

每个童年的“撒旦”都是折翼的天使

——我的暑期实践支教札记

2011级汉语言文学　王珊珊

我一直认为一个孩子的童年直接影响到他的一生，通过这次支教的亲身体味，我更加觉得如此。如同“恶魔”的曲畅畅，在我近乎溺爱的关怀下，逐渐从一个“小撒旦”变成一个“小天使”，认真学习，上课不再捣乱，从对我百般为难变成对我尊敬爱戴。我相信改变的力量，更相信爱的力量。

而作为师范生的我们，以后不管从事中小学教育还是高等教育，我们的受众总是孩子。就像校团委台启权老师在我参加大学生涯规划大赛时教导我的那样，作为一名老师，最重要的就是：爱心、耐心和责任。如果我们每个以后将要从事教育工作的人都能铭记这句话，都能通过暑期支教这种亲身实践的方式去感受孩子的内心，领悟教书育人的真谛，那么即使我们的力量微薄，也可以为国家的教育事业尽自己的一分力量。

谁给他们一个完整的家

2011级汉语言文学　丁　杨

我一直觉得,童年的孩子理应是幸福、简单、快乐的。可我眼前的孩子,理论意义上的留守儿童,在他们的童年里,陪伴着他们的不是爸爸、妈妈,也不是玩具木马,而是晚上放学回家后满屋的孤独和自己内心深处的伤心话。

物质上的富足,永远填补不了内心的孤寂,不完整的家,最终让他们愈发孤僻,不爱说话。而我能做的,只有陪着他们,至少让他们觉得自己不那么孤单。

从小缺乏父母的关爱,他们注定不能够健康成长。打架闹事,缺少对未来的希望,这就是他们对这种残酷现实的控诉吧。孩子们需要的不是别的,只是一个完整的家。

因此,国家仍需加大扶持力度,不断提供更多的乡村就业机会,从根本上改变农村劳动人员大量外流的现象,让孩子们拥有完整的家。学校需要努力,让这些留守儿童感受到来自老师和朋友的关怀,不要失去对未来的希望。我们也需要努力,将志愿服务坚持下去,让爱心永驻人间。

教育札记

2011级汉语言文学　李　婷

今年暑假阜阳之行的义务支教活动给我的感触颇深，我很珍惜和孩子们相处的这段时间，点点滴滴，铭记在心，这更坚定了我要用一生做好教师这个职业的决心。

此次支教让我明白了一个道理：爱是化解一切难题的灵药。对待单纯的孩子，无论他们是乖巧还是调皮，只有用爱和耐心对他们，才能真正地成为传授他们知识的老师和朋友。开始时，他们对我很是不服，我对他们也是颇有怒气。慢慢地我发现，当我变得很有耐心的时候，真诚地关心他们每个人的时候，他们便不再故意气我了，甚至把我当成他们的朋友。这些改变，让我明白了爱是化解一切难题的灵药。

此次支教的时间真不算长，但是我想它对我的一生都产生了很大的影响，因为它在我的心里种下了一颗爱的种子。我要把对孩子们的这份爱心一直传递下去，直至我生命的终结。将来我一定要成为一名全心全意热爱自己的事业、关爱自己的学生的好老师，所以我要多读书多学知识，将来更好地教育我的学生们，教会他们不仅要成为一个知识能力都很强的人，更要做个充满爱、懂得感恩的人。

爱，可以改变一切。我要做个有爱心的老师，用爱带领我的学生成长。

师　　谈

2011级汉语言文学　程韵蕾

“师也者，教之以事而喻诸德者也。”自古老师的位置就被摆放得很高，从一个人的文化素质到一个人的思想素质，社会希望能通过教育来提高，于是老师就这样被赋予了使命。道德教育成功的“秘诀”在于，当一个人还在少年时代的时候，就应该在宏伟的社会生活背景上给他展示整个世界、个人生活的前景。教育家苏霍姆林斯基已经说出我们需要做的。成功的教育就是让被教育的人知道自己大部分选择背后的影响，不单单只是成绩。

正如我在陕西教的六个学生中有个学生十分调皮，不学习，还总是打扰同学。他不过是没有认识到学习在以后的人生中会起到什么样的作用而已。我告诉他，只有学会认字，他才可以看书看世界，文化知识的作用不是在期末的那一纸考卷上，而是在他以后是否后悔的那一刻。

我们需要做的，只不过是把他们以后会认识的人生和世界提前捧到他们面前，一个毫无特色的老师是教不出杰出的学生的。所以，提高自身、饱含责任与热情，是每一个教育者所必备的条件。

从实践谈实践

2011级汉语言文学　邓芝兰

今夏,我参加了一次实践活动,受益匪浅。在和孩子们相处的这段时间里,我们不仅是师生,更多的是朋友。回想起他们的欢声笑语,回想起他们渴望知识的眼睛和充满信任的神情,点点滴滴都让我们觉得不枉此行。

社会实践,一方面给孩子带去许多知识和乐趣,另一方面,给我们在艰苦环境下进行实践的机会,磨砺了我们的意志。我们应当牢记"厚德 重教 博学 笃行"的校训,学为人师,行为世范！各大高校举办社会实践的目的就是为了培养有理想、有道德、有文化、有纪律的一代新人,让大学生在走上社会前体验生活,适应社会,服务社会,更好地做到理论联系实践,避免纸上谈兵。

如果要问我们有怎样的感受和体会,我想这是无法用语言来表述的。点滴的感动中,我们能做的只是给孩子们带去欢乐和知识,把外面的世界展示给他们看,并鼓励他们好好学习,将来走出这贫瘠的大山。当然,支教活动从许多方面改变了我们的人生观、价值观,我们将从现在开始,更加努力奋斗,将来致力于爱心事业,尽己所能帮助更多的人,为和谐社会的建设与发展贡献绵薄之力。

从大学生自主创业观中国大学教育思想之多元化

2011级汉语言文学　韦瑞瑞

泱泱中华数千年,"学而优则仕"的思想观念早已在人们心中根深蒂固。我们在家长热切的目光里曾暗想将来考大学,做高官,拿高薪。然而现在许多学生考进了大学,却又去选择辛苦的自主创业,并且这种现象越来越多。大学的教育思想,何以就促使一些大学生改变人生方向了呢?

随着国家的日益开放,各种思想文化相互交融激荡,表现在以下几个方面。

首先,大学教育更注重教育的引导性。大学教育更注重大学生自身对未来的把握和思考,它提供的是多种方法和途径,如考研,找与自我专业相符的岗位,甚至是自主创业,它引导着大学生向外看,向远处看,然后去选择。

其次,大学教育更注重学生对自我的肯定和认识。进入大学后没有三点一线的枯燥生活,在许许多多的团体活动中大学生发现自我兴趣和特长所在,并且对人生道路的视野愈加开阔,对实现自我价值有了自己的理解。

最后,大学教育更注重培养大学生的实践能力。几乎每所大学在寒暑假的时候都会安排一些社会实践活动,目的就是让大学生在完全进入社会前对社会有所了解,以便今后更能适应社会。一些大学生在校期间总会对社会有所向往,或多或少都有尽快融入社会的渴望,所以大学生自主创业就是实践性地融入社会的一种方式。

从懵懂年少坚定的"学而仕"到大学生的自主创业,中国大学教育思想多元化的特征可窥一斑。

札　记

2011级汉语言文学　丁晓颖

2012年夏季,我走进了这个让我终生难忘的地方——陕西省池河镇。池河镇位于国道边,有高速公路,在经济上并不算特别落后,但是连一个补习班都找不到,更是从来没有过大学生免费走进这里给孩子们补课。而东部地区,一个孩子要上各种补习班兴趣班,两者之间的差距实在悬殊。对于东部发达地区的孩子来说,那么多的培训班是压力,某种程度上是浪费,可对于这里的孩子来说却是奢侈。硕大的中国,比池河镇更加困难的地方还有很多,而他们的需求仅靠这样的七天是远远不能满足的。作为当代大学生,我们理应奉献自己的青春。这里的孩子质朴、纯真,他们渴望看一看外面的天空。我们能带给他们的只是杯水车薪,他们需要的是长时间关注。

离开的时候,孩子们哭着问:“老师,你们什么时候再来?”是啊,我们什么时候再来,我只能说如果还有机会我一定会再回来的。

支教是相互学习的过程

2011级汉语言文学　马路扬

我一直认为，大学生去乡村支教是知识的传播，爱的传播，我们要把我们身上的优点传承给他们，却从未想到能从他们身上汲取什么。然而当我来到这群孩子的身边，与他们同吃同住时，我发现他们长年没有父母在身边，长年居住在封闭的山中，可这并没有使他们在性格上有所缺失，他们依然对外面的生活充满了希望和热情。《感恩的心》手语舞蹈，一句"让苍天知道我不认输"，他们的手臂挥舞得是那般有力，眼神中流出丝丝坚韧，脸上写满倔强，那是对现有宿命的抗争，他们渴望拥有精彩的人生。而养尊处优的我们却总是因为小挫折而失去奋斗的动力，总是以高高在上的姿态对生活充满抱怨与忧伤，不去努力却还在愤慨社会的不公，我们何曾有过留守儿童的那番心境与努力。

我觉得支教就是相互学习的过程，我们应该在这些留守儿童身上寻找我们在未来道路上的精神力量。

今夏,相约毛尖山乡

——文学院“五四爱心学校”赴岳西暑期社会实践纪实

2010级秘书学　徐雅萍

一个是“代理爸爸”,一个是“爱心家教”。今夏,他们为了共同的梦想相约毛尖山乡,携手将爱奉献给留守儿童。

刘磊,一名曾经穿梭在“生命禁区”川藏线的军人,退伍后甘做家乡600多名留守儿童的“代理爸爸”,自筹经费建立岳西县毛尖山乡留守儿童服务中心。

吴青山,一名安徽师范大学文学院辅导员,8年前组建了全国首个无偿爱心家教组织“五四爱心学校”,成为2400多名寒门学子的“爱心家教”,给一批又一批贫困学生送去温暖。

7月中旬,吴青山带领文学院10名大学生志愿者组建赴岳西暑期社会实践团队,走进毛尖山乡,与刘磊合作开展志愿服务活动。两位“中国青年五四奖章”获得者引领大学生志愿者与毛尖山乡留守儿童手牵手、心连心,播洒知识和希望。

榜样与爱心并存

到达毛尖山乡的当天,刘磊就带领队员们走进留守儿童中心。这间不大的小屋整洁温馨,墙上挂满了孩子们的照片,这就是他的办公室,也是孩子们写字、弹电子琴的地方。在农家书屋里,志愿者们围坐一圈,听刘磊讲述从事志愿服务数十年来的经历。“部队里合格的军人、孩子们合格的父亲、老人们合格的儿子”,刘磊说,这是他的角色定位,也是自己一直以来追求的目标。他还带领队员们走进田间地头、村民家中,进一步了解当地留守儿童的生活状况、心理状况和学习状况,以及孩子们的实际需求。“奉献无论大小,只要他们认可我,我就很满足。”说着,刘磊将慈爱的目光投向屋外正在玩耍的孩子。这位“代理爸爸”质朴的话语深深打动了志愿者们,也坚定了队员将志愿活动做好、做踏实的决心。

简单打理了自己的生活后，队员们就马不停蹄地开始了义务支教的招生工作。由于孩子们的住处比较分散，设置招生点的方法并不可行。针对这个情况，队员们连夜赶制了几十张图文并茂的招生简章，第二天早上深入每家每户，散发招生简章和调查问卷。当地村民大多说家乡话，队员们听不懂，大家只有一边比画一边猜测，解释到激动处，连平时性格最为内向的志愿者也手舞足蹈起来。队员汪利水和林振园在向村民们发放招生简章时，一位阿姨拉着孩子的手主动要求报名，并询问需要交多少学费，两位志愿者连忙微笑着向阿姨解释："我们是大学生志愿者，是免费来教孩子们学知识的，我们不收学费。"看着志愿者汗流浃背的样子，阿姨连连称赞："你们大学生真不错！孩子暑假有你们教我就放心啦！"

在爱心支教中，这些大学生以刘磊为榜样，时刻关心孩子们的学习和生活。为了上好课，志愿者们晚上熬夜备课到凌晨是常有的事；下雨了，自己冒雨取伞，再送孩子们回家；三年级的刘齐慧走不动了，志愿者洪玮毫不犹豫地背着她走。

毛尖山乡连续几天降暴雨，道路受损，部分村庄停电。面对这样的突发状况，志愿者们及时调整活动时间，确保孩子们的安全。"您放心，放学后我们一定将孩子们按时送回家。"看着家长们担心的眼神，队长杨中堂承诺道。这些天来，他们早就把当地的留守儿童当成了自己的弟弟、妹妹。

活动与成长并存

留守儿童缺少和父母共处的时间，暑假期间更显孤单，陪伴留守儿童快乐度暑假是该团队的出发点和重要任务。7月11日以来，队员们根据当地留守儿童的实际需求，精心备课，在进行课业辅导的基础上举办了规范汉字书写技能培训、"我的中国心"爱国主义教育、"我爱我的家乡"演讲比赛、"感恩的心"孝文化宣讲、趣味运动会等素质拓展活动，将募集和购买的一百多本爱心图书捐赠给了爱心书屋。在一间简陋的教室里，一名志愿者和十几个孩子围成一圈，正玩着英语小游戏。只见志愿者站在课桌前，一边微曲着上半身，张开双手，眯着双眼张大嘴巴发出猫叫声，一边嘹亮地带读"This is cat！"逗得小朋友们前仰后合，没有接触过英语的他们很快就在笑声中记住了狗(dog)、猫(cat)、鸭子(duck)等英语单词。

汉字是中华文化之魂，写好字对一个孩子的未来来说很重要。结合自己的书法作品，队员们给孩子带来一堂精彩的写字课。一名志愿者在黑板前教笔画，另一名志愿者在下面不断纠正和规范孩子的坐姿和握笔姿势，一横一竖、一撇一捺，所有学生都全神贯注地练习着钢笔字。志愿者给学生们上交的作业进行评分，并将错别字和不规范的字圈出来反馈给学生，加深他们对正确笔画的印象。

了解到当地学生方言口音重的情况，志愿者举办了普通话培训，以成语、歇后语、绕口令等方式，培养孩子们对普通话的兴趣，并通过“我爱我的家乡”主题演讲比赛帮助他们巩固学习内容。“哥哥，我也想上台演讲。”这是一个智障的男孩在比赛快要结束时对志愿者提出的请求。在志愿者老师的帮助下，他经历了人生中的第一次演讲，台下许多家长都流下了感动的泪水。

“我的中国心”爱国主义教育活动包括解说地图、教唱国歌等多项内容。“小朋友，你们的父母都在地图上的什么地方工作啊？”听到志愿者的这个问题，孩子们纷纷举起手抢答：“浙江！”“广东！”“福建！”……志愿者一一为他们点出具体位置，在地图上标明从安徽前往这些地方的路线，孩子们兴奋地上前指认，一张小小的地图让留守儿童和打工父母心连心。

收获与感动并存

志愿者们的爱心行动感动了整个毛尖山乡，家长和孩子也越来越信任他们。“原来以为你们多来自城市，只是来体验一下生活。可几天下来，我家小孩张口闭口全是安徽师范大学的哥哥姐姐们，回家后迫不及待地展示学到的东西，你们要是一直教下去就好了！”一位受助学生家长如是说。同样，大学生志愿者们也在感悟中收获，在实践中成长，多了一份坚毅，少了一份娇气。

这群志愿者不少来自城市家庭，这次来毛尖山乡，他们开始了独立生活的新体验，吃住在农户家，吃大锅饭，睡地铺，没有电风扇。志愿者苏杭是支教团队中年龄最小的成员，一直生活在城市。在这里除了看书、备课、教孩子、做道具，她还要自己收拾屋子、到河边洗衣服，对她来说，这些都是第一次。没有网络，经常停电，没有课桌，也没有固定的教学地点，一切都要靠自己想办法。“来到这里，我不但奉献了爱心，还锻炼了自我，是孩子们身上永不认输的精神教会我坚强！”苏杭这样说道。

安徽师范大学的老师们在活动开展期间来到毛尖山乡，看望并慰问在这里义务支教的大学生。大学生志愿者们纷纷围拢在自己的老师周围，谈经历、谈感受。“从同学们眼泪中，我可以看出，你们一定在此次实践中倾注了真心，收获了真情，取得了真经。”校学生处副处长李娟肯定了志愿者们的辛勤付出。这支团队的指导教师崔达送是岳西本地人，听了大家的汇报，他十分感动。“31年前我就是从这座大山中走出来的，当我像这里的孩子这么大时，我也渴望了解大山外的新鲜事物、生活方式。”他结合自己的亲身经历，勉励志愿者们把“五四爱心学校”的精神传承下去，不仅要和乡村的孩子们进行爱的互动，还要让他们养成好的习惯，有新的起步。

短暂的暑期社会实践就要结束了，望着孩子们留恋的眼神，志愿者们依依不舍。孩子们拉着志愿者的手恳求道：“哥哥、姐姐，你们能不能不走？我们会想你们的！”志愿者们眼含泪水表示，明年还会再来毛尖山乡，以刘磊和吴青山为榜样，风雨兼程，带着爱心、耐心和责任心实现一名志愿者的承诺，奉献青春、携手同行。

三生福地　最美岳西

2011级汉语言文学　马路扬

这是一片岁月沉淀的净土，漫山的绿让人陶醉，清新的空气沁人心脾，潺潺的流水洗涤着你的心灵。在这样一个小县城里，有一个叫毛尖山乡的地方，居民傍山而居，散落在山里的每个角落。他们淳朴，他们善良，他们有着浓厚的口音，每一句话都像乐符在跳动。我们十一人的队伍就这样打破了山里的宁静。

我们入住在当地居民的家中，十一人，男生一间，女生一间，大家都席地而睡，享受着不一样的集体生活。为了能招到更多的学生，第一天晚上我们便开始设计招生单。由于当地条件简陋，招生单只能靠我们手写，没有桌子的情况下，大家便蹲在地上或者伏在床垫上，用心勾勒每一笔，用心酝酿每一句。为了保证孩子的安全，我们每天接送孩子上下学。山里的路很崎岖，但坚定的脚步每走一下都是因为爱。早晨早早起来和居民们一起到河边洗衣服，吃完早饭，便去辅导孩子们的功课，认真为孩子们讲解。夜晚的生活没有城市的灯红酒绿，只有暴雨和闪电一同袭来。夜总是黑暗的，没有电的生活开始有些不习惯，但是在小电灯和萤火虫的陪伴下，在孩子的歌声里，每晚都是欢歌与笑语。队员互相帮忙，在这里，我们不是城市的独生子女，我们是一个团队，大家彼此照应，彼此关心。

我负责第一天下午的英语课，了解到这边的孩子只有到初一才能接触到英语，我便开始进行课程设计。以英文字母歌引入，从最简单的ABC开始教起，以趣味游戏的方式教给孩子们简单的有关动物的、有关颜色的、有关身体部位的单词。上课之前，一直担心我的表达不能使小孩子理解，担心孩子们腼腆而不愿意与我互动。可是当我走上讲台，面对孩子们时，我被他们渴望知识的眼神震撼、感动。最让我记忆深刻的是一个叫储仙送的男生，邋邋遢遢，连话都说不清。我在课堂上每次提问，他都举起手争着要回答，可是每次的答案只有一个："F！"起初，我以为他是在捣乱，后来才知道他的智力比一般孩子要低，我们亲切地称他为"F哥"。虽然不聪明，但他每天总是第一个来上课，有时甚至我们刚睁开双眼，便发现他已经守候在不远处。还记得临走的那天，我们还在睡梦中，就听到窸窸窣窣的声音。我们醒来，发现他蹲在楼梯口的地方默默看着我们，那时的天还没有亮。我们问他："你怎么来那么早？"他低声说道："我我……我怕我来晚了，你们就走了，我怕再也……见不到你们了……"接下来是长时间的寂静。他的小脸憋得通红："哥哥、姐姐，对对……对不起，我是……不是做错了？"孩子，你怎么会做错呢？我们只是被单纯的你感动了。你的裤子上沾满了泥巴，山路那么长，夜那么黑，一定是没走稳摔倒了吧。你的头发湿漉漉的，一定是露珠把它们浸湿了吧。我们的言语你也许不能完全理解，可是你的美已经超过了这漫山的风景。福地岳西，最美的是你。

了解到山区孩子最大特点便是自卑，但每每听到音乐，他们便会为我们而舞动，于是我想通过舞蹈来让他们建立自信心。我选择了《感恩的心》手语舞蹈，并且想在舞蹈中向他们传达爱与奉献。我感到很震撼，一句"让苍天知道我不认输"，他们的手挥舞得是那般有力量，清澈的眼神中流露出坚韧，质朴的面容上是满满的倔强。是的，虽然他们是山区的孩子，但是他们并不比别人差，他们通过努力一样可以获得精彩的人生。是的，他们知道自己的父母远在他乡为生活奔波，他们知道自己是别人口中可怜的"特殊儿童"，但他们并不屈服于命运。这些天，我看到他们用功读书，认真写作业，每次上课都聚精会神，渴望知识，如同夸父逐日般的坚决。在"我爱我的家乡"演讲比赛中，看到孩子们勇敢走上舞台，经历自己人生中的第一次演讲，全部志愿者都感动了。比赛结束，拿到奖状的孩子们露出灿烂的笑脸，他们拿出自己制作的贺卡作为礼物送我们，质朴的语言，稚嫩的画笔，一句句"哥哥、姐姐，一定要想我们!"孩子们，你们太美了，你们的美是这世界上最纯洁的东西。福地岳西，最美的是你们。

三生福地，最美岳西。我们被岳西这个地方，这群淳朴的乡亲，这群善良的孩子感动，洗涤着心灵。时间不舍得停留，我们也不舍得走。车窗渐渐关闭，面孔渐渐模糊，再见再也听不见，满眼的葱绿变成柏油马路，孩子们，再见了，这一别，也许真的是再也不见。笨拙的语言描绘不了我与你们短暂却丰富的在一起的生活，表达不了我内心的思念与惆怅。三生福地，最美岳西。你们是我此生最美的风景。

笑容与汗水共生，梦想与责任同在

2011级汉语言文学　储　赢

“纸上得来终觉浅，绝知此事要躬行。”读过万卷书，身居象牙塔，绝不能道尽知天下事；走完万里路，遍尝羁旅苦，才敢言略知世间理。作为当代大学生，我们深深懂得这个道理。受到学校“受教育，长才干，做贡献”的感召，来自安徽师范大学不同学院的十几名志同道合的岳西老乡毅然背起行囊，回到我们最熟悉可爱的家乡进行暑期调研活动。我们决定在实践中寻找问题，尝试用我们所学的知识解决问题，用我们还不成熟的肩膀担起建设家乡的重担。这是我们的梦起航的地方，也是我们的责任最终的归宿。

思维碰撞，灵光乍现，智慧尽显
——调研活动前期策划

十几个队员，来自不同学院不同专业，以不同的思维方式思考着活动的各个方面，使其可操作性更强。大家为此专门建立了一个QQ群，在放假前相当长的一段时间内，只要听到“滴滴”的QQ提示音就会特别关注，因为这意味着出现了新问题，队员们都积极参与讨论。从调研活动的路线、交通状况、日期选择、天气状况、旅馆选择、赞助等，到队员着装、旗帜选择等，事无巨细，均考虑得十分到位。同时，每位队员根据自己的专业特长主动承担了不同的工作。擅长写作的负责新闻报道宣传，擅长与人交流的负责和相关部门打交道，擅长摄影的负责取景拍照，擅长财务的负责全队开支，等等，分工细致而明确。就这样在众人的集体智慧下我们前期的策划完美收官，我们以满心的期待和火热的激情迎接暑期社会实践的到来。既忐忑又兴奋，毕竟这是第一次完全靠自己的力量进行的实践活动啊。

天公不美，汗水虽滴，笑容不泯
——调研活动火热进行时

经过长时间的准备以及反复确认，我们一行人终于在一个骄阳似火的午后出发前往调研地点。

我们的活动分为三站，第一站在岳西县大别山烈士陵园，主要缅怀革命先烈和调查岳西环保状况；第二站在岳西县菖蒲镇，主要调查岳西经济建设情况和当前人民生活水平；第三站是在我们的母校——岳西中学，主要是向学生及路人宣传环保知识。一路上烈日当头，队员们汗流浃背，却依然欢声笑语不断，青春和快乐光芒四射。在烈士陵园里，我们如小学生般在讲解员的带领下重走了当年的革命战争路。故地重访，英魂莫忘。斯人已逝，精神长存。我们永远相信泯灭的是肉体，而不死的是灵魂。

最使人印象深刻的是菖蒲镇之行。那天也是骄阳似火，温度相当高。我们一行人历经两个小时的山路颠簸后到达菖蒲镇，当时已是中午了，正当我们背着大包小包在菖蒲镇上寻找饭店以解饥肠辘辘之苦时，却被告知整条街都停电了，而且大部分的饭店都满员了。我们一边调侃着一边继续找饭店，最后终于找到了一家小饭店，经过漫长的等待后终于吃上了饭，那天我们估计是第一次真真切切地感受到饥饿的滋味了，一桌的菜被风卷残云般地一扫而光，有的男生更是吃了满满的三大碗饭。待所有的食宿问题解决后，我们聚在一起开了个小会，对接下来的工作做了进一步确认。

当天下午，我们结伴来到街区发放调查问卷，被调查对象涉及农民、个体商户、政府工作人员等，调查问题包括家庭总收入、人均收入、收入来源、近几年收入与前几年收入相比的状况等，问卷回收后进行数据分析，得出结论，在查阅资料的基础上提出可行性建议，最终形成书面报告。同时我们还沿着菖蒲镇外的大河走了一圈，查看当地的环保现状。有了前几天的所见所闻，我们每个人都对岳西的经济和环保现状有了一定的了解。针对当地民众环保意识薄弱的情况，我们在母校——岳西中学大门前进行了一次环保知识宣传活动。岳西中学地处街区的十字路口处，行人如织。在队员们的相互配合下，环保宣传活动卓有成效。虽然天公不作美，烈日炎炎似火烧，汗流浃背的我们笑容依旧，尽管出现了许多始料未及的状况，最终我们还是顺利完成了任务。经过对这些突发状况的处理，我们的感情又加深了一步，也对彼此有了更进一步的了解。我们就这样用笑容化解这一切的不快和辛苦。

前路漫长，任重道远，梦在燃烧
——暑期社会实践的感悟与收获

经过这次社会实践，我们不仅更加懂得了团结合作的重要，而且收获了大学中最真挚的友情。我们认识到要想真正做好一件事，必须付出大量的精力与耐心，还要坚持去应对种种始料未及的困难和没有头绪的事情，这必将对每个人以后的成长有所帮助。我们感触最多的是对家乡岳西发展的责任。虽然近几年岳西的经济取得了长足的发展，但仍然有很长的路要走，我们这一代人任重道远，肩上的责任不轻，我们下定决心要努力学习，以便将来有足够的力量建设家乡，让我们最可爱的家乡变得更美好。

前路虽然漫长，但梦想已经起航，相信我们的力量，不久的将来请看一个全新的岳西。有句老话说得好，相逢何必曾相识，我们相聚在安徽师范大学的这片蓝天下就是缘分使然，就更应该珍惜这份缘分，在友情的道路上走得更远。志同道合方才为友，我们拥有共同的梦想，共同的乡愁，共同的呼吸，共同的命运，就让我们更加珍惜彼此的友谊，共同为我们的理想而奋斗。少年心事当拿云，会当水击三千里，我们这个年纪正是风华正茂、青春激昂的年纪，我们早已不似少年那般轻狂的模样，知道这样的承诺对于未来、对于自己有着怎样的责任与艰辛。不管前路荆棘密布，我们依然决定向前。

让关爱扎根

爱是一种被需要

——用爱与责任擦亮“大学生”这张名片

2012级汉语言文学　张家强

有这样一个地方，交通闭塞，经济落后，留守儿童众多；有这么一群大学生志愿者，他们多年坚守，不忘初心，有始有终，用爱与奉献播撒温暖与希望。岳西县位于大别山腹地、皖西南边陲，教育力量相对较弱。因爱与责任，安徽师范大学文学院志愿者们每年暑假都会来此奉献爱心，专业知识如一股股清泉注入留守儿童的心中，为孩子们打开一扇通往山外世界的窗。

“老师，您好！你们今年什么时候来辅导我们功课呀？”即将带队奔赴六安时，安徽师范大学文学院阅读创新教学研究实践团队的张家强接到了去年菖蒲受教学生的电话。他正想开口告诉孩子今年去了别的地方时，“老师，你们要是不过来，我们暑假就没有辅导班上了，这里的辅导班收费都好贵的。去年你们走后，我和小伙伴们都挺想你们的……”孩子这一串话让他欲言又止。几句寒暄后，他挂掉了电话，向吴青山、王坎两位带队老师反映了这突如其来的情况，团队商讨后决定今年再次奔赴菖蒲。“谁说暑期实践是拉大旗、走形式，我们去年的实践不就得到了当地家长和孩子们的认可”“去需要我们的地方，被需要的感觉倍爽”，队员们在采访中洋溢着开心的微笑。爱是一种被需要，“我们明年还会回来的”，他们用行动践行了承诺。

7月2日，文学院阅读创新教学研究实践团队一行五人历经近六小时的山路颠簸，回到去年自己流下汗水、给孩子留下希望的实践地点菖蒲。一下车，闻讯赶来的家长和孩子已在当地人王坎老师家中等待。短暂调整后，团队招生随即展开，不到半小时便完成招生计划，学生数达42人。“老师，您再加我们孩子一个吧”“就一个”……为保证教学质量，志愿者婉拒了陆续闻讯赶来的家长，“明年我们会多来些志愿者，您明年过来吧”。家长听后仍不舍得离开。团队此次实践得到了当地文化站的全力支持，免费为团队提供场地和设施，文化站徐站长参加了7月3日的团队开班仪式。徐站长对志愿者的到来表示感谢，他深情回顾了前两年志愿者们的教学情况，赞扬了志愿者作为青年一代勇于担当，学以致用，尽己所能，用实际行动回报社会的做法。盛夏的菖蒲，蒸桑拿般的天气，是对志愿者们的考验。开班仪式后，有的家长送来饮用水等慰问品，多位热心的家长让志愿者老师住宿在自己的家中。

多年的坚守，志愿者换了一批又一批，受教学生年龄长了一岁又一岁，为的都是同一个梦想。安徽师范大学文学院志愿者以创新阅读教学为主线，进行为期15天的教学，让受教学生热爱阅读，喜欢读书，拥有一双欣赏美的眼睛。

为祖国勤学修德，以实践明辨笃实。志愿服务，永不停歇。

大手牵小手，陪伴学生点滴的成长

爱在菖蒲，我的孩子

2012级汉语言文学　张家强

有这么一个地方，没有大城市的繁华，所以也少了令人心烦的喧闹，多了心如止水的静谧，多了沁人心脾的绿意，多了泉水叮咚的乐音。这样的地方生长着这么一群孩子，他们有一双渴求知识的清澈的大眼睛，有一张洋溢着快乐与幸福的小脸蛋，有一颗懂得感恩的心。

这里就是位于大别山深处的菖蒲，他们就是我的学生，不，是我可爱的孩子们。

李欣，一个安静、懂事、爱学习、惹人爱的小姑娘。一篇作文——《我最喜欢的花》，文中对梅花的喜爱，对梅花精神的赞美和我小时候惯用的行文方式，让老师打心眼里喜欢你。你认真专注地做作业，遇到问题总是举手，然后用眼神叫我过来。你积极参与我们举办的各种活动，"感恩铭记于心"演讲比赛中你真情流露，大声说出了自己对父母的爱；读书交流会中点滴的读书感悟，缓缓道出了自己对书的喜爱；盛夏纪念汇报演出的《樱花草》，甜美的声音向我们展现了可爱的你；动作有些生疏的舞蹈，伴随欢快的节奏告诉我们你不想长大的愿望。一样的年龄，但你似乎比同龄的孩子更加懂事。还记得你说的那句话："老师，我的演讲稿写好了，帮我改改吧。"还记得你送给我的贺卡上写的字："张老师，您辛苦了。"还记得你缠着我要礼物撒娇时的样子。其他孩子和老师都说我偏心，我不否认，哪个老师不喜欢这样的学生呀。老师虽不喜欢手上戴饰品，但你送给老师的那串手链我会一直戴在手上的，因为戴着它，我就不会忘记你这个古灵精怪的小家伙和你对老师幸福的期望。平时总是和其他老师开玩笑说要把你带走，老师真的做到了，把有你的回忆一直带在身边。

王文玺，老师绞尽脑汁也找不出合适的词语来形容你。虽说你写作业总是一副不情愿的样子，但也从不让老师费心；虽说你总喜欢在我批评你的时候顶嘴，但每天还是对老师挺尊敬的；虽说你没怎么参加我们举办的活动，但那天流下的眼泪告诉我你是一个有上进心的好孩子。老师想对你说声对不起，因为不耐烦时曾多次不理你，不要怨老师。老师想对你说声谢谢，真没想到你会是孩子中第一个想起来给我打电话的，老师很开心。

有姐姐范、会照顾小弟弟、在老师衣服上第一个留下名字的蒋子雯，沉默寡言但作文和演讲都表现不错的王荣，天天乐呵呵有点爱说话的王乐，还有王柳絮、王欣荣、余慧萍等，你们这些天真活泼的小女孩，我很开心被你们叫了十天的张老师。

说完了我的这些可爱的小公主们，我该和大家聊聊我的一群小帅哥了。

马云黔，一个戴着小眼镜，有博士范儿的英俊小男生。从见到你，我就知道你是一个爱学习、听话的好孩子。在这群孩子中，就属你看的书最多，知识面也相对广泛些。但有些腼腆的你，每次上台都有一些紧张，说错话的你那次流下了眼泪，哭了整整一下午。记住老师对你说的话：男儿有泪不轻弹，作为一个男生，脸皮就是要厚一点。你送给老师的那本《再被狐狸骗一次》，我会抽时间把它看完的。

王文磊，好动但从不捣乱，男生中参加活动最积极、可塑性最好的一个。外表柔弱的王永明。最让老师头疼但也是我最喜欢的崔颢、张腾飞、汪家林，你们虽然天天吵吵闹闹，我经常教训你们让你们安静，但老师把你们当成了自己的弟弟。总喜欢抢镜头的你们，在我手机上留了很多的照片，下次再见你们的时候，我给你们每人照一张特写。

在菖蒲的日子，被你们围着问这问那的日子，被你们闹得不时心烦的日子，被你们的天真彻底打败的日子，习惯了这些有你们的日子，习惯了被你们叫作老师的日子。在家的日子里，总是想到你们这群小孩子，希望有机会再见到你们，希望我能以大哥哥的身份再次见到你们。不知道那个时候，你们还记不记得老师教给你们的爱的掌声，还听不听让你们安静的口令？

留下青春，留住爱

2012级汉语言文学　谷玲玲

上大学以来，我觉得自己做得最有价值的事情就是参加义务支教活动，而其中最让我珍惜的回忆是在山区做支教志愿者的日子，所以我并不是想和谁诉苦，只觉得在这里付出的一切都是值得的。

这次来岳西支教是为了践行我去年对学生们的一个承诺——“老师明年会来！”拖着沉重的行李箱再次站在东营小学的大门口时，我在思考：这次回来，我能再留给孩子们什么？

紧接着，我的思考就被孩子们那熟悉可爱的面孔所阻塞。“老师，我想你了。”“老师，你这次能待多久？”“老师，您去年教的《弟子规》我还记得。”……这些话语似乎仍在耳畔回响。这次我们团队以课堂宣扬优秀传统文化为主，辅之以寓教于乐的课外游戏，让孩子们开开心心地领略我国传统经典文化的无穷魅力。除了与其他队员一样教授《论语》中的精选片段，我还教了《诗经》中的经典文章。为帮助孩子们缓解即将升入初中的焦虑情绪，我和孩子们一起学习了七年级语文书上的有关传统文化知识的内容，讲述了如何学好中学语文。在此基础之上，这次支教我还为孩子们准备了特别的礼物——教他们写毛笔字。孩子们没有毛笔、宣纸和墨水，我把自己在学校就准备好的8支新毛笔、8张宣纸和8瓶墨水分发给他们。孩子们很惊喜，但由于从未学过写毛笔字，连毛笔该怎样拿都不知道。所以我在简要地介绍了选择笔墨纸砚的技巧之后，详细地介绍了如何执笔、腕法、身法等，并一一手把手纠正他们在此过程中的错误。孩子们学习的兴致很高，这让我感受到传承优秀传统文化的新生力量的蓬勃生机。因为在大学期间，我的书法老师曾在课堂上告诉我们初学者最适合书写的是小篆和隶书，所以接下来的每一天下午，我都会专门留出两节课的时间：一节课讲述小篆字体的书写要领；另一节课专门手把手教孩子们练习书写。第一次使用毛笔书写，孩子们虽说很新奇，但总归还是有些不适应的：以前就存在坐姿不正确的学生在学写毛笔字的过程中很难坚持做到“头正、身直、臂开、足安”，必须时不时地叮嘱他们注意坐姿；有的学生用惯了硬笔，一拿起毛笔来就手抖得不敢下笔了，我会耐心地鼓励她；有的写出来的毛笔字，笔画生硬呆板，需要我时时地告诉她如何运笔，才能展现出小篆字体的饱满柔美。每天放学前，我都会为孩子们示范精心挑选的小篆字，如“中”“国”“天”“地”“孝”“顺”等字的运笔要领，嘱咐孩子们回家继续练习，第二天把写好的毛笔字交给我，我再细心纠正。

有一天下午，按照我们团队的教学课表，第三节课是我队友的课。临近放学，突然下起了大暴雨，很多家长赶来把自己的孩子接走了，吵吵嚷嚷的校园不久就安静了下来。可这时，我的一个队友跑过来跟我说：“谷老师，下这么大的雨，你们班怎么还不放学，学生家长站在外面都等急了！”我一头雾水：“最后一节课不是我上的呀。怎么回事？”我立即从办公室跑到我们班的教室，没有老师，孩子们还坐得好好的，好像是在等着什么。我着急地说：“你们怎么还不回家啊？雨下久了，山路就更不好走了！赶紧和家人一起回家吧！”孩子们异口同声地说：“老师，今天晚上要写的是什么字啊？”我的脸刹那间红了，鼻子发酸，一股热流涌入眼眶。我知道这不仅是内疚忘记和孩子们说今天的毛笔字作业了，更是被孩子们的真诚和对学习软笔书法的热情所感动的！后来我在和家长们聊天的过程中了解到，在家孩子写毛笔字都练得很晚，有的练到夜里两点多还不愿睡觉。家长说这是从未有过的事。我反思自己也从未对书法如此痴迷过。我怀疑这是孩子们一时的新鲜劲呢。可没多久，我就否定了自己，因为很多学生都央求家长跑到县城的文具书店买来了毛笔字帖和大摞的练习纸。从孩子们身上，我领悟到一个道理：要把自己喜欢做的事坚持下来。

俗话说得好，有志者事竟成。两周练好软笔书法，几乎是不可能的，但可以肯定的是，与第一天写的毛笔字相比，很多孩子的进步都是不容小觑的。在我们的支教活动接近尾声时，更有学生主动表示，想在我们的成果展上当场展示书写小篆。说实话，当时我并不知道孩子为何如此积极。成果展那天前来观看的家长很多，几乎挤满了整个教室，仅留下一片小小的场地做“舞台”，所以，我只能选择一个学生进行书法展示。孩子们自己秘密商议，最终决定推选了一个瘦瘦的小女生。我心中有些担忧：她的确是班里练得最认真的学生，但性格偏内向，平时不爱说话，只怕会怯场。记得有一次，她私下里羞怯地跟我说过：“老师，您的毛笔真好，是在哪里买到的？”展演那天，我和其他学生一起早早地为她准备好了桌椅、墨水、宣纸，还有一支我的毛笔。我知道她的内心有些紧张，因为小脸一直红红的。但我想，这对她来说，是一次难得的锻炼机会，所以并未临时换人。“别害怕，我们都在下面给你加油！”我和其他孩子异口同声地说。她也不说话，只是低着头。她不言不语，倒让我更担心了，因为家长们都是来看孩子学到了什么的，如果她在台上紧张到手抖写不好的话……

可结果是她让我“大失所望”！她稳稳地握着毛笔，小脸依然红扑扑的，一笔一画，专心致志，像是在小心翼翼地保护着心爱的东西。写完后，她抬起头，目光游离，像在寻找着什么。很快，她发现了，怯怯地走过去，双手把自己墨迹未干的小篆“孝顺”捧到妈妈的面前。我感觉自己像被一股什么东西弄僵住了，这才体会到她在一见到我时说的那句“老师，您去年教的《弟子规》我还记得”沉甸甸的分量。看到妈妈激动惊喜的表情，我感受到了爱的力量。我真心希望这美好的爱的种子能一直保存在孩子们的心中，千万不要变质，好好地生根、发芽、开花、结果。

又一次要分离，多么熟悉的场景，去年的今天，孩子们围着我哭得稀里哗啦。今年，孩子们都没哭。我没尽到责任？我们的感情淡了？事实证明，都不是，时隔一年，孩子们学会了把感情藏在心里，尽管已经结束了，在我们一起精心装扮的教室里说了又说，笑了又笑，谁也不想先离开。最后临走时，我收到了孩子们写的小篆字，用毛笔给《关雎》《蒹葭》等配的画，一小堆礼物和一摞信，依然是满满的感动和欣慰。我也把准备好的奖状和礼物给了孩子们。

如果还有机会，我愿意再把自己青春的汗水洒在这里，想把更多的爱留在这里，让这里成为孩子们记忆中最温暖的地方，让这里成为爱的天堂！

青春期的男孩

2012级汉语言文学　郭天宇

刚开始被分到杨杨家,我便受到了特别热情的招待,这让我更加坚定了带好杨杨的信念。一开始带他的时候,我便拿出了我所有的自认为对他最好的东西,来教给他。前两天还行,这个不爱说话的孩子默默接受着我给他安排的一切,就好像我也默默接受自己无法改变的某些事情一样。但是几天后,我便发现了异样,杨杨的接受根本就是一次无言的抵抗。我知道,这年纪的孩子,青春期,叛逆,浮躁,敏感,有自己的想法,等等。杨杨基本上不说话,基本上不和我说话,和他家人交流也极少。我看着他,看着我自己,觉得这样不行,逼他学习,是害了他。

于是,我和他便有了第一次谈心。与其说是谈心,不如说是我自己对他的一种话语的灌输。因为他除了点头摇头,没有跟我讲过任何一句长话。谈心结束后,我要他自己定了一份作息时间表,按照他自己的想法来帮助他学习,陪他一起度过这一个月。

之后的时间,他都能较好地完成他自己所规定的学习任务,和我的话也越来越多。你给学生的尊重越多,学生给你的爱也越多。

那些缓缓流过的细碎时光
——记赴岳西县毛尖山乡支教感受

2011级汉语言文学　陈伟兰

三十天，是这样一个漫长的时间进程，每一天，都有沉甸甸的感受。一个月，我已经习惯了舒缓的农家生活节奏，早晨伴着阳光和阿姨做饭的袅袅炊烟醒来，树蝉、山鸟、溪流开始了一天的躁动；然后在书房里度过整天的学习和玩乐时间；傍晚时分偶尔陪宇轩玩玩羽毛球和过家家。

刚回来的这两天，会在梦里突然醒过来，张开眼，茫然地思考着是不是该下楼吃饭了，生物钟的力量真可怕。阿姨精心为我准备的饭菜的味道，涛涛难得的顽皮笑声，弟弟生气时翻白眼的可爱模样，还有山里安静落下的夕阳，依然清晰，可闻可见。

翻开行李，看着涛涛写给我的信和我们一起涂画的成长记录册，眼泪忍不住在眼眶里打转。分别的时候只是平静地拥抱和简单地叮咛，现在才迟钝地想起来，突然，我好想哭。

记得她跟我说过，我们这样走了，弟弟至少要问一个星期“姐姐去哪里了”，也许每个相处过的人心里都在挣扎，只是长大的我们表达得更含蓄。村里每张对我笑过的脸，每处平凡的风景，那些缓缓流过的细碎时光，已经成为特殊的剪影，被悄悄镌刻在心里的某个位置。在键盘上敲下这些感受，已经开始了一场回忆的盛宴。

陪　护　篇

第一眼看见我的学生，感觉她很活泼，并不像刘老师跟我说的那样内向。一天一天地相处下来，渐渐发现她其实既内向又活泼。这样的结论，似乎很矛盾，但这就是我的学生给我的真真切切的感受。我要面对的是一个，而不是一群学生，所以了解学生的性格很重要。

她很内向,不爱主动跟人交流,这样的一个好处是,对于学习,她很自觉。她的成绩在班上,甚至在整个年级都是名列前茅的。刚开始的第一天,她就非常自觉地制订了一个学习计划,每天早上按量完成各科暑假作业,下午休息,晚上预习初三数理化,下午和晚上的时间可以根据具体情况调换。可以看出来,涛涛其实是一个很有想法的学生,只是,她不轻易表达出来。

另外,我觉得她不失这个年纪应有的活泼,特别是跟她弟弟玩的时候。熟悉以后,晚上跟我聊天时,我直接指出了她的问题,本来是抱着遭尴尬的心态去问的,没想到她很坦率地跟我讲她的性格。她知道自己不太主动跟人讲话,有时候还会突然沉默下来,让身边的人感觉气氛有点压抑。但我知道她一直在思考,一直在努力做出改变。

当初团队活动要求写信给最想寄的人的时候,储涛说没有想要寄信的人,听到这话的时候我很生气,因为我知道这是她不想写的借口。最后在我苦口婆心的劝说下,她还是不想写,我就妥协让她写给我。现在感到很庆幸,她把这一份真心送给了我。她在信里说道:“我俩相处很融洽,但是,我还是对自己的坏习惯感到抱歉。因为从小自己身边就没有什么朋友,很少跟人交流……而且,我也已经在慢慢改正。”我感受到的是一个孩子的成长。感谢机遇,让我陪她度过了她的成长时光。

教 育 篇

在与孩子接触的过程中,我更深刻地理解了“活到老,学到老”这句老话。每个人的大脑都不能装太多东西,或者不愿意装那么多事情,暂时不需要的被搁置一边,久而久之就会被丢弃。于是,人只能不断学,重复学。但每一次的学习感受都与从前不一样,我们会发现更多令人惊奇的事物,或者挖掘出更深刻的道理。也许这是我们感觉自己永远在成长的原因。

学生在我的帮助下收获知识,也在跟我们这样的陌生人接触中,触及更广阔的世界。不敢说她能怎样深刻地领悟到如何待人接物,因为短短一个月没有办法改变塑造已久的性格和人生观,有时候也许什么都做不了。但是,在她人生最美好的时光里,恰巧我们在这里,于千万人之中,我们刚好相遇,度过这样一段时光。对于他们来说,这段珍贵的时光,足以用绵长的一生来回忆。对于我,对于我们,这段时光同样弥足珍贵。不要以为我们是伟大的付出者,我们何尝不是在学生的陪伴中收获成长?在教学的过程中,我们不仅获得了丰富的教学经验,更可贵的是,我们学会了如何跟孩子相处。

在这里,我想分享一下我的教学经验。听涛涛谈到她的一些老师,说老师喜欢在课堂上把所有知识笼统地灌输给学生,课后也不怎么喜欢布置作业给学生消化。借鉴了这样的经验,翻阅教材的时候,我有了跟平时阅读时完全不一样的感觉。我意识到自己的角色发生了改变——不是学生,而是一个老师,所以我的脑海里不断萦绕着一个问题:这个该怎么讲?我看完书,把知识贯穿在一起,构成完整的网络,讲解的时候才能清晰明了;但我不能把所有知识一一详尽地讲给学生听,哪一部分重点讲,哪一部分是略讲,我要做到心里有数。老师跟学生不一样,他早已掌握了完整的知识体系,但学生正处在一点一滴积累知识的时期,需要从知识体系的前端逐渐往后面延伸,不能指望他们一次学会。而掌握全部知识以后,当他们回头看以前学的知识时,肯定也会觉得简单。这让我想起了我高中数学老师讲过的简单比喻:学习就像挑水,你现在只能挑十斤重,当你能挑二十斤的时候,就会觉得之前的十斤根本是小菜一碟。一个真正称职的老师,不应该以他掌握的学识来作为衡量标准,更应该看他是否懂得科学地传授自己的学识。

团　队　篇

虽然分散在各个学生家,但我们仍然是一个团队。15个人,30天,就这样度过了珍贵的分分秒秒。因为学生家与家之间的距离都很远,联系起来不方便,每个星期天我们都举行一次聚会,交流感受,还跟学生一起开展活动。在火辣辣的阳光下,走二三十分钟是经常的事,但大家只是默默接受。可能当初报名参加这个团队的时候,有的人只是一时兴起,有的人根本没有多想,不管是怎样的理由,我们都相聚在一起了,我们为了学生,都得承担起一份共同的责任。

最后的几天里,可能是有些伙伴们归家心切了,发生了一些不愉快的事情,但不能否认我们始终是一个团结的队伍。有些人只是心理还没有成熟,而我们的队伍,就给了她这样一次机会。一个月过去了,大家都是收获满满的。与学生、家长、队友的情谊,自己的成长,还有丰富的教学感受,一切一切,都要感谢这次支教机会,还有我们的团队。

再见,萤火虫。

曾经共同呼吸过的气息,曾经惊讶过的亮光,将要在离别之夜回归他们本来的模样。

我们就要走了，开始新的生活。他们仿佛还在原地踏步，在生他们养他们的地方，继续波澜不惊地生活着。不是说我们的生活有多么激荡流畅，只是我们有更多的机会在不同的人与陌生的风景中周旋，渐渐地也许遗忘，也许深刻铭记；他们却在日常生活里瞧见我们潜在的身影。

现在觉得，某个人曾经说过的偏激的话也许有点道理，我们以为自己留下了什么伟大的功绩，其实每个人都是怀着私心的，坚持自己的付出其实是为了得到心灵的回报。而那些被我们“赠予”的人，我们问过他们的意愿了吗？有时候除了在心灵上划上深深的几刀，他们什么也没得到。

我也常常在深夜里自私地想，我走了，涛涛和弟弟会这样就把我忘了吗？我希望他们铭记我一辈子。不过，我更希望的是，我跟别人不一样，能够给我的学生带来不一样的改变，即使只有一点也好。就像融入他们之前我满怀憧憬地计划的那样，我给她讲大山外的世界，讲我去过的地方，讲她想去的地方，讲“即使我们暂时深处大山，我们的思想仍在旅行”的道理。我看见涛涛谈论这些的时候不像平时那样冷漠，她的眼睛里闪烁着憧憬的亮光。或者他们会忘记我，但那些深刻的道理应该会铭记在心。这样，我已经满足了。山里的萤火虫特别多，每晚亮如星星。据说萤火虫从出生到死亡，寿命最长只有二十天，可是它们发光的样子真很美好。我们，就是他们生命中短暂存在过的萤火虫，短短的一个月，已经炽热地燃亮过。

山的那边
——菖蒲记事

2011级汉语言文学　尚　鹏

只有亲身经历，才会发现这样的道理，快乐不是得到而是付出。

——题记

从来没有走进过这样一个群山环抱的地方，当脚步迈进这样一个小镇，它静静地掩藏在大别山的怀抱里，生灵在青山碧水中繁衍生息。这个夏天，我们从山的那边来到这里，履行自己的诺言，给这里的孩子一个精彩的暑假。

长途跋涉，从芜湖来到菖蒲，一路颠簸，看着窗外云烟浩渺，我内心总是有些忐忑不安，自己应该为菖蒲的孩子们做些什么？怎样做？我不知道答案是什么，想着跟自己的心走，将自己的爱心奉献给他们，踏踏实实地做好每一步。

缥缈的云烟游弋在山林里，我们在这里开始宣扬国学经典，开展爱心支教的第一步。漫步在清晨的小镇公路上，呼吸着似乎洗涤全身的空气，我们在山的那边。从小镇的这头走到那头，面对家长热情的接待和小朋友灿若朝阳的微笑，我们内心总会有种不虚此行的感觉。来到村支部的会议室，孩子们早早地来到，攒动的人头，让我们有种责任，那是信任的责任，家长递过孩子的手的瞬间，恍惚间仿佛那种责任实体化，沉甸甸的。窗外，层层叠叠的山峦，山的那边，孩子们想过吗？我们从山的那边走来，带着我们的记忆和知识来到山的这边，希望给孩子带来更多的对外面世界的憧憬，走出大山，外面有更广阔的世界。海阔凭鱼跃，天高任鸟飞，我们希望在这片蓝天下的孩子能张开翅膀，享受飞翔的自由。

炎热，即使在山里，也是那种闷燥的喘不过气来的感觉。在菖蒲的那几天里，那次停电让我心灵震撼。教室里本就闷热，没有电风扇的搅动，感觉热量都滞留了下来，孩子们的脸上汗水缓缓地流下，作业本上斑斑点点的汗渍，告诉着我们每个志愿者和孩子们都很热。我们尽量站在孩子们的中央，拿起扇子、书本，给孩子们扇些微微的清凉。可是就在我们自己都不能承受的蒸烤下，孩子们用自己的行动告诉了我们什么叫作坚持。晃动的笔杆，随手擦拭脸上的汗珠，一举一动，仿佛是本应如此般自然。天行健君子以自强不息，因为天道酬勤，只有经历风雨才能见彩虹。看着窗后峭壁上娇艳的山花，我知道，什么是答案。未来，在孩子们自己的手中。

孝顺，人之本性，羊跪乳，鸦反哺。当听了邹越老师的演讲后，孩子们眼泪纵横的样子让我们心疼又辛酸。人要有感恩之心，对于父母我们要感恩他们的抚育之情，对于老师我们要感恩他们的培育之情，对于朋友我们要感恩他们的信任。时光是岁月的年轮，折弯了父亲的脊梁，染白了母亲的双鬓，我们在孩子们的身上看到了孝在闪光，他们心存的感恩，是百善的起点。哭红的双眼，还未擦干的泪痕，我们在这群至纯至善的孩子面前，有种教学相长的感觉，回归最初的自己，勇敢地对自己的父母，说出我们心底的爱。

山里的孩子似乎特别腼腆，他们不敢展示自己的才能，总是羞涩地看着我们自娱自乐。从演讲比赛到诗歌朗诵会，从读书交流会到文艺汇演，我们给孩子们走进众人视野的机会，而他们给了我们一个华丽的转身。尽管带着稚嫩的表情，上台按着胸口，深吸一口气，但他们有了这第一步，敢于表现自己，这就是一种成功。看着没有拿到奖状的小朋友，泪流满面的样子，我们带着叹息勉励他们：奖状的数量总是有限，我们不能让每一个孩子都带着奖状与家长分享收获的快乐。可是我们让他们从这个“竞争”中发现自我，寻求一个进步的空间，我想这才是比赛的真正意义。回想起自己刚进入大学的日子，自己不也是从畏惧那个高高的讲台，到如今觉得也就是那么一回事。畏惧总是使人停步不止，失去进步的勇气。

和孩子们在一起的日子里，我们没有想得太多，和他们分享山那边的故事。孩子们好奇的大眼睛，告诉了我他们心中的渴望，渴望走出群山环抱的菖蒲，到外面的世界走一遭。孩子们的世界是单纯的，可以为一件事或喜或忧一天，可以因为一句话或一个动作而起争执。当你担心他们的友谊时，他们却早已握手言和。走入菖蒲，与这群孩子们在一起，内心仿佛有种回归自然的力量，孩子们教会我用最简单的方法解决最复杂的事情。感情，可以说是十几天后最难割舍的东西。当得知我们要离开的时候，孩子们成群结队来到我们的住处，送上小贺卡、手工制作的折纸、简单的铅笔画。面对这样的时刻，内心总会有些不舍，我们只能用一个可能无法实现的谎言“我们还会再回来”，来给孩子们一个安然入睡的梦。

离开的早晨，五点多钟准备出发，可是依然有些孩子来送我们，回首过去的日子，山这边的孩子也给了我们一个快乐难忘的暑假。挥一挥手，告别这个小镇，我们要回山的那边。别离总有无限泪，记忆永远会停留在那些感动的瞬间。

暑期社会实践就像是一个交友会，让不认识的人成为无话不谈的好朋友。那天夜里，在数天上的星星；那天早晨，在述说开心的琐事；那天中午，我们在一起刷锅洗碗……一名大二的学长，和一群大一的学弟学妹们在一起，在这十几天的日子里，我认识了他们，也从他们那里认识了自己，我们一起经历风雨阴晴，从山的那边来到山的这边，践行我们青春的诺言。挥洒汗水，用言行允诺青春，收获快乐，以风采践行责任。

一路走来，十多天里，我们在山的那边，每天读着《弟子规》，辅导着孩子们的暑假作业，一点一滴的记忆浮光掠影似的闪现在自己的脑海中，耳中时常响起，孩子们喊老师的声音。

山的那边，有与我共处十天的可爱的学生们，有一段不老的青春记忆。

我与大山有个约会

2012级汉语言文学　李丹丹

推窗望月，清风徐来，九月的芜湖沁着丝丝凉意。时间如掌心的雪花，一转眼两个月就消失了。虽然已时隔两个月，但只要想起在岳西支教的那段时光，心中便涌起一阵温热。

还记得，7月4日，我带着激动的心情和沉重的行李踏上了岳西支教之旅。经过了近一天的颠簸，我们终于在傍晚时分到达了岳西。这一路上，我见到了过去二十年都没见过的那么多的大山，一座座相连，汇成了连绵不绝的波浪。队长的家在温泉镇，所以又换乘小车向温泉镇进发。到达队长家的时候，天已经全黑了，饥肠辘辘的我们被一桌丰盛的菜肴包围了，于是我们"沦陷"了。

第二天一早我们就奔赴"战场"——温泉镇希望小学。迎接我们的是一个个活泼的小天使。清澈的眼睛，纯真的笑脸，看着他们我顿时幸福感满溢。于是在这个夏天，在这座山里我们六个人成为这所学校的老师。我们一个人教一个年级，根据他们的知识程度来制订自己的教学任务。我带的是一年级的孩子，所以我想让他们感受学习的乐趣。接下来的十多天，我与他们一同学习，一同玩耍，一同成长。教学相长，表面上是我向他们传授知识，实际上我获得的比我给予的要多得多。这十多天的教学里，我感受到的是远离浮夸、亲近本真的宁静，感受到的是与孩子们打成一片、童心未泯的快乐，感受到的是作为一名教师在自己的岗位上发光发热的自豪。

还记得支教的最后一天，孩子们哭红的眼，小老师们颤抖的声音。孩子们将我们紧紧围住，小小的手抓住我们的衣角哭着问："老师，您能不能不要走？老师，你们还会不会记得我们？"我们的心狠狠地被触动了。我们郑重地告诉他们："孩子们，不要哭，老师明年还会再来的！"这不是敷衍，这是作为老师的我们庄严的承诺。是的！明年暑假我们还会回来的！

转眼两个月过去，不知道山里的那帮孩子好不好？文博是不是还是不爱说话只是埋头画画？刘杰是不是还是整天捣蛋不爱学习？学文是不是还是总与同学们闹别扭？说实在的，真的好想他们啊。每当闲暇时，就会忍不住去怀念在岳西大山中支教的那段时光。怀念那里蓝蓝的天，怀念那里清清的水，怀念那里暖暖的人情。在那里，我第一次体会到了作为教师的责任与光荣，第一次发自内心地确定我要的是什么！我想成为一名教师，我想把我学到的知识传播到所有渴望知识的孩子那里，让他们渴望知识的心得到充盈。我要成为一名教师，我要让孩子享受受教育的权利，我愿意去最艰苦的地方奉献自己。我会成为一名教师，我会加倍努力，充实自己，完善自己，在通向教师岗位的坎坷路上不断前行。

今夜的月亮很圆很亮，她照亮了我的脸也照亮了我的心。我仿佛听见她在轻轻地问："你还记得对孩子们的承诺吗？"我要大声地告诉她："我记得，我与大山有个约会！"

志愿者换了一批又一批，受教学生长了一岁又一岁

山这头的守望　山那头的怀想

2011级汉语言文学　杨皖玲

回首在毛尖山乡的一个月的生活，想念毛尖山的蓝天、瀑布、乡民、学生，想念毛尖山的一切，珍藏记忆，让它散发久经积淀的美好，一个月的生活，一生的回忆！

不眠之夜　无尽想象

作为一名大二的学生，虽然参加过一次暑期社会实践，但是并没有真正深入参与团队相关工作，经验并不丰富。此次作为队长，带队参加为期一个月的实践活动，内心充满了紧张、激动与压力。即将面对的是陌生的家庭、陌生的环境，将要在那儿生活一个月，队员能否很好地适应，团队能否真正做好工作，我们能做到什么程度，一切未知。

7月4日的晚上，伴着月升，数着星星，想着心事，一向有着早睡早起习惯的我，躺在床上，怎么也睡不着。一会儿下床看看个人生活用品落下没有，一会儿确认队旗、横幅等是否放置妥当，一会儿叮嘱队员做好双重准备……我不知道自己究竟到了几点才渐渐睡着，我只知道没等到五点闹钟的“警告”，我已经醒了。

带着复杂的心情，看到亲爱的队员们一个、两个集聚过来，我用大大的笑脸、坚定的自信告诉她们：我们是一个团队，不管即将面对什么，我们都会在一起。山的这头，安静美好的毛尖山乡，按照正常节奏生活，期待着即将到来的一切。山的那头，一行十四人，背着行囊，期待着即将面对的一切。

理想现实　激烈碰撞

从公交车到大巴车，从大巴车换乘中巴车，从中巴车转坐小面包车，一路辗转，当连绵起伏的山出现在我们眼前时，大家激动了，目的地越来越近。

三间小屋前，一群孩子和几个大学生在一起游戏，这是下车后最先映入眼帘的一幕。走进七彩之家，有的孩子蹲在地上涂鸦，有的孩子三三两两玩耍，有的孩子倚在书架上读书，有的孩子用怯生生的眼神与我们的眼神相撞。每看到一个孩子，我都会想：她会不会就是我要带的学生？

在毛尖山乡的第一个团体会议，是刘磊老师主持召开的，我们的落户家庭以及相关安排也在会上确定。由于地形等限制，我们落户的学生家之间都有一段距离，团队十四人，分布在四条线上。刚刚到达陌生的地方，大家就被分散了，彼此很是不舍与担心。

起先，我们以为虽然大家分散落户在学生家里，但学生家会住得很近，队员间可以天天见面。可事实上，刚刚落户的时候是阴雨天气，外出不便，这加深了队员间的距离感和陌生感。前两天，很多时候，我都会莫名害怕，觉得孤独。

理想中，山那头的我们，在山的这头，心理上和空间上仍然可以在一起。现实里，山那头的我们，在山的这头，空间上分散，只能坚定心灵的团结。

毛尖山乡　美好地方

渐渐熟悉，熟悉毛尖山的环境，熟悉山这头的生活。毛尖山乡是一个美好的地方，山美、水美、人更美。

我最爱毛尖山乡的蓝天白云，那是纯净的蓝，纯洁的白，那是难以形容的美好。刚好那段时间在看柴静的《看见》，看到“天蓝得不知所终，头顶肥大松软的白云，过好久笨重地翻一个身”，望一望山边的天，觉得较为贴切，以致多次在队友面前念叨，被嘲笑为“杨大诗人”。

毛尖山乡的人都特别热情，我落户的家里有爷爷、奶奶，学生刘丽芳和储振宇。这家人对我很好，平时吃饭，总是将“好菜”都放到我面前。

每天晚上，我都会和队友王嘉馨去离家十几分钟路程的敬老院洗澡，因为那儿有淋浴，而且我们也趁这个机会交流一下当天的感受，并给孩子们带点吃的东西。虽然敬老院里的爷爷、奶奶有的精神不好，有的视力不佳，有的不会说话，有的听不到我们说话，但是，他们都特别“单纯”，我知道这个词可能不恰当，但我真想用。

有一次去洗澡，一位爷爷用我听不懂的方言和我说话，我不明白什么意思，只有顺着他手指的方向去了，原来他的电视因昨晚打雷没台了，想让我帮他看看，虽然最终我没帮他搜到他最想看的台，他还是操着一口方言说“谢谢”。

后来，我和王嘉馨成了敬老院里的老人的朋友，洗完澡准备离去时，爷爷、奶奶会说“明晚还来啊”，或是“明晚早点来”。

在毛尖山乡，只要你遇到村民，他们都会微笑着和你打招呼，或者送给你质朴乡音的问候，面对那样一张溢满笑的脸，那样一份热情，我觉得很温暖。我落户的学生家在山坡上，从坡下到坡上，距离有一百四十步。在山的那头，我不曾想过这样的生活，一百四十步对我来说没有特殊的距离与意义。在山的这头，我竟有幸见证了这样一份美好。

留守之花　灿烂绽放

在毛尖山乡的一个月，与我朝夕相伴的学生是储振宇和刘丽芳。振宇是个初二的男生，没熟悉之前不太爱说话，相处之后，他会诉说内心真正的想法。“我真的很累，我们作业很多。”他觉得学习任务太重，经常发出“减负”的呼喊。这样一个男孩儿，主动提出“你做我的朋友吧”，我欣然答应，然后成为他的“知心姐姐”，情感、生活方面，他都愿意与我说。虽然，他提前几天到了父母打工所在地，但我和他的感情依然很好。

丽芳刚刚初三毕业，中考因0.5分之差，与县重点高中失之交臂，“如果正常发挥，进岳西中学是没问题的，她之前每次考试都是前十，就是这次，竟然考到十七了。”家里人谈到这件事满是叹息与懊恼，而丽芳默默地低着头。如果进理想的中学，这就意味着本来生活就不宽裕的家里，还要在学费之外多拿出一万元。如果不拿钱，岳西中学又是她最想上的学校。因为这件事的影响，前期的丽芳对于我的学习安排有所排斥，对此，我一度苦恼过。后来，通过沟通交流，我渐渐走进她的内心世界。

根据不同的情况，我为振宇和丽芳制订了不同的学习计划。对于振宇，我采取的是“哄着学”与严要求结合，对于丽芳，我鼓励她散散心，和同学朋友多交流，更多地给予其自主权。作为师范专业的学生，我很珍惜这样的历练机会，我很乐意和学生一起成长。

我觉得我和振宇、丽芳的关系不是简单的师生关系，生活中我还是他们的姐姐，我希望自己可以在生活和学习习惯上，对他们产生良好的影响。

山的这头，振宇和丽芳继续着他们的生活。山的那头，我希望他们可以快乐地学习、快乐地成长，我期待留守之花的灿烂绽放。

大山两头　牵绊守望

8月3日的晚上，又一个不眠夜，不似当初的想象，仍是复杂的情感：即将回家的兴奋，即将回家的不舍……

4日清晨，五点钟起床，刚出门就迎上了爷爷溢满笑的脸，想起昨晚饭桌上爷爷含泪的眼，只是低沉地叫了声"爷爷"，心情如何也轻松不起来。

回到房间，发现丽芳已经准备起床，揉着红红的眼，迷糊地望着我："姐姐，你要走了吗？等我一下，我送你。""不用了，我下去就行，车子会在下面接的，你再睡会儿吧。""不行，我要送你。"听后心里很是感动。

走到厨房，发现奶奶正忙活着做早饭："吃面条还是炒饭啊？""不用了，奶奶，我待会儿就走了，在车站可以买点吃的。"拉扯再三，我最终以时间不够为理由说服了奶奶。临行，我背着书包，拖着箱子，身旁跟着丽芳，身后跟着爷爷、奶奶，突然，我希望那一百四十步的距离可以走不到尽头。

汽车早已鸣笛，可是丽芳、爷爷、奶奶仍然没有离去，和他们一一拥别。我觉得自己是个比较理性的女孩儿，我以为自己可以忍住不哭，就像之前交代丽芳和队友的那样，"你千万别哭啊，不然把我惹哭了""我们要笑着离开"……可是，可事实却未能这样。

即将上车，再和丽芳告别，迎上她强忍眼泪的眼睛，我终究还是忍不住了，只能赶快上车，以做掩饰。

车子渐渐远去，和来时一样的路，离去时却是完全不同的心情。丽芳和家人仍然目送着我们，不肯离去，我一直和他们挥手，一直，看不见了，熟悉的一百四十步山坡。离别的路上，看到了美丽的云海，大家谈着毛尖山乡的蓝天白云、青山绿水，分享生活中的搞笑点滴，不提别离，可是，不知不觉，话题悄然间回到孩子身上，回到情感部分，车上安静了，司机叔叔开了音乐，想起最后一次活动里，稚嫩童音与热情声音的混响，"明天会更好"；想起趣味运动会中孩子们和志愿者们开心的模样；想起大家一起折纸送给"代理爸爸"时，孩子们认真幸福的表情；想起"我的中国梦"主题绘画比赛中，孩子们小小心中装着的大大梦想；想起成长记录册里我和学生共同完成的每一笔；想起……我终究哭了，身旁还有一样流泪的傻妞。

山的这头，等待与守望。山的那头，思念与怀想。刘老师说后期有机会就带着孩子到我们学校去，听到这个消息大家都很开心，急忙和刘老师说出自己所带学生的名字,央求着带上自己的学生。其实,他们去或不去,我们的情都留在这里,我们早已约定:明夏再携手!

非常感谢刘老师的帮助和指导,让我有机会在生活中历练成长;感谢亲爱的队友的支持与关心,让我有力量继续;感谢爷爷、奶奶一个月里的照顾与理解,让我有了如家般的感觉;感谢可爱的孩子们,让我有幸参与了你们的成长;感谢毛尖山乡的蓝天白云,让我领略了自然的美丽神韵;感谢这一个月里的一切人与事,我会带着感恩的心,快乐地行走于奉献的路上!

扬起爱的风帆

2013级汉语言文学　张晓惠

时间飞逝，我在“五四爱心学校”支教的第二学年的第一学期逐渐步入尾声。还记得一年前，初入大学不久的我，满怀神圣感，加入了五四爱心支教。支教前的我还只是一名初入校园的大学生，是一个知识接受者，而支教时的我身份转化为一名知识传授者，说实话挺有压力的呢！永远不会忘记第一次讲课时的紧张心情，还有那群可爱孩子嘴里“老师，老师……”的声声欢呼。一种要当好老师的责任感猛然从心底升起，我想做好这个老师，尽好我的职责。

当正式进入教学活动时，才发现上课并不是一件简单的事情，小学的孩子识字能力有限，学习之前，需要新颖的故事背景和动听的声音才能将他们吸引，让他们跟着投入进去。看着孩子认真而渴望的神情，心里装满高兴、感动以及当老师的自豪感。特别是我带的那个小男孩，聪明认真且配合，看着他就好像看到我小时候的影子，他那种活力让我很喜欢。小孩子固然害怕严肃的老师，可更多的是一种叛逆，所以在他的面前，我更愿意微笑地告诉他上课应有的纪律，当然除了他特别吵闹的时候。在平时的课堂上，我会在教小朋友时，适当加点“小动作”，这样可以更好锻炼孩子们的自我表现能力，帮助他们从小建立信心。

最难忘的是本学期的最后一堂课，当带着他回顾时，心里是满满的惊讶，浓浓的欢喜，以及当老师的成就感，看着他的认真、自信，心里收获的是满满的感动，我在他眼里看到了不舍和留恋。虽然几次支教的时间并不能给他带去多少知识，但是我知道，我们共同建立了友谊，收获了感情，我的支教给他带去的不仅仅是快乐，更多的是他对未来的憧憬和希望。在这里，我收获最大的是成长。教学的收获，使我更坦然地给学生传授知识；使我更加了解学生，学会了如何处理师生之间的关系；使我越来越坚定教师这一职业，在今后我要不断地努力学习，真正走上教师这一岗位，必定会做到为人师表，认真地对待教学。如果说当初只是对支教生活的憧憬，那么这支教过程中，我真真切切感受到了一种至美的境界,我相信我会把它永远铭记于心,体会其中的滋味。回味这几次支教经历,支教的生活就像一杯清茶,没有华丽的色泽和醇香的味道,只有淡淡的清香,却让人回味无穷。

人生几何,岁月匆匆。感谢"五四爱心学校"让我有这种经历,如果让我说支教的感受,我会说:"简单并快乐着,平淡并享受着,付出并收获着。""五四爱心学校"是我人生中的一个驿站,它将激励着我不断前进,不断奋斗。支教生活让我有了改变,让我明白了什么是艰辛与付出,我不再是一个充满理想却脱离实际的小孩。

艰苦让我分清了理想和现实,在这之前我认为学校的一切都应该是美好的,教室是明亮的,学生是可爱的,老师是和蔼的,课堂是精彩的。到了这里才知道,这一切都是需要付出很大努力的。其实在工作中更多的时候需要的都是实战精神,而并非理论。课堂需要的是一个全能的老师,因为孩子的脑子里有太多的为什么。充实和幸福让我坚定了人生的方向和目标,在这里,每天都会忙忙碌碌,为了孩子们的学习和生活,看着孩子们在那样艰苦的条件下努力学习,会让人有一种把所有的知识都传授给他们的冲动!所有的这些该做的和必须做的都使我的生活充实和幸福起来。这些经历和努力让我收获了前进的动力,虽然学校环境很艰苦,教具很缺乏,但是我更加热爱这个职业,并非因为要有多高尚,而是有一颗心在向着阳光。那便是孩子们一张张纯真求知的脸,让我决定了在教育的这片热土上奋斗和拼搏。

一份真心,加一份耐心,加一份专心,加一份动力,只要你肯努力就一定会成功。在我的学生身上,我付出了自己的知识和热情,同时收获了甘甜,细细品味,还别有一番滋味。

以青春的名义，播撒希望的种子

2013级汉语言文学　王　雪

时光如白驹过隙，一转眼，在社区已经支教一年多了。回顾这一年来，自己在社区的表现，心中是充满喜悦的。因为这一年多的支教不仅锻炼了自己的能力，而且还让我更加深刻地了解到了“爱”这个字的真谛。犹记得第一次来支教的情景，在来的公交车上，兴奋地想着自己的学生是什么样的，是个调皮的男生还是个娴静的女生，想象着他们用稚嫩的声音叫自己老师的样子，心情真是说不出的激动，盼望着能够快点到达目的地，早点见到自己的学生。我的学生是一个正在上小学五年级的女孩子，名字也很好听，叫程鹊媛。在第一眼见到她时，就觉得她肯定是一个懂事听话的小女孩儿，事实也确实如此，整堂课她都在认认真真地写自己的作业。我心里也松了一口气，怕如果是个调皮的万一管不住她怎么办。但是，头疼的问题来了，可能是性格使然，她不怎么敢问问题，我也注意到了她有好几次想开口，最终还是没有鼓起勇气问出来。于是，下课时，我开始试着与她聊天，告诉她其实我的身份不仅是老师，更多的是一个大姐姐，让她就把我当作姐姐看待，有问题就直接问。另外，还对她的学习情况进行了基本了解，知道了她的薄弱科目，告诉她相关的学习方法与技巧。聊着聊着，渐渐熟络了起来。她不再像以前那么拘谨，会积极地问问题，有时还会开一些小玩笑，是个很可爱的女孩子。在每次细心给她解答完题目，听到她说“谢谢老师”时，我都感到很欣慰，终于可以贡献自己的一分力量帮助别人了。我不再像以前一样，只是个会在父母面前撒娇的孩子，现在我又拥有了一个新的身份，是这个孩子的老师，我需要对她负责。在上个学期，我的学生不负众望，在期末考试中取得了非常好的成绩，老师家长还有她自己都很高兴。

现在，终于明白了吴青山老师当时创办这所爱心学校的初衷。看着自己的学生一天一天进步着，心里感觉特别自豪，感觉自己付出的一切都有了回报。那种感觉即便是自己拿到录取通知书时都不曾有过。我明白，这就是“爱”。在全国无数个地方，还有千千万万个像我一样的人，他们用爱温暖着他人，用行动诠释着爱。就让我们以青春的名义，播撒爱的种子！

“五四爱心学校”获首届中国青年志愿服务项目大赛银奖

爱传万家，永做志愿服务人

——记“五四爱心学校”志愿者饶雁鸿

2013级汉语言文学　庄晓莹

从“五四爱心学校”的一名小老师，到带领“五四爱心学校”几百名志愿者的校长，从每周给一名贫困家庭孩子免费家教的辅导老师，到一个社区分校有几十名志愿者们每学期每周进行爱心家教的带头人，三年志愿服务，累计志愿服务时间1000多个小时，她用爱心和责任心擦亮大学生这张名片。

她是饶雁鸿，安徽师范大学文学院2011级汉语言文学专业的一名学生，连续两年组织暑期社会实践团队，远赴陕西、云南进行爱心支教，并在云南景东邦庆小学建立“五四爱心学校”暑期社会实践基地。现任班长，曾任安徽师范大学“五四爱心学校”校长。她去山村支过教，在报社当过实习记者，步入大学校园至今，她做过无数的志愿服务工作，她说：“我愿永做志愿服务人，让爱传万家。”

三尺讲台，演绎教师梦想

加入“五四爱心学校”，饶雁鸿可谓“谋划已久”，她早在中学时代心中就埋下了爱心支教的种子。大一时，听说“五四爱心学校”招新，她积极地报名，通过选拔加入了“五四爱心学校”。繁重的学习和班长繁忙的工作任务让她常常忙得不可开交，当室友们在享受自己闲暇的时光时，她却选择每周周末前往“五四爱心学校”给孩子们进行课业辅导，风雨无阻。

“‘支’开畏惧与彷徨，‘教’出力量与梦想。”大二那年，饶雁鸿自己组织安排暑期社会实践活动，带领一支志愿者队伍，来到了一个从未有同学去过的云南景东贫困县，为当地的孩子们义务支教。“选择这种比较苦的地方，一方面是想锻炼自己，另一方面，在这些条件差的地方，我们可以为孩子们带去更多的帮助，孩子们也会更加珍惜这次机会。”在云南，饶雁鸿看到的是一个个穿着破旧衣服、吃着咸菜配馒头却挂着甜甜微笑的孩子，“那些笑是我见过的最令人心痛的笑，这些心痛和无奈也是我从现在到以后继续走爱心支教这条路的动力。”此后她又陆续带队前往陕西等地进行支教活动，无论是恶劣的环境还是身体的不适都没有阻挡她的脚步，她在三尺讲台、在爱心支教的路上义无反顾。“有些事你在做之前根本无法预计，在做的过程中遇上了，会感到意外，接着就是感动。”当谈及自己在支教过程中的收获时，她认为孩子们给她的感动就是她最大的收获，是她最宝贵的收藏。“没有经历过永远不会知道，我经历过所以我知道，我知道我就会去做，并且会一直走下去。”她这样说。

深入社会，关注弱势群体

作为《合肥晚报》的一名实习记者，饶雁鸿深入百姓，融入农民工团体，参加农民工“图书漂流”活动，为老百姓写春联活动等，发表相关稿件近二十篇。实习记者的那段经历让饶雁鸿以一名记者的身份，接触到了不同的人与事，让她有了与平时不一样的感触。“在采访过程中，我会接触到作为学生接触不到的人，他们对某些问题的深刻见解，作为学生是听不到的。”使饶雁鸿印象深刻的是一次深入车间采访工人，来回奔波甚至连饭都来不及吃。“来到一个从来没有接触过的环境，和没有接触过的群体交谈，做一些力所能及的事，那种小小的满足感，再苦再累我都觉得值。”饶雁鸿笑着说。

服务大家，服务小家

“班级是我们的家，班长的工作是服务同学，而不是领导同学。”从大一当选班长直到现在，饶雁鸿担任班长已经是第四个年头了。班长，顾名思义，班级的“家长”。饶雁鸿一直坚持为班级同学服务的宗旨，组织班级大小活动至今上百次，始终坚持办好每一项活动，服务面覆盖每一位同学。在她的带领下，2012年她所在的班级荣获安徽师范大学文学院“先进班集体”荣誉称号。

“事情很多，又要当爹又要当妈。”饶雁鸿开玩笑地说。饶雁鸿的班级共有41人，是一个人数不多的小班，她最大的工作就是增强班级凝聚力，使同学们更加团结。为此，她特别组织了一次春游，带领班级同学去往宣城。经过这次春游，同学们变得更加团结，也更加认可这位尽心尽责为大家服务的好班长。

她就是饶雁鸿，一个无私的志愿者，一个有大爱的奉献者。她会继续她热爱的教育事业，继续为孩子、为教育、为社会服务，用她的无私奉献谱写出青春里最美丽的乐章。

字、词、句甚至一个标点，都耐心地给学生纠正

沟通、信任与友谊

2013级汉语言文学　王洪方

对今年的江南之夏，我有着一番独特的感受，倒不是因为那有别于北国的别具诗意的天街小雨，而是与队友和一群孩子在一起相处的那短暂的十几天时光。我们的记忆永远不能覆盖时间之手所抚摸的点点滴滴，但是那时光所酝酿的甘之如饴的友谊、孩子们那纯真烂漫的笑容，将会成为我们每一个志愿者温暖的回忆！

西塞罗曾说："世界上没有比友谊更美好、更令人愉快的东西了。"而获得友谊的前提是彼此间的信任，彼此间的信任又需要有良好的沟通作为前提。作为一名大学生，这次社会实践是一次"夏日之行"，而作为一名志愿者，这又是一次"爱心之旅"。我想，我们未必有能力"传道、受业、解惑"，但我们做到了彼此间心灵的沟通、信任，建立了一份足以温暖人心的友谊。

心灵的沟通

记得刚和这群孩子们见面时，彼此之间还有些陌生。只有几个我们以前支教时熟悉的小朋友比较活泼、积极，其他的小朋友明显有些拘谨，而打破这种拘谨的，正是我们彼此间心灵的沟通。

我们的社会实践不仅辅导孩子们的功课，还有各种专题知识的讲解，比如说安全教育、趣味汉字和芜湖铁画宣讲等。这些知识的讲解实际上是和这些小伙伴们的一次次亲近和交流。

记得在第一节安全教育课前，我们都担心这样一个讲了又讲的老话题，他们能认真听吗？结果出乎意料，我们的志愿者老师用生动幽默的语言把这堂课上得气氛活跃而热烈，孩子们都积极参与其中，天真稚嫩的回答感染了在场的每一个人。到了趣味运动会，彼此之间的合作更是心有灵犀，真是一次丰盛的欢乐大餐。当然，不仅仅是这些，每一个活动的举办，相互之间的问候——"路上慢点啊！""知道了，老师再见！"都是一种沟通。时间所累积的简单的问候，实际上是一种爱心的回应与传递，一种心灵的交流！

珍贵的信任

虽然我们和这些孩子们只相处了几天，但是相互之间的交流让我们彼此信任，让我感到这群孩子们犹如我的弟弟、妹妹。他们的言语和笑容是那么天真、纯净与亲切。

我辅导过的一个小女孩儿给我留下了非常深刻的印象，她上二年级，做起功课来非常认真。她先是端端正正地坐在那里，然后翻开书，仔细读着每一个字，然后再歪着头想一会儿，最后下笔写出答案。我从她身上看出了什么叫沉醉，学习成绩当然好，但是她从不骄傲，每当做错题我给她讲解时，她总是认真在听，听懂后拿上橡皮擦，把错误的答案小心翼翼地擦掉，然后再把正确的答案认真写上。我想，这是一种谦虚，又是对我的一份信任吧！不光是她，其他孩子也是如此。无论他们的学习成绩如何，从未出现过知错不改的现象，这是对我们志愿者的一份信任。

我记得有一天早上，下着大雨，我们在去社区的路上想，到底他们会不会按时到呢？也许因为雨下得大就不去了吧，但当我们到社区的时候，已经有一些小朋友在那里等着了，之后一些小朋友陆陆续续到了。一位家长对我说："我跟孩子说：'雨下得这么大，老师还不一定到呢，你别去了。'他说：'我们老师一定会去的。'你们果然都到了。"我对那位家长说："其实我们应该信任你们，就像你们信任我们一样！"

难忘的友谊

12天不知不觉就过去了，当我回到家翻看那一张张照片时，时间记录下的点点滴滴又历历在目。性格各异的他们有调皮可爱的、有沉稳大方的、有灵巧聪明的，他们在课堂上积极踊跃、争相发言，在才艺展示上更是八仙过海，各显其能。我看着那一张张洒满记忆的照片，为他们调皮可爱的神情不时发出笑声。我在想：我们这几天教给他们的知识，也许过一段时间他们会忘记，我也不敢说这短短的十几天对他们或是对我们有着什么"重大"的影响。但是通过这次实践，我懂得：志愿者的本质身份应该是帮扶对象的朋友，无论两者在知识水平、年龄上有什么差距，彼此多一份沟通，建立一份信任，那么友谊便是水到渠成了。

我想起我的老师说过的一句话:“相遇即是缘,何不努力结一份善缘?”那“善缘”不就是世间“最美好、最愉快”的友情吗?说到这里,我想到了普希金在一首诗中的几句话:

一切都是瞬息
一切都会过去
而那过去了的
就会成为美好的回忆

是啊,过去的将永远过去,但时间不能抹去那美好的记忆。我将会永远记住那一张张可爱的笑脸与这份珍贵、温暖的友谊!

爱心的萌动就是让贫困家庭的孩子得到辅导

传递爱心，铭记感恩

2013级汉语言文学(非师范)　张永康

没走进这个教室之前，我是一名普通的大学生。但当我走进这个教室之后，我便多了一个对我来说很特殊的身份——老师。

记得当初在赭麓社区面试的时候，队长问我能不能坚持，无论天气如何，时令怎样。我说能！怎么会不能？“五四”“爱心”“学校”，哪个词都足够了。“五四”“学校”不必多说，单说说“爱心”吧。我们每周来这里花两个小时给自己的学生辅导功课，我们认真，我们负责，不遗余力。因为这里是“五四爱心学校”，是一个能让我们这些平常待在校园里的大学生做一点除学习以外的有意义、有价值的事的地方。

当然，还有这么多可爱的小朋友们。按理说，各位小朋友上了一周的课，今天该好好休息才对，可是你们来了，甚至有时候比我们来得还早。我们是因为爱心汇聚于此，这句话对我们的小朋友来说同样适用。如果你们都不肯来，我们就算有爱心，也只能每周六早晨在被窝里睡觉，或许比你们起得都晚，因为你们都来了才成全了我们的爱心。在“爱心”两个字上，在座的所有人都一样，感谢所有对这个社区默默付出的人们，因为你们，才有我们梅莲路支教点的今天的成就。

驾驭命运的舵是奋斗。不抱有一丝幻想，不放弃一点机会，不停止一日努力。安徽师范大学“五四爱心学校”正是一个为贫困学子提供放飞梦想平台的爱心助学组织。在吴青山老师的带领下，安徽师范大学的莘莘学子无偿为困难学生提供辅导，在学业、生活和心理健康方面积极地引导和教育学生。“五四”志愿者秉着一颗“传递知识，传递爱心”的心，让那些渴望知识的孩子们得到温暖的呵护与严格的督导，帮助他们更加健康茁壮地成长。

爱，拓宽你我生命的跨度。“五四”青年爱心志愿者以一腔青春热血和脚踏实地的办事态度认真负责地对待每一位接受教育的学生，用无私的爱心温暖寒门学子。

滚滚长江水哺育世世江城人，拳拳“五四”爱温暖代代儿女心。爱心助教的八年看似漫长却很短暂，志愿者们把一个个可爱的孩子当成自己的亲人，当成曾经的自己，即使再苦再累他们也是快乐的，于是我们发现八年可以那么快就过去了。无论是炎炎夏日还是寒冬腊月，无论是瓢泼大雨还是寒风肆虐，所有人都没有退缩都没有中断，那一个个脚印踩得踏实！志愿者的付出更是得到了社会和学生们的认可！

自“五四爱心学校”成立至今，志愿者们播撒爱心，义务支教的脚步已经遍布全中国。

“五四爱心学校”这个大家庭，用爱，将我们这些来自五湖四海的人连接在一起；用爱，唤起我们心底那份最纯洁的奉献之心；用爱，让我们克服一切困难险阻，坚持不懈地走在无偿支教这条道路上。

支教的路程是漫长的，支教的过程是复杂的。在无偿支教的过程中，我们或许感到劳累，或许感到厌烦，但是孩子们亮丽的笑颜，家长们殷切的期望使我们无法离开这个平台，让我们更加投入其中，让我们感受着大爱无疆的意义，也让我们领悟到奉献的真谛。我们每一个志愿者都在“五四爱心学校”里成长着，我们奉献着青春，收获着美好。

我们坚信“五四爱心学校”的脚步永远不会停下，无偿支教这条爱心帆船永远不会搁浅。我们也坚信，我们志愿者的队伍会越来越壮大，未来还有千千万万的志同道合者会加入我们的行列中来。因为，我们有着同一种语言——爱心；我们有着同一种信仰——奉献；我们有着同一个愿望——让所有的孩子快乐成长！

“选择爱心，青春皆无悔；服务社会，奉献亦如歌。”这是我们矢志不渝的信仰！为了这份信仰，我们奉献着，我们奋斗着。同时，我们也在奉献中收获硕果，在奋斗中书写希望。我们希望“五四爱心学校”能给这个美丽的江城芜湖添增一抹亮丽，能给这个城市带来一片温暖。我们希望“五四爱心学校”的足迹能够遍布中国的大江南北，将爱心的火种撒向各个角落。让爱心之花，花开四季，永伴左右；让爱心的旗帜永远高高飘扬！

爱，无法诠释。但，“五四爱心学校”让爱飞扬！

一眼望见未来

2013级秘书学　李　珍

校外两旁的人行道边，树叶由浅黄变为嫩绿，又变为深综，转眼间我在“五四爱心学校”志愿辅导已经有小半年，这期间我见过晨曦中的朝阳，见过朦胧的雾景，见过雨水哗哗地流进下水道……

在弋江嘉园社区，有许多孩子在周六上午早早地在社区里等待我们的到来，我们是被称作“老师”的学生。他们中有发育早而个子超过我的初中生，有仍紧紧攥着爷爷的手眨着乌黑眼睛盯着我的一年级小妹妹，他们或顽皮活泼或刻苦勤奋，或开朗或内向，他们身上都有一种光芒，那是希望，像是五六点的太阳。

或许这样的年龄差距使我们之间有代沟，可我们却相处得那么快乐，仿佛同龄的玩伴每周一次的聚会，有争论，有揶揄，有语重心长的叮嘱，有年少轻狂的傲气。我从他们的身上看到了我的过去，却也想知道他们是否从我的身上看到了他们的将来。人生的轨迹是那样的相似，让我有些晃了眼，辨不清方向。但我每一次都在心中自语：别长大，就这样单纯下去吧。这句话是对他们说的，也是对自己说的。

单纯地付出，单纯地去帮助别人，以真心换取真心，才能体会这世界的暖意，而不仅仅是在保护伞下生活。一撇一捺为“人”，相互支持、帮助，我想这才是“五四”精神的核心吧。学习倒是其次，一个成绩不是最优秀的人不妨碍他成为一个好人，成为一个有奉献精神的人。

这就是我在“五四爱心学校”支教时期的感悟，虽然细小、琐碎，但真实。

无志愿不青春

2012级汉语言文学　王　森

“五四爱心学校”的义务支教，是我进入大学参与其中并一直坚持至今的志愿服务活动。这两年多来，无论是晴空还是风雨，留给我的都是无限的感动与收获。我还记得我带过的第一个学生，是十四中社区一个叫何忠杰的初一男孩，那时我刚读大一。当时，十四中社区是“五四爱心学校”唯一在学生家中进行辅导的社区，所以在来之前生怕学生家长对我不满意，但家长的热情打消了我的顾虑。之后每个周六的早晨，我都会坐上45路公交车，风雨无阻地经过一个小时到达学生家中。当他的英语从不及格上升到80分时，小忠杰、小忠杰的父母都无比自豪，也让我感到幸福和快乐。在学习上我和小忠杰是师生关系，但在课下更是朋友关系，他开心的或不开心的事儿都愿意和我分享。大一最后一次支教，何妈妈得知我要换一处支教地后，很舍不得，但她一直像母亲一样温情地鼓励我，那种温情至今难忘。

两年来，我秉承着学校“传授知识，传递爱心”的宗旨，还帮助过好几个像忠杰一样的孩子，无偿为贫困学生提供家教辅导，让那些渴望知识的孩子们得到温暖的呵护与督导。是他们让我更加坚定了做老师的理想，是他们让我第一次体会到做老师的快乐。

今年3月5日，我们相聚在这里。因为雷锋日和志愿服务，我们有了一个共同的名字——向阳花。我们这群向阳花志愿者迎着朝阳在安徽师范大学进行了为期一个半月的培训。从户外拓展训练体验开始，我们挥洒汗水，释放青春力量。各位青年志愿者成长导师们的精彩授课更是让我们受益匪浅、收获良多。通过胡靖老师的课程，我们学到了培养自身媒介素养，善于运用新媒体进行志愿服务的信息传播，互动交流，舆论监督；通过彭凤莲老师的课程，学到了志愿服务相关的政策法规；通过路丙辉老师的讲授，学到了社会工作的价值观，学会了做一个温暖的人；通过柴文杰老师的讲授，学到了如何运用社会工作介入的科学方法进行助人活动；通过急救中心侯捷老师的课程，学到了如何在志愿服务过程中进行自我保护、救护他人。之后骨干班又进行了或集中、或分散的志愿服务活动。在高雅艺术进校园——话剧《立秋》的现场，从布置会场，到为上千名前来观看的观众做入场检票、内场服务、场地清扫，经历7至8个小时，这一切虽然过程辛苦，却也无限幸福。

培训班的理论课程后，我又带着新的目标投入志愿服务的行列之中。今年暑假，我组建了一支志愿者团队，带领十八名队员来到了颍上县一个农村福利院，用爱心和耐心积极引导和教育孤儿院里的孩子。而今年也是我在"五四爱心学校"服务的第三年，肩上的担子和责任比以前要重许多，但也正是这份责任让我更加坚定不移地走下去。

今天我们相聚在这里，虽是结业，但不是分离，因为我们有一个共同的名字——志愿者。

予人真情留余香

——记“五四爱心学校”志愿者王淼

2013卓越语文实验班　卜倩倩

自进入安徽师范大学的校园，王淼就开始了她的志愿者之路，如今已经是第三年了。三年的大学闲暇时光大半都献给了她的志愿者之梦，而她也从一名青涩懵懂的菜鸟级志愿者变为如今成熟稳重的“五四爱心学校”校长。当谈及未来有何打算时，她浅笑：“不管将来怎么样，我是一名志愿者，这个身份是不会变的。”

风雨无阻，用爱心铺平支教之路

从安徽师范大学到十四中社区，乘公交车就要花去半个小时，如果你在奋力挤出了水泄不通的公交车之后以为你已经到达目的地，那你可就大错特错了，还有半个小时泥泞的羊肠小道在等你呢！每个星期六的早晨，王淼就是这样来到十四中社区一个贫寒的家庭，这里有她的第一个学生：何忠杰。小忠杰读初一，她在了解了他的学习情况后，立马制订了相应的教学计划，每次支教前都准备一些英语试题。“因为他英语不是很好，所以我让他多做些题，然后再给他讲解。”王淼告诉记者：“他有一次英语考了80分，我和他的父母都非常高兴。因为之前他的英语一直不及格。”王淼大一一直教小忠杰，他很喜欢这个漂亮又温柔的大姐姐，有开心的或不开心的事儿都愿意和王淼分享。“有一天他告诉我和他最要好的哥儿们吵架了，我就开导他并且告诉他主动道歉是一种美德，后来他俩又玩到一起了。”其实不光是小忠杰，他的父母对王淼的教学态度和方法也很满意，每次离开时，他们都热情地邀请她一起吃个饭。大一最后一次支教，何妈妈得知王淼要换一处支教地后，一直舍不得她，希望她大二再来。“我告诉何妈妈，一旦小忠杰有学习上的疑惑，就给我打电话，只要有空，我一定来。”

大三，王淼开始担任“五四爱心学校”的校长，每个星期六往返于各个社区，了解每个社区的教学情况。有一次在洪桥社区看到一个孩子一直蹲在桌子下面，询问后才得知这个孩子叫牛军强，父母离异后都有了各自的生活，他平时和爷爷、奶奶住在一起。小军强性格孤僻，不愿和其他同学一起玩，也不愿听志愿者教导，每次来都是一个人在桌子下面玩。王淼看着这个孩子，并没有像其他志愿者那样去劝他或者拉他起来，而是蹲下来和他聊天。“我问他在玩什么，他并不理我。然后我就逗他，同他一起在桌子下面闹，闹着闹着，他就在桌子下面待不住了。”王淼笑着回忆，“后来我和他成了朋友，每次来洪桥社区，他都拉着我，让我教他做作业。”

无论春暖夏热，秋凉冬寒，王淼每个星期坚持去“五四社区”爱心支教，支教时长达两百个小时，用爱心铺平支教途中所有的坎坷。

走出校园，以真情传递人间温暖

今年暑假，王淼组建了一支志愿者团队——安徽师范大学赴颍上福利院暑期社会实践团队。她带领十八名队员来到了颍上县一个农村福利院，这里，是她志愿者路上众多风景中的一道，却已是最值得铭记的一道。颍上福利院的孩子们多数身有残疾，他们因为各种原因被家庭抛弃，很少和外界有亲密的交往，心理上也存在着某种缺陷。王淼和她的团队到达福利院之后，每天都和这些孩子待在一起，和他们做游戏，手把手教他们写字，背故事。同时，他们还自学心理辅导教程，打开孩子们闭塞的心灵。“其中有个五岁的小姑娘，我们叫她‘维纳斯’，因为她失去了右臂，”王淼认真地对记者说，“断臂的维纳斯才是最完美的创造。”

王淼在她的家乡颍上也加入了志愿者公益联盟协会，不仅仅是在暑假，只要放假在家，她就会参加协会举办的每一次活动。第九届管子文化节中，她是为游人介绍管子思想的小小导游；春运“接您回家”活动中，她是为返乡农民工指明免费回家方向的指路人；“爱心资助 情满人间——颍上公益助学活动”中，她是为学生送去捐款的热心大姐姐……志愿者的伟大在于他们从内心表现出的那种爱与关怀，不为名利，也不随时空的变换而改变。走出菁菁校园，王淼依然在用爱心与真情为这世界增光添暖。

余香不散，凭坚守满载荣誉而归

年华流转，三年时光，王淼一直坚守在志愿者的岗位上，无私地为需要帮助的人们送去温暖与知识，她的坚守也得到了回报。她连续两年获评优秀青年志愿者，成功注册“中国志愿者”证，成为一名光荣的中国志愿者，2013年荣获文学院“社团之星”荣誉称号。对于已取得的成绩，王淼淡淡地说：“这都不算什么，当志愿者不是为了这些荣誉。它存在的价值只是敦促我更加尽心尽力地做好志愿服务工作。”

志愿者是一个神圣的名词，阐释着一种高尚的精神，而王淼很好地向我们阐释了这一点，用她的真诚与爱。

支教的日子

2013级卓越语文实验班　李梦欣

寒暑往来,时光荏苒。一眨眼,大一的生活已经快结束了,而我在"五四爱心学校"参加的义务支教活动也将接近尾声。在这里,我学到了为人师的知识,收获了支教队友之间的友谊,还锻炼了自己的能力,也给别人带去了帮助与快乐。

2013年10月,我加入了"五四爱心学校"赭麓社区,我们的支教对象一般是家庭经济情况不太好,父母无法给自己的孩子补习功课,也没有足够的钱请家教的老师。每周六上午我会和队友们一起坐公交车来到我们的支教地点梅莲路小学,开始两个小时的支教活动,风雨无阻。我的支教对象是一名刚上四年级的小女孩——李雪,她是个很乖巧聪明的小女孩,所以开展教学工作对于我而言并不是很难。我主要负责她的语文数学英语三个科目的学习,每周会检查作业,补习上课没有听懂的内容,针对她的弱项给她布置作业,帮助她更好地学习。通过这次支教,我认识到了自己的不足。作为一个以后将要走上讲台的人民教师,我在教学方面经验不足,也没有形成相应的完整的理论,对教材的分析也不够到位,这都需要我自己在今后的学习中加强自身素质的培养,多向老师请教,多改进自己的教学方法,努力提升自己,成为一名优秀的老师。

人的一生中,难得有机会去证明自己、考验自己、磨炼自己。利用这次支教机会我做到了,带着我的爱、热情与信念在支教中磨炼了自己,考验了自己,证明了自己。今后我会把支教带给我的财富化为无限的学习动力,不断充实自己,认识自己,反思自己,提高自身各方面的能力。大学中最美的回忆,莫过于有那样一方记载着青春时代的骄傲与自豪的天地。

播撒希望，让爱在阳光下飞扬

2013级汉语言文学　王　雪

时光飞逝，一转眼，我们这学期的支教活动接近了尾声。其间，我收获了很多很多，有快乐，有成长，有阳光下一份温暖的爱！

当我们走进教室的那一刻，当我们第一次喊出老师这个词时，我们就注定踏上了求知的轮船。那时感觉老师是多么的优秀和博学，他们永远是我们的信仰，所以从小我就立志要当一名光荣的人民教师，如今，我的教师梦终于要实现了！

不禁回想起自己第一次支教的景象，那一天，阳光明媚，我与同学们以及学长一起坐上开往支教地点的10路公交车，在车上，我的心一直不能平静，一路都在想我的学生是什么样子的？是男生还是女生？是乖巧可爱还是调皮捣蛋？如果是个调皮捣蛋的，我该拿什么法子降住他？终于，我们带着好奇见到了自己的学生。

我的学生是一个很可爱的小女生，正在上小学五年级，她的眼睛大大的，睫毛很长，字写得非常好看。当她第一次叫我老师的时候，我真不知道怎么去形容我内心的感受，有激动，有担忧。激动的是，我也是有学生的人了，我的教师梦终于启程了；与此同时，无形中也感到有一种压力，一种无法解释的神圣，一种强大的责任。与她相处的过程很愉快，我让她不仅仅把我当成她的老师，更多的是当成一个大姐姐。当帮她将一道道难题解出来，看到她开心地对我笑时，你不知道我的心情有多好，也就是在那些瞬间，我更加感觉到了我的存在，我不仅是爸妈的女儿、老师的学生，还有一个身份，就是这个小女孩的老师，要负责教会她不懂的题目。有时候她会很淘气，但是对学习的渴望很纯真。希望我们可以在下一个学期中相处得更加融洽！

在我看来，支教给予我们实现自我价值、锻炼自我能力的机会，是提供广阔天地的人生舞台，是加强修养、丰富内涵、提高素质、进行自我准确定位的砝码。通过这一个学期的支教，我完全明白了“老师”这两个字的含义，他并不只是传授给学生知识，他的肩上还有更重的责任，老师，是一个神圣而又伟大的职业。

感谢“五四爱心学校”给了我们这么一个美丽的平台，去体味做一名教师的百般滋味，我们在这里成长，我们在这里成熟。看到这些孩子，我就想到了属于我的纯真时代，和他们一样，笑着，闹着，时光荏苒，曾几何时，那一张张天真稚嫩的笑脸已不再属于我们，我们开始渐渐走向成熟。这一学期的支教次数虽然不多，但是，对于我来说，是一种蜕变，很多事情你不经历是无法理解的，而现实让我们明白了那首歌——《长大后我就成了你》的真实含义。

志愿活动
——让师大之美开遍芜湖

2014级秘书学　李梦云

“厚德、重教、博学、笃行”是师大精神的高度概括，我相信这四个词中最有生命力的是“笃行”，“笃行”意在弘扬“知行合一，自强不息”的师大精神，引导师大学子学以致用，重视实践。作为一名师大学子，奔走于各种志愿者服务活动就是对“笃行”最好的诠释。志愿活动，能让师大之美开遍芜湖。

作为一名大学生，有幸加入学校和社会的志愿服务活动，是师大给我的最好的锻炼机会和实践舞台。通过志愿服务活动，我的眼界更加开阔，心灵更加清纯透彻，对奉献过程中得到的快乐感受更加深刻。正如志愿者服务口号“助人助己，乐人乐己”。来到师大，我便被这里浓厚的志愿服务氛围深深触动，并积极投身其中。

从“希望小学”一路走到师大，作为一名农村学生，我深深了解孩子内心深处对知识的渴望，更能明白“大眼睛”苏明娟的眼神中流露出的对未来的期盼。来到师大，便从同学口中得知“五四爱心学校”，于是我决心要进入这个组织，为更多的人奉献出自己的一分力量。对“五四爱心学校”的第一印象是它强烈的责任感。不同于其他社团，进入“五四爱心学校”是需要通过选拔的，有经验的学长会根据面试的情况决定我们是否适合支教，然后才会“择优录取”。从志愿者源头处严格把关就是对孩子认真负责的表现。当然，这个做志愿者的机会是来之不易的，所以我会比别人更加珍惜。

每个星期六的清晨，在别人还在睡懒觉的时候，我们志愿者的身影已经穿梭在师大的校园中，每天在学校东门集合迎接清晨第一缕阳光的洗礼。清晨一个人行走在师大的校园里，一种心旷神怡的感觉顿时产生，你会觉得生活的一切都是那么美好。对于支教的我们来说，当别人还睡梦未醒的时候自己已经乘坐拥挤的公交车来到社区，当自己疲惫地回到寝室时看到别人在悠闲地哼着小

歌,吃着午饭,有时心里不免有一丝委屈,但是这样的想法只是一闪而过,因为支教给我带来的充实感与满足感打败了这些不满的情绪。所以,当别人问起我是否后悔进入“五四爱心学校”的时候,我会毫不犹豫地告诉他们,永远不会,因为在支教过程中我不但奉献了自己,更收获了成长。在支教活动中,我们代表的不仅仅是个人,更是师大的形象。

“五四爱心学校”采取的是长期的固定的一对一辅导模式,我支教的对象是一名小学二年级的男孩。他叫龚志国,今年九岁,是一个非常内敛的小孩,甚至可以说有点轻微自闭症,于是如何与他相处成了我教书前的难题。记得我第一次见到他时,他微低着头后又抬起他那清澈的眼眸,当时我就走上前去牵起他的手,我知道我这一年的支教生活将要与他度过。每一年师大志愿者来来回回穿梭在芜湖的公交车、社区、学校等地方,让芜湖的市民看到师大学子的风尚与美德。志愿者活动就像是一个工作岗位的小型平台,大家全身心投入工作中,因为我们每一个志愿者都明白,此时此刻我们做的是一件非常伟大神圣的事。作为志愿者,辛苦之余,颇有感想:志愿者,勤于行动,善于关爱,乐于奉献,尽已所能;不计报酬,立足身边,帮助他人,服务社会。每个人之于社会的价值,不仅仅在于创造了多少物质财富,同时在于为社会创造了多少精神财富。在付出爱心、奉献社会的同时,人生的价值会得到充分体现。每位志愿者之于社会,无异于沧海一粟,而正是这无数的沧海一粟,构成了不息的川流,构成了壮阔的波澜。社会需要志愿者,志愿者也需要社会。

后　　记

2016年3月，在耗时半年、几经删繁的努力下，我们从文学院2012年以来的暑期社会实践优秀征文、优秀札记、新闻稿件中遴选，从学生日常志愿服务心得体会、学院典型人物事迹中推介，《风景这边独好》——首部以“实践育人”为主题的高校学生作品集与读者见面。全书共收录优秀学生作品近140篇，按作品内容划分为三个部分：“真情进行时”“永恒的一瞬”“让关爱扎根”（包含“有个地方叫岳西”“有份爱唤作五四”两个版块），让读者在阅读时欣赏别样的实践风景，在掩卷后感悟实践育人的真谛。

我们在编写本书的过程中，得到了文学院党政领导、有关专家学者、辅导员和同学们的帮助支持。余大芹、储泰松等老师在本书的策划中给予了指导；教育部中国大学生在线编辑部的朋友对本书编写体例提供了参考建议；文学院新苑通讯社成员张家强、章琳、褚磊、庄晓莹、陈惠惠，文学院学生会成员赵家成、郭天宇、赵洪达，校媒学生记者徐炜红、周欣怡，硕士生黄慧等同学不辞劳苦，参与作品的收集、整理、校对；王坎、孙霁雯、朱露露、吴青山、李震、何涛、汪旭、杨穆龙、赵静、赵瑜、徐雅萍等老师，在书稿的编排、校对过程中做了大量细致工作。为了编好本书，我们通过多种渠道同作品被本书收录的同学进行了联系，得到了各位同学的大力支持。安徽师范大学出版社为本书的顺利出版、再版，付出了诸多辛劳。对此，我们一并深表谢意！

在书稿形成时，我们更不会忘记还有一些志同道合的青春好伙伴，正是他（她）们在社会实践的一线和同学们一起，为最美的青春奋斗——张银丹、张敬、陈骁、陈霄、白璐、郜雪等。时光荏苒，当我们再翻开此书，一定能重拾当年的激情，重温曾经的感动。谨向他（她）们致以敬意！

再版时，我们根据读者的反馈，对书中的部分内容作了删改，但因为时间及水平有限，本书难免仍有不足之处，恳请读者朋友提出批评和建议。希望《风景这边独好》在展示师生文字魅力和实践风采的同时，方便读者更直观地了解大学生志愿服务工作，对高校开展大学生社会实践有一点启示和借鉴意义。

戴和圣

二〇一八年一月十一日